本书由成都大学文明互鉴与"一带一路"研究中心资助出版

成都大学文明互鉴与『一带一路』研究中心学术丛书

杨玉华 主编

杨玉华 主编

龙泉驿古驿道历史文化研究

中国社会科学出版社

图书在版编目（CIP）数据

龙泉驿古驿道历史文化研究/杨玉华主编 . —北京：中国
社会科学出版社，2022. 12
（成都大学文明互鉴与"一带一路"研究中心学术丛书）
ISBN 978 – 7 – 5227 – 1175 – 1

Ⅰ. ①龙…　Ⅱ. ①杨…　Ⅲ. ①古道—文化遗址—介绍—
龙泉驿区　Ⅳ. ①K878. 44

中国版本图书馆 CIP 数据核字（2022）第 242942 号

出 版 人　赵剑英
责任编辑　张　潜
责任校对　马婷婷
责任印制　王　超

出　　　版　中国社会科学出版社
社　　　址　北京鼓楼西大街甲 158 号
邮　　　编　100720
网　　　址　http：//www. csspw. cn
发 行 部　010 – 84083685
门 市 部　010 – 84029450
经　　　销　新华书店及其他书店

印　　　刷　北京君升印刷有限公司
装　　　订　廊坊市广阳区广增装订厂
版　　　次　2022 年 12 月第 1 版
印　　　次　2022 年 12 月第 1 次印刷

开　　　本　710×1000　1/16
印　　　张　19
插　　　页　2
字　　　数　245 千字
定　　　价　99. 00 元

成都大学文明互鉴与"一带一路"研究中心学术丛书编辑委员会

成都大学文明互鉴与"一带一路"研究中心学术丛书总序

习近平总书记指出:"文明因交流而多彩,文明因互鉴而丰富"。"文明互鉴"是构建人类命运共同体的人文基础,是增进各国人民友谊的桥梁,是维护世界和平与推动人类社会进步的动力,而"一带一路"则是文明互鉴的重要路线、渠道和阵地。尤其是在时逢"百年未有之大变局"的今天,在多元文化碰撞、交流日益密切的时代语境下,实施"一带一路"倡议,促成各国文明、文化的交流、互鉴、共存,以消除不同文明圈之间的隔阂、误解、偏见,对于推动国家整体对外交往及中华优秀文化的传承、传播、创新,建构"美美与共、和而不同"的全球性文明,乃至建构人类命运共同体都具有紧迫的现实意义和深远的历史意义。

成都是一座具有 4500 年文明史、2300 多年建城史的城市,是中国首批 24 座历史文化名城之一,有着悠久厚重的历史文化积淀,创造过丰富灿烂的文明成就,形成了"创新创造、优雅时尚、乐观包容、友善公益"的天府文化精神。成都又是"南方丝绸之路"的起点,从古蜀时代开始,就形成了文化交流、互鉴的优良传统,留下了文明互鉴、互通的千古佳话。作为"一带一路"节点城市、"南方丝绸之路"起点城市，成都在新时代建构人类命运共同体的文明互鉴与"一带一路"倡议中占有重要地位，扮演着重要角色。必当趁势而上、大有作为。

成都大学是一所年轻而又古老的学校，其校名可追溯到1926年以张澜先生为首任校长的"国立成都大学"。虽然1931年后即并入国立四川大学，但却取得了骄人的成绩，不仅居四川三所大学（国立成都大学、国立成都师大、公立四川大学）之首，而且在全国教育部备案的21所国立大学中，也名列第七。并且先后有吴虞、吴芳吉、李劼人、卢前、伍非百、龚道耕、赵少咸、蒙文通、魏时珍、周太玄等著名教授在此任教。因此，成都大学乃是一所人文底蕴深厚、以文科特色见长的高校。即便从通常所认为的1978年建校算起，也仍然产生了白敦仁、钟树梁、谢宇衡、常崇宜、曾永成"五老"，并且都是以传统的文史学科见长的教授。成都大学作为成都市属唯一的全日制本科院校，理应成为成都文明互鉴、对外交往、文化建设以及提升国际化水平的重镇和高地。

站在新的历史起点上，成都大学在实施"五四一"发展战略，实现其高水平快速可持续发展的进程中，如何接续其深厚人文传统，再现文科历史荣光，建成成都文化传承发展创新高地，在成都世界文化名城及"三城""三都"建设中，擘画成大方案、提供成大智慧、贡献成大力量，就成了成大人的光荣使命和重大责任。因此，加强与兄弟院校的合作，特别是依托四川大学的高水平学术平台、师资、项目，借智借力，培育人才，建设学科，积累成果，不断发展壮大成都大学的人文社会科学，就成了不二选择。

正是在这样的背景下，成都大学进一步强化拓展与四川大学的合作，在其"中华多民族文化凝聚与全球传播省部共建协同创新中心"

下成立"成都大学文明互鉴与'一带一路'研究中心"（以下简称"中心"）。"中心"以中华多民族优秀传统文化研究的学科体系、学术体系和话语体系建构为基础，旨在为促成中华优秀传统文化与多元文化对话、互鉴及未来的创新发展而搭建支撑平台、凝聚社会共识、建立情感纽带，指导引领成都大学文科高水平建设和高质量发展。中心立足西南、心系天下，充分发挥成都作为"一带一路"节点城市、"南方丝绸之路"起点城市的独特优势，以学术研究为依托，以理论研究、平台构建、学科培育、人才培养、智库建设为抓手，积极参与构建当代中国国家文化，就文明互鉴、"一带一路"倡议、中华优秀传统文化的传承、传播、创新做出实质性的贡献。

要实现上述目标，需要搞好顶层设计，精心编制中长期规划，汇聚和培育一支高水平人才队伍，立足成都大学人文社科的现实基础和优势，久久为功，集腋成裘，推出一批高水平的标志性研究成果，充分彰显学术创新力，逐渐提高"中心"的影响力。因此，编撰出版"成都大学文明互鉴与'一带一路'研究中心学术丛书"就成了重点工作和当务之急。

"成都大学文明互鉴与'一带一路'研究中心学术丛书"每年从成都大学人文社科教师专著中遴选，并全额资助出版。每年一辑，一辑八种左右。开始几辑不分学科系列，待出版的专著积累到一定数量或每年申请资助出版专著数目较多时，方按学科类别分为几个系列。如天府文化系列丛书、成都大学学术文库、重点优势学科研究系列丛书（如古典学、文艺学、比较文学等）。资助出版的著作为专著、译著、古籍整理（点校、注疏、选注等），以创新性、学术性、影响力为入选标准。力求通过 10 年的持续努力，出版 80 部左右学术著作，使丛书在学界产生较大的规模效应和影响力，成为展示成都悠久厚重历史文化积淀、中国人文社科西部重镇丰硕成果的"窗口"和成都大学深厚人文传统、雄厚社科实力和丰硕"大文科"建设成就的一张靓丽名片。合抱之木，起于荽寸。百年成大，再铸辉煌！但愿学界同仁都来爱护"丛书"这株新苗，在大家精心浇灌壅培下，使之茁壮成长为参天大树！

杨玉华

2021 年 11 月 6 日

于成都濯锦江畔潹雪斋

驿道连东西　往来通古今

——序《龙泉驿古驿道历史文化研究》

在现代化、信息化的时代，人们已经习惯了信息传递的网络高速、人员走动的高铁飞机、商贸物流的速投速递，而对于古人在这方面的生产、生活与生存的方式，似乎已经淡忘，甚至完全不了解。

难道说古人就不传递信息？不来往走动？不贸迁有无？答案显然是否定的。在没有互联网、没有高速公路、没有航空高铁的古代，古人自有其实现的方式、途径与手段。从陆路交通角度而言，我们今天在一些地名中还能依稀看到曾经的文化孑遗，如驻马店、茶店子、大面铺、石桥铺、龙泉驿、来凤驿等。这些所谓的店、铺、驿，就是曾经的陆路交通站点，他们的区别在于场域的大小与规格的高低，其功能都是为往来行旅提供歇息、喝茶、乘凉、补给、餐食、住宿、养马、换马、交互传递等，都是交通路线上的站点或枢纽。

鲁迅曾说："其实地上本没有路，走的人多了便也成了路。"此话无疑是正确的。回望人类尚处于洪荒的时代，地球上荆棘遍地，山河阻隔。是我们人类的祖先披荆斩棘，为了生存与生活，硬是用脚踩出了通天达海的道与路。远的不多，单说我们现在生活的区域内曾经的古蜀先民，他们就用自己的勤劳与智慧，在西南群山万水之间，开辟出了一条条通往中原腹地、长江中下游平原、西北大漠、青藏高原、南亚与东南亚大陆的"蜀道"。这些远古先民自发开辟的古道，随着国家的统一，逐步上升到国家的"战略"，因为，国家的军事、政令、商贸等需要借助于这些古道。于是，这些古道开始分级，属于国家重大交通干线的，就要进行必要的整固、加宽，同时，设置必要的管理站点与机构，"驿站""邮亭"这类的专有名词便应运而生。比如，秦汉时期，全国就形成了一整套驿传制度。在唐朝，全国所设驿站就有1639个，包括陆驿、水驿、水陆兼办三种形态。明代在全国建有驿站1936个。每隔十里置"铺"，铺有"铺长"；每隔六十里设"驿"，驿有"驿丞"。

位于成都市区东南翼的龙泉驿，就曾是这些众多驿站中的一个。龙泉驿具有明显的区位优势，它属于成都东向交通的第一站。在历史上，龙泉驿经历了东阳、灵池、灵泉和龙泉驿等几个名称的变化，但无论怎样变化，其交通要道的地位是相当巩固的。雍正《四川通志》驿传志部分，记录了当时四川陆上与水上驿路分布情况。陆上驿路有四条，分别是北路、南路、东路和僻东路。其中，北路、南路、东路都以成都为起点，僻东路相当于东路的支线，起点是泸州，"至赤水河止"。东路则"现设驿传自龙泉驿起，巫山县止，共十八站"。这十八站分别是：龙泉驿、阳安驿、南津驿、珠江驿、仁安驿、隆桥驿、峰高驿、东皋驿、来凤驿、璧山区、白市驿、朝天驿、分水驿、垫江县、梁山县、万县、云阳县、奉节县、巫山县。可见，龙泉驿是成都东路出发的首座驿站。这条由西向东的驿路，连接成都与重庆两座中心城市，并有若干支线串联起蜀中各地。这条古驿道就是有名的成渝古道，又称巴蜀大道，简称"东大路"。

成都是西南大都会，这不是今天的人说的，苏轼当年在《大悲阁记》中就曾这样说。其实，远在古蜀国时期，成都就是长江流域的文明中心之一，我们今天可以从三星堆和金沙遗址等古蜀遗址出土的大量精美绝伦的文物中得到印证。在中国古代相当长一段时期，北方一直是全国文化与经济的中心，但从南朝，特别是隋唐之后，中国的经济中心逐渐南移，文化中心也开始南移，尤其是南宋迁都临安之后，带来长江流域等南方地区经济社会和文化的空前繁荣，这种繁荣一直延续到今天。从成都向东出发，与广大的长江中下游及其他南方地区的交往，从陆路的角度而言，龙泉驿是第一站。特别是自明代之后，龙泉驿的区位优势更加明显。这一前一后、一进一出的交汇，使龙泉驿成为各路人员流、货物流、资金流、信息流、文化流的枢纽，由此带来龙泉驿的繁荣与繁盛。

《龙泉驿古驿道历史文化研究》一书正是基于这样的历史背景，努力通过对众多历史文献的爬梳和田野考察，还原成渝古驿道上的重要驿站——龙泉驿的前世与今生，由此，龙泉驿古驿道区域内诸如历史建筑等遗迹文化、山水林果等农业文化、佛寺宫观等宗教文化、洛带东山等移民文化、皇家陵寝等王府文化、家族游客等名人文化、谈茶说书等茶馆文化、抒情言志等诗歌文化，都在这部书中得到展现。

驿道连东西，往来通古今。时光流转到今天，昔日的"东大路"已被沪蓉等沿江高速公路和高速铁路替代。但历史并未走远，正所谓"不忘本来"，才能"开辟未来"。在龙泉驿由古道驿站变为成都市的一个行政区以来，龙泉驿区在相当长的时间里仅是成都的农业区。但是，今天的龙泉驿却早已蝶变为闻名世界的"汽车城"，是国家级经济技术开发区，是国家级天府新区的核心区域。昔日成都的城市格局是"两山夹一盆"，也即城市两端是龙泉山和龙门山，两山之间是狭小的城市平原。而现在，随着简阳市划归成都代管，龙泉山一夜之间变成了城市的中央公园，所以，现在成都的城市空间格局已变成"一山连两翼"。曾经东出成都需要歇息停靠的古道驿站——龙泉驿，已成为成都发展的新中心。这个新中心既是城市空间布局的中心，也是城市经济社会发展的中心。"一带一路"、长江经济带、成渝地区双城经济圈等发展战略的实施，都在助推龙泉驿勇挑时代重担，勇担历史重任。而那些曾经闪耀在龙泉驿古驿道历史星空中的云烟往事，在呼唤增强文化自信的新时代，或许就能给我们某种意想不到的启迪与力量。

也许，这就是《龙泉驿古驿道历史文化研究》能够滋养龙泉驿及其他所有古驿道区域的历史文化，并进行创造性转化和创新性发展的缘由。

开卷有益，相信读者朋友自有明鉴。

是为序。

西华大学文学院院长、教授潘殊闲
辛丑年吉月谨识于成都邻杜居

目录 CONTENTS

第一章　千年驿道话古今 ………………………………… 1

第一节　行政建制的历史沿革 …………………………… 2

第二节　从锦官驿到白市驿 ……………………………… 5

第三节　成渝古驿道的功能作用 ………………………… 11

第四节　"东大路"的地位与作用 ……………………… 17

第二章　古驿道上遗迹多 ………………………………… 19

第一节　陵墓、古建筑等 ………………………………… 19

第二节　崖墓群、造像 …………………………………… 26

第三节　革命遗址 ………………………………………… 33

第三章　山水林果古道中 ………………………………… 37

第一节　源远流长的花果栽培 …………………………… 37

第二节　别具一格的山林野趣 …………………………… 43

　　第三节　赏心悦目的湖光山色 ………………………………… 45

　　第四节　世界第一的城市森林公园及"天府绿道" …………… 49

第四章　塔影钟声静尘心 ………………………………………… 57

　　第一节　古驿道上的佛光刹影 ………………………………… 57

　　第二节　古驿道上的宫观道风 ………………………………… 78

第五章　东山五场说客家 ………………………………………… 84

　　第一节　龙泉驿与客家文化 …………………………………… 84

　　第二节　东山五场 ……………………………………………… 94

　　第三节　客家名镇——甑子场（洛带古镇） ………………… 97

第六章　皇家陵寝夕阳中 ………………………………………… 107

　　第一节　堪舆学上的风水宝地 ………………………………… 107

　　第二节　古驿道旁的皇家陵寝群 ……………………………… 109

　　第三节　底蕴深厚的明蜀王府文化及轶事 …………………… 112

第七章　名人望族临大道 ………………………………………… 124

　　第一节　名人 …………………………………………………… 124

　　第二节　文化世家 ……………………………………………… 148

　　第三节　古驿道过客 …………………………………………… 152

第八章　往昔繁盛说茶店 ………………………………………… 158

　　第一节　茶铺 …………………………………………………… 158

　　第二节　十大栈房 ……………………………………………… 161

　　第三节　诗说茶店 ……………………………………………… 164

第四节　其他古集镇场（柏合镇磨盘街）………………… 168

第九章　驿道诗篇传千载 ……………………………… 173
第一节　唐宋时期驿道诗词 ……………………… 174
第二节　元明时期驿道诗词 ……………………… 193
第三节　清代及民国时期驿道诗文 ……………… 198
第四节　现当代龙泉诗歌选析 …………………… 213
第五节　驿道"桃花诗"选析 …………………… 224
附录：其他历代龙泉驿诗文目录（25首）……… 235

第十章　古驿道文化的创造性转化与创新性发展 ……… 246
第一节　龙泉古驿道精神 ………………………… 246
第二节　写好"天府文化"的"龙泉篇" ……… 254
第三节　加强对区域内自然、历史文化资源的清理 … 256
第四节　制定区域文化中长期发展规划 ………… 265
结　语 …………………………………………… 271

参考文献 ………………………………………………… 274
后　记 …………………………………………………… 282

第一章　千年驿道话古今

在漫长的历史进程中，龙泉驿行政建制屡经变革，从一个小小的驿站发展为一个繁荣富庶的成都市辖区，在成渝两地的交通交流中扮演着十分重要的角色，形成了丰富厚重、多彩多姿的古驿道文化，在天府文化的壮丽史诗中写下了浓墨重彩的篇章，留下了千古传承的古驿道精神，成为今人守正创新的宝贵精神财富。从成都到重庆的成渝古驿道俗称"东大路"，它由成都锦官驿出发，经得胜场、沙河堡、黉门铺、大面铺、界牌铺、龙泉驿、山泉铺、柳沟铺、南山铺、石盘铺、赤水铺、九曲铺等至阳安驿（今简阳），然后到资阳、内江、荣昌、永川，最后到达重庆。龙泉驿是成渝古驿道上非常重要的一个驿站。成渝古驿道相当于如今的成渝高速铁路、公路，作为信息、物资、官方文牒传播的重要媒介，具有重要的社会、政治、经济、军事、文化功能。认真梳理并深入研究古驿道文化遗产，对于成都的"三城""三都"建设，对于龙泉驿区的文化建设发展，乃至对于"一带一路"、长江经济带及成渝"双城经济圈"的建设都具有重要而深远的意义。

第一节　行政建制的历史沿革

从一个驿站发展成县级行政区的行政建制，龙泉驿具有悠久的历史。我们将对龙泉驿行政建制历史沿革进行仔细考察，以此了解其历史发展的脉络。我们将从一个"驿"字的分析开始。

"驿"，形声字，"从马，睪声"（《说文解字·马部》）。"罒"意为"罗网"，"夲"表声（《说文解字》说读"羊益切"）。"马"与"睪"联合起来表示"以马为交通工具的一个四通八达的交通网"。因此，"驿"即旧时供来往送公文的人或出差官员中途换马或暂住的地方，属官方设置管理的交通部门，相当于现代的邮局。明朝初年，朱元璋整顿全国道路系统，严格按照"十里一铺，六十里一驿"的规格建设全国道路交通网。从成都锦官驿到龙泉山脉附近刚好六十里，因此明朝初年于此设置成都出东门后的第一个大驿站，史称"龙泉驿"。自此"龙泉驿"开始在明清之际的千里蜀道间声名远扬。龙泉驿也成为成都通往重庆、四川东部，乃至中国东部沿海地区的首个驿站，是成渝古道（明清称东大路）的重要组成部分，在中国交通大系统中占有重要地位，发挥着重要的政治、经济、军事文化功能。1959 年，简阳县的龙泉驿区（乡镇级）与华阳县的大面、洪河、西河、青龙 4 个乡被划入成都市筹建新的龙泉驿区，自此龙泉驿从一个驿站逐渐升级为县级区划，作为成都市管辖的一个行政区。龙泉驿从一个驿站成长、升格为县级（1989 年升为行政副地、州级）行政区，在全国三千余个县级及县级以上地区中，可以说是绝无仅有的特例。

龙泉驿区作为县级行政区有悠久的历史。但在历史长河中，其行政区划级别、管辖区域几经变更整合，显现出极为复杂的一面。

夏商周至先秦时期，今龙泉驿区属古蜀国地，秦时属蜀郡。

自汉武帝元光五年（前 130 年）开"西南夷"，置犍为郡。初只领"南夷"之夜郎地两县，元鼎六年（前 111 年）平南夷并设牂柯郡后领县十二，即僰道、江阳、武阳、南安、资中、符县、牛鞞、南广、朱提、存鄢、堂琅、汉阳。今龙泉驿区大部分区域属犍为郡牛鞞县（今简阳）管辖，其余部分归蜀郡古新都县管辖。

三国时期，刘备于成都称帝，今龙泉驿区隶属蜀国地。

武则天久视元年（700 年），建置东阳县，此乃龙泉驿区境建县之始。唐玄宗天宝元年（742 年）东阳县更名为灵池县。因县城南部分栋山（今龙泉山，南北朝时期的《北周文王碑》称"分东岭"，《简州志》称"分栋山"）旁有一泉涌出，名为"灵池"，因此而得名。唐肃宗至德二年（757 年）改蜀郡为成都府，灵池县隶属成都府管辖。灵池县管辖今龙泉驿区部分区境，其余部分隶属广都（今双流）、简州（今简阳）。唐肃宗乾元元年（758 年），成都城区正式分为成都、华阳两县。今龙泉驿区大部分隶属华阳县，部分属简州。

宋太祖乾德三年（965 年），赵匡胤灭后蜀，灵池县归入大宋版图，仍隶属成都府，部分属简州。宋仁宗天圣四年（1026 年），灵池县改名灵泉县。

元世祖至元二十二年（1285 年），划灵泉县入简州。当时简州辖灵泉县，属成都路。

明太祖洪武六年（1373 年），灵泉县建制撤销，并入简县（今简阳），置龙泉镇。洪武九年（1376 年），明朝置龙泉镇巡检司（似今公安派出所），加强龙泉镇基层社会行政治安管理。从公元 700 年今龙泉驿区境建县级行政区划到公元 1373 年撤县置镇，其县级区划史共 673 年。

1647 年，张献忠死于西充凤凰山，大西政权逃亡于云南、贵州。清朝统治成都，区划沿袭明制，今龙泉驿区境为成都府之简州地，置龙泉巡检司分司。

清康熙九年（1670 年），华阳县被划入成都县，今龙泉驿区境部分再次归成都管辖，部分仍然隶属简州。雍正五年（1727 年）清朝政府再次恢复华阳县，属成都府，今龙泉驿区境分属成都县、华阳县、简州三地。

1911 年辛亥革命爆发，清朝灭亡，民国建立。民国初沿袭清朝末建制，今龙泉驿全境分属简阳、成都县、华阳县。公元 1919 年至公元 1935 年简阳县划分、调整团区，今龙泉驿区境其时各场、保先后分属简阳县第四、五、六、七、八区。公元 1936 年，简阳县并十个团区，置六个区，今龙泉驿区境为第三区，区署驻龙泉驿。今龙泉驿区境大面铺、十陵镇、西河地区属华阳县西河乡。此行政区划沿袭至新中国成立。①

1949 年 12 月 27 日成都战役结束，成都解放。新中国沿袭民国建制。1950 年今龙泉驿区境属于简阳县第三区、第八区。1951 年改为第十四区、第十五区。1956 年改为龙泉驿区、洛带区。此时，今龙泉驿区的大面、十陵、西河等街道先后为华阳县第三区、第八区。

1959 年 10 月 31 日中共四川省委同意筹建成都市龙泉驿区（县级区），将简阳县龙泉驿区（乡镇级）和华阳县大面、洪河、西河、青龙 4 个公社划入成都市龙泉驿区。1960 年 1 月 11 日，四川省人民委员会正式上报国务院，2 月 18 日国务院正式批准成都市龙泉驿区建制。此次龙泉驿区划建制是自明太祖洪武六年，即公元 1373 年，灵泉县撤县制 587 年后，再次在龙泉驿地区设置县级区划。1976 年，简阳县所辖的洛带区共 9 个公社划入龙泉驿区。1998 年龙泉驿区升级为副地级区。

---

① 成都市龙泉驿区地方志编纂委员会：《成都市龙泉驿区志 1989—2005》，方志出版社 2013 年版，第 41 页。

2014 年 10 月 2 日，国务院同意设立四川天府新区，将龙泉驿区龙泉街道、大面街道、柏合镇、茶店镇、山泉镇纳入四川天府新区规划。

第二节　从锦官驿到白市驿

华夏大地幅员辽阔，作为经济文化血脉的交通，受到历朝历代统治者的重视，而功能多样的馆驿是道路、舟车的交汇点，是古代交通发展的重要一环。《现代汉语词典》对"驿"的注释为："驿站。现在多用于地名：龙泉～（在四川）。"① 何为驿呢？驿是旧时供传递公文的人中途休息、换马的地方，亦指供传递公文用的马。换言之，"驿"有两种意义，一种指静态的空间或场所，一种指具有运输、搬运、承载用途的活动的马匹。二者有一个共通的意义，即皆隶属国家，属于国家官方建制的部分。作为运输工具的马匹之"驿"，专供公家人吃喝差遣；作为空间场所的"驿"，即驿站，只接待公干的往来官差和信使。但随着民间行旅、商队车马在驿路上川流不息，驿站、店铺、关城周遭便逐渐聚集了更密集的酒肆、茶馆、栈房、妓楼、赌场、商铺。久而久之，场镇出现了，县城也诞生了，比如成渝驿道上的龙泉驿区、隆昌县。

盛唐时期水陆交错，四通八达，为世人的旅游提供了交通之便，也促进了城市贸易和驿站的发达。杜佑的《通典》卷七《食货》记载："东至宋、汴，西至岐州，夹路列店肆待客，酒馔丰溢。每店皆有驴赁客乘，倏忽数十里，谓之驿驴。南诣荆襄，北至太原、范阳，西至蜀川、凉府，皆有店肆，以供商旅。"② 官方的官驿，私营的客舍、旅店等店铺林立，展现了当时贸易的昌盛以及客店的普及。

---

① 中国社会科学院语言研究所：《现代汉语词典》，商务印书馆 2016 年版，第 1359 页。
② （唐）杜佑：《通典》，中华书局 1988 年版，第 152 页。

驿是古代交通陆路的组成部分。在古代，各个政权在其疆域之内建立四通八达的道路系统。蜀道是古代西南地区重要的交通道路系统。锦官驿、龙泉驿是蜀道（东大路）上的重要驿站。蜀道是四川沟通关中、重庆、甘肃等周边地区政治、经济、文化的古代交通路线，主要有嘉陵道、金牛道、米仓道、景谷道、阴平道等路线。蜀道有狭义与广义之分。"狭义蜀道即古代四川境内的蜀道，主要指从成都北上至广元七盘关这大约 450 公里的路程；广义的蜀道又包括狭义蜀道、秦蜀古道、陇蜀古道三部分。"① 目前学术界对秦蜀古道研究非常重视，对陇蜀古道的研究也方兴未艾，而成渝古道（东大路）作为蜀道一条重要的支线，还未引起学术界的重视，不免有些遗憾。成渝古道作为蜀道的重要组成部分，在古代，它是成都府沟通重庆府的重要交通路线，在现代，它蕴藏丰富的历史文化遗存，具有非常重要的历史文化价值。

三国魏晋时期东大路渐趋发达，当时叫作巴蜀大道，它的名称是由古巴国与古蜀国的国名组合而来的，其主要功能是沟通或连接巴蜀两地。可见在三国时期，东大路已是巴蜀地区沟通往来的重要道路。到了唐代，巴蜀大道已成为官道，但其重要性还未超越金牛道。由于这个原因，直到宋元时期，成都北门、西门、南门以及城门的北部、西部、南部地区的经济文化都比成都东门以及东部地区发达。明朝之后，东门及其城门外东部地区开始繁荣，东大路进入鼎盛时期，此时已经成为一条繁忙的交通路。东大路在明清之际迅速繁荣并超越其他几支蜀道的原因有二点。其一，南北朝时期，我国经济中心逐步东移南迁，南北走向的蜀道，如金牛道、米仓道、嘉陵道开始式微，为东西走向的东大路的发展提供了地理空间；其二，明朝都城选址南京，因而当时中国的政治中心也在南京，政治层面的需求加速了东大路的

---

① 张承荣、浦向明：《陇蜀青泥古道与丝绸茶马贸易研究》，四川大学出版社 2018 年版，第 97 页。

形成与繁荣，促进了南方经济进一步的繁荣壮大，尤其是南京、苏州、杭州地区，同时也加强了成都与东部南方地区经济文化的交流，使成都东门以及东部地区人流、贸易往来日益频繁。

成渝古驿道（东大路），是从成都锦官驿出发至重庆白市驿的古蜀驿道，共十一个驿站。古驿道成都至简阳路段，分别由三条支线构成，即北支线、中线和南线，全长约70公里。

中线为官道。从成都锦官驿出发，经过现在龙泉驿区的龙泉驿，然后到达现简阳县的阳安驿，其中主要有驿（铺）14个，如山泉铺、柳沟铺等。

北支线为商道。从成都双桥子出发，经洛带镇至简州阳安驿。主要站点依次为牛市口（得胜场）、万年场、西河场（西河镇）、镇子场（洛带）、万兴场、金堂五凤溪，经沱江水路至简州阳安驿。该支线以水路为主，可为客商节省时间与体力，成为客商的首选支线，也使得北支线繁荣一时，成就了五凤、洛带等集市。成都民间至今流传着"运不完的五凤溪，搬不空的镇子场（洛带），装不满的成都府"的谚语。

南支线被称为"文道"。由成都九眼桥出发，经高店子、柏合镇和长松寺，翻越龙泉山，通过贾家至简州阳安驿。古代，文人墨客多经过此地，留下许多著名诗篇。

成渝古驿道（东大路），从成都东门（迎晖门）至重庆西门（朝天门），沿途建11个驿站，其中锦官驿、龙泉驿、阳安驿、白市驿较为出名。现将11个驿站的基本情况介绍如下。

一是锦官驿。锦官驿因蜀汉时管理蜀锦的官员驻扎于此而得名，现位于成都东门（东门大桥）附近，坐落在成都城区的东南，紧邻锦江边上的九眼桥。古代，在此处进行贸易往来的商贾络绎不绝，逐渐形成规模，于是催生了由住宿、酒家、商贩等构成的集市。锦官驿商贾云集，百工兼备，人声鼎沸。明洪武年（1368—1398 年）在此处设锦官驿。锦官是汉朝时官方督办负责蜀锦生产的机构。成都别名锦官城，乃是因为成都自古以来蜀锦织造业非常繁荣、发达，乃至形成以"锦官"喻指成都的文化习惯。杜甫诗中的"晓看红湿处，花重锦官城"就是很好的证明。成都生产的蜀锦销售于全国各个地区，锦官周围必然商贾云集，行人接踵而至，形成繁荣的市场小镇，故明朝洪武年间设立锦官驿乃是成都蜀锦手工业繁荣与发达的历史必然。锦官驿是东大路最大、最繁忙、最热闹的一个驿站。据载，锦官驿有各类驿站工作人员，如厨子、站船夫等共计 376 人。[①]

二是龙泉驿。这是东出成都的第一个驿站，故为蓉东首驿，亦是从成都到重庆出川的首驿，也是重庆（走陆路）到成都，乃至省外湘湖等地来成都的最后一个驿站。龙泉驿旧称王店镇，武则天久视元年（700 年），建置东阳县，后改为灵池县，县治就在王店镇。宋仁宗天圣四年（1026 年）又改为灵泉县。明代改称"龙泉"，于此设驿站，并称"龙泉驿"。龙泉驿之名自明朝沿用至今，已七百余年。而龙泉驿的名称是由灵池到灵泉再到龙泉的历史嬗变而来的。根据明朝天启年间冯任修编纂的《成都府志》记载龙泉驿的规模如下。

龙泉驿，旱夫六十名，该银四百三十二两；号衣三两六钱；厨子六名，该银四十两二钱；马四十五匹，每匹三十两，共银一千三百五十两，供应银二百四十两，每年共二千六十八两八钱。[②]

天启《成都府志》是现存最早的成都通志，于明天启元年修成，共五十八卷。从文中可看出，无论人数还是马匹都多于地处简州州府旁的阳安驿。与后来的数据记载相比，此时期的龙泉驿是其历史规模的最高峰。另外，还可以从文字中计算出一位驿卒的年薪是 7 两 2，比

---

① 参见李映发《明代水井街酒坊与锦官驿》，《中华文化论坛》2002 年第 3 期。
② 冯任修、张世雍纂：《（天启）新修成都府志》卷六，明钞本。

普通挑夫还要高些。明朝末年战火频仍，成都地区经济开始衰败，龙泉驿站也于清康熙中期被裁撤，但很快又于雍正七年（1729 年）予以恢复，延续至清末。恢复后的龙泉驿，属清朝政府在四川设置的东、南、西、北路交通路线的一部分，是东路的一个站点，东路的起点站即简州的龙泉驿，终点站是奉节（古称夔州）的小桥驿。

三是阳安驿。它是成渝古道（东大路）自成都出东门后第二个大规模驿站。自龙泉驿出发，经山泉铺、柳沟铺、南山铺、石盘铺、赤水铺、九曲铺抵达阳安驿。阳安驿名的由来可以追溯到南北朝时期。西魏恭帝二年（555 年）置武康郡，郡治牛鞞县，改名阳安县。隋文帝仁寿三年（603 年），隋朝置简州，州治阳安县。阳安县于至元二十年（1283 年）并入简州，撤县制。从阳安置县到撤县，阳安县的名称一共存在 728 年。阳安之名随着历史的迁移铭记在世代简阳人民心中。因此，阳安县县治之地（今四川简阳市简城镇）也以"阳安"之名在历代流传。至明朝洪武年间，于此地设驿站，阳安驿之名也沿袭下来。

四是南津驿。自锦官驿出发，成渝古道上的第四个驿站，即现在的资阳市雁江区南津镇，位于资阳城东新区东南方向 9 公里处。现在南津古镇国祯巷还保存着少数陈旧的房子，巷中还有株黄葛树，历经岁月变迁的沧桑。如今，资阳政府抓住时代机遇，依托国家"一带一路""乡村振兴"战略，深度挖掘巴蜀文化、古驿道文化，结合本地地方文化特色，搭载旅游、康养、生态农业等产业，打造中国西部第一个综合特色小镇，让成渝古驿道上的南津驿再度焕发曾经的光彩。

五是珠江驿。自锦官驿出发，成渝古道上的第五个驿站，位于内江市资中县境内。从南津驿出发，一路向南，就来到内江资中县的珠江驿。如今珠江驿还保留着古老的驿道城墙——建春门，属四川省文物保护单位。

六是安仁驿。自锦官驿出发，成渝古道上的第六个驿站。此安仁驿并非现在成都市大邑县的安仁古镇。成渝古道上的安仁驿站，现位于内江市主城区。

七是隆桥驿。自锦官驿出发，成渝古道上的第七个驿站，位于隆昌县（现称隆昌市）县城。唐武德四年（621年）境内设凤来县，明隆庆元年（1567年）以隆桥驿为县治，取名隆昌县，寓意"兴隆昌盛"。现隆昌市存有大量明清时期的青石牌坊。

八是峰高驿。自锦官驿出发，成渝古道上的第八个驿站。峰高驿位于重庆市荣昌区峰高街道附近，随着城市化的快速发展，往日驿道繁忙的场景与古朴的建筑早已消失。但古驿道附近的现代安富街道安陶小镇宝古街，通过打造现代特色旅游小镇，颇能重现当年驿站热闹的市井场景。

九是东皋驿。自锦官驿出发，成渝古道上的第九个驿站，位于重庆市永川区。在太平场附近有一座横卧溪流之上的石桥保留至今。石桥桥身厚一尺，两侧雕刻着精致华美的龙头龙尾。东皋驿附近的东大路上至今还保存着一段古驿道青石板路，路面留着深深的两道马车车辙，记录着古驿道的繁忙。

十是来凤驿。自锦官驿出发，成渝古道上的第十个驿站。来凤驿位于重庆市璧山区来凤街道。在元朝来凤驿名为王来镇，据说是蜀国开国皇帝刘备路经此地而得名。而来凤驿之名则因该地曾经有凤凰筑巢栖息于此。

十一是白市驿。自锦官驿出发，成渝古道上的第十一个驿站，也是成渝古道上的最后一个驿站，至白市驿即抵达重庆府。自明清设立驿站以来，白市驿因其地理位置优越，又靠近重庆城区，因此自古商贾云集，人流络绎不绝，物产丰富，素有"白日场"之称，故而得名白市驿。白市驿现位于重庆市九龙坡区，是重庆主城区的西大门，是九龙坡区承东启西的中心交汇点。

第三节　成渝古驿道的功能作用

蜀道悠久而古朴，至今已有三千多年的历史。晋朝史学家王隐所著的三国蜀汉史书《蜀记》云"武王伐纣，蜀亦从行"，表明在殷商时期蜀人就与中原保持政治、军事、文化交流。蜀道是人类至今保存的最早的古代交通遗存之一。国内蜀道研究专家认为，古蜀道承载着中国古老而悠久的文化脉络。蜀道对我国历朝历代政治、经济、文化、军事的发展繁荣有着极其重要的作用。在周、秦、汉、南北朝、唐宋、元、明、清漫长的历史时期，蜀道是历代王朝政治中心——以北京、西安、南京、洛阳、汴京为主——通往西南地区的要道。历代的官牒文书、文化、军事、经济等信息都通过蜀道传递。蜀道成为西南地区与中原、荆楚、吴越地区互通有无的交通线、经济线、军事线、文化线。成渝古驿道是广义古蜀道的一部分，它的功能与作用和秦蜀古道、陇蜀古道以及海上丝绸之路、茶马古道的功能与作用是一致的。不同的是，成渝蜀道的功能主要是传递成都与重庆或者说巴蜀两地之间的信息，促进两地之间政治、经济、文化的交流，使巴蜀两地的风土人情、文化风貌交融汇通。作为成都与川东、川南、渝东北，乃至巴蜀与荆楚、吴越、两广等地区重要的交通路线，成渝古道的功能与作用，主要有以下三点。

首先，是政治军事功能。根据考古学的研究成果，巴蜀古道至少在商周时期就已形成。《尚书》中关于巴蜀人民跟随武王伐纣的记录表明成渝古道、秦蜀古道在商周就存在。军队及其物资的运输必然需要巴蜀秦三地之间畅通的交通道路。在秦统一六国的兼并战争中，成渝古道为秦朝统一全国发挥了重要作用。《史记·秦本纪》记述了秦昭王派遣司马错"发陇西，因蜀攻楚黔中，拔之"的军事行动。在楚汉战争期间，巴蜀地区成为刘邦重要的大后方，巴蜀地区的资源通过蜀道运输，为刘邦的军事统一战争，建立统一的中央集权做出重要贡献。因此，诸葛亮在其治国方略中说道："益州险塞，沃野千里，天府之土，高祖因之以成帝业。"① 成渝古道在魏晋南北朝时期，叫巴蜀大道，此时期中国处于四分五裂的状态，交通道路的存在为中国的统一打下了坚实的物质基础。赤壁之战胜利后，刘备从荆州出发沿江而上，经过涪城，进入阆中，攻取成都，夺取了刘璋统领的巴蜀辖域，建立蜀汉政权，三分天下的政治格局正式确立。公元 220 年，关羽败走麦城，被孙权设计杀害斩首。刘备痛苦万分，率大军出川攻打东吴地区，发誓为关羽复仇。刘备出川的路线，就是成渝古道。刘备的蜀汉疆域所及，北至武都、汉中，东抵巫峡，因而川东一带的万州、奉节皆属蜀汉疆域。刘备通过巴蜀古道并沿江而下，加强了地方政权对川东以及荆楚一带的政治控制，为其统一全国的政治目标打下了基础。西晋统一全国后，改蜀郡为成都国，不久后恢复蜀郡，同时在重庆设巴郡，巴蜀之地归属西晋。此时期的巴蜀大道作为成渝地区以及成渝与中央政权政令信息的重要通道，使中央政权加强了对成渝地区的统治与管辖。这一功能在宋元明清继续发挥作用。总之，成渝古道在中国历史上发挥着重要的政治军事功能，为历朝历代中央加强对地方的集权与统一管辖做出重要贡献，为建立稳定统一的多民族国家做出重要贡献。

其次，促进经济发展的功能。成渝古道促进了成渝地区经济的繁荣发展，乃至在此基础上为历朝历代的国计民生做出巨大贡献。成都在历史上被誉为"天府之国"。"天府"一词，有多种含义，政治职能层面上指官职。《周礼》解释为官职，"天府"即"掌祖庙之宝

---

① 陈寿著，裴松之注：《三国志》，中华书局 2007 年版，第 544 页。

藏者"①。此外，"天府"还有星宿名、人身部位名、经穴名以及肥沃的土地、地区等含义。作为"地区"的天府大概是指天君所居住的地方、天君收藏财富的府库、天君所赐予的地方、天君建造的地方。天君所赐予或居住之地，必然是风调雨顺、物产丰饶之地。因此，成都被誉为"天府之国"，是用文学化的形象语言称赞成都地区物产丰饶、人民安居乐业、幸福殷实。《战国策·秦策》中对秦国的论述也是取此意："大王之国，西有巴、蜀、汉中之利……沃野千里，蓄积饶多，地势形便，此所谓天府，天下之雄国也。"② 常璩在所著的《华阳国志》中称："蜀沃野千里，号为'陆海'，旱则引水浸润，雨则杜塞水门，故《记》曰：水旱从人，不知饥馑，时无荒年，天下谓之天府也。"③ "天府"之美誉最初是指秦国的关中平原，后因李冰修建都江堰工程，使成都平原风调雨顺，粮食产量大增，成都地区遂逐渐代替关中地区而成为"天府之国"。当然丰富的物产不仅仅只表示该地区粮食产量高，还包括蜀中人民通过勤劳智慧，因地制宜，利用优渥的自然条件，发展起来的手工业、商业产品等。天时地利人和使得成都在中唐时期因其经济繁荣程度就有"扬一益二"之称。成都著名的蜀锦、蜀绣、蜀酒（成都平原是中国最早酿酒且名酒辈出的地区）藤艺、竹器、漆器等是手工业的代表，而水稻、棉花、油菜、小麦、柑橘、柚子、茶叶、药材等则构成了成都地区的农业经济作物。通过成渝古道，内江的甘蔗、自贡的盐以及川东、长江中下游地区的物产，纷纷涌入成都的集市销售，而成都的酒、蜀锦、茶叶、药材等由东大路输入重庆，再沿重庆输入湖北、湖南、江浙等地。可见，成渝古道极大地促进了

---

① 郑玄注，贾公彦疏：《周礼注疏》卷十二，载阮元编纂《十三经注疏》，上海古籍出版社1997年版，第716页。

② 缪文远、缪伟、罗永莲译注：《战国策》，中华书局2012年版，第63页。

③ 常璩撰，任乃强校注：《华阳国志校补图注》卷三《蜀志》，上海古籍出版社1987年版，第133页。

古代川渝地区经济的发展繁荣，进而促进了古代中国经济的繁荣发展，为提高人民生活水平，使人民安居乐业，做出了重要贡献。至今成都市区很多街道的名称都以古时商品贸易集市命名，如盐市口、牛市口、骡马市街、草市街、锦里、海椒市街等，这些历史地名见证了成都过去的繁华。

最后，促进巴蜀两地文化的交流与繁荣发展。巴、蜀原本是居住于现四川、重庆、湖北西部三大地区远古部落族群的名称，后来演化为国家，即商周及秦汉时期的巴国与蜀国，后又因两族、两国与周边地区在器物造型、风俗民情等文化上的差异，逐渐形成地方色彩浓厚的巴蜀文化。如今我们常用巴蜀文化指称四川与重庆两地的地方文化，巴蜀大地常指四川和重庆两地。实则从地方文化的起源来看，巴蜀并非同一类型的文化，两者具有差异，有不同的文化特性。由于种种历史原因，巴蜀文化呈现出很多相似的文化特征。如今我们习惯以"巴蜀"并称，来指代四川和重庆两地及其文化，也是两地文化趋同性的表征。

从现有考古学的工作发现来看，蜀文化地域分布大致西起雅安，东北到广元一带，以成都为中心，向周围地区辐射。巴文化，"学术界一般认为巴族起源于湖北省西部的清江流域，然后扩展到湖北西部长江沿岸和重庆市范围内"①，主要位于长江中上游，西起重庆、涪陵，东抵湖北秭归、宜昌，北抵汉江中上游地区。巴蜀文化上的差异，需从地方文化的发生学给以厘定。越是在人类文化早期，其文化形态、特征、内涵受地域、自然环境的影响就越大，如农耕文明、游牧文明、海洋文明等，都受制于该地区不同的自然环境因素。造成巴蜀文化巨大差异的核心因素即是两地文化起源的自然地理环境的不同。蜀文化

---

① 宋治民：《蜀文化与巴文化》，四川大学出版社 1998 年版，第 5 页。

孕育于四川盆地中心复地，以成都平原为中心，地势平坦，土地肥沃，气候温润，有利于发展农业，因此使得蜀人崇尚休闲文化。中国考古界曾经对成都方池街遗址孢粉样品进行鉴定，鉴定结果显示孢粉"包含水龙骨科、丝带蕨属、榛属及禾本科植物，此组合亦反映了温热湿润的亚热带气候"①，而这种气候非常适合居住、农耕。"从成都指挥街、方池街出土的动物骨骼经鉴定属于人工饲养的，包括犬、马、家猪、黄牛和鸡，还有羊、水牛，说明当时人们已过上定居的农业生活。"② 巴文化孕育于四川盆地东部边缘，以艰险、陡峭的山地为主，主要山脉有巫山、大巴山等，同时围绕长江沿岸聚集，长江水流迅疾、汹涌。山地森林葱郁，野生动物多，长江鱼类资源丰富，因而使巴地区先民以山猎、渔猎为主，狩猎经济占主导地位。宋治民的考古研究指出："生活在江河岸边的人们渔猎经济相当发达，从考古发现的资料看，较早的大溪文化遗址里出土的大量鱼骨即是证明。"③ 地势陡峭、水流迅疾汹涌使巴人善于与大自然搏斗。在这种自然生活下，逐渐形成巴人彪悍、性情豪爽，尚武好动的民风。可见，巴文化与蜀文化，因自然环境的不同，产生了不同的文化个性。可以说，蜀文化阴柔，巴文化阳刚，一阴一阳，两者具有很强的互补性。潘殊闲就巴蜀文化的差异性做出过总结，大意是说巴渝民风彪悍，喜创新，热爱奋斗；而蜀地民风温顺，热爱享乐。④

随着社会的发展进步，人类战胜自然的力量越来越强，自然环境对人类文化形态与个性的影响力逐渐减弱，不同文化之间的互动愈发频繁，促使地理空间距离相近的两种文化向着趋同化的方向发展。巴

---

① 王毅：《巴蜀历史民族考古文化》，巴蜀书社 1991 年版。
② 宋治民：《蜀文化与巴文化》，四川大学出版社 1998 年版，第 8 页。
③ 宋治民：《蜀文化与巴文化》，四川大学出版社 1998 年版，第 6 页。
④ 参见潘殊闲《巴蜀文化的互动与交融》，《地方文化研究辑刊》2019 年第 1 期。

蜀两地相接，两地文化相互交流、对话、融合，因而两地文化的原始差异逐渐减少，呈现出一定的同一性特征。这不仅是因为地理空间的接近，更多的原因在于战争吞并、政治区划、民间互往、经济贸易等活动。实现两地文化交融的前提就是沟通巴蜀两地的成渝古驿道。如果没有成渝古驿道，巴蜀两地文化的交流互动与繁荣是不可能的。扬雄的《蜀王本纪》记载了一个故事：一个叫鳖灵的巴族人，生于荆楚，他沿着长江而上，到了当时蜀国的都城郫（今郫都区），会见了蜀帝望，望帝封鳖灵为宰相，后来鳖灵取代望帝，建立了开明王朝。① 开明王朝的建立使巴文化融入蜀文化。表面上看，这次巴蜀文化的交融缘起政治因素，但实质上鳖灵从荆楚一带抵达成都蜀国，必须沿着长江逆流而上，抵达重庆，然后从重庆走陆路抵达成都。从重庆到成都的陆路大致可看作当时的成渝古道。由此可见，成渝蜀道在巴蜀文化的历史长河中，承载着沟通两地不同文化、风俗、民情的功能，促进了巴蜀两地文化的融合与繁荣发展，加强了两地人民、民族的团结互助，为中华民族文化一体化格局的形成做出了巨大贡献。

总之，成渝古驿道具有重要的政治、军事、经济、文化功能。虽然这一功能已经被当代的成渝铁路、成渝高速所代替，但作为历史遗存的成渝蜀道在当今社会又有了新的历史功能及价值。成渝蜀道作为我国历史上沟通川西南地区与川东地区的交通主网络，沿线具有悠久丰富的历史文化遗存、奇特珍贵的自然景观及珍稀野生动物、植物资源，是重要但又未很好开发的旅游线路。此外，随着国家"双城经济圈"战略的推进，成渝古道又被称为连接成渝城市群的中轴线，成为西部地区最重要的经济走廊，必将对我国今后的经济发展、民族团结、文化交流和政权巩固发挥更大的作用。

---

① 孙华：《鳖灵名义考：兼论鳖灵与蜀开明氏的关系》，《四川文物》1989 年第 5 期。

第四节 "东大路"的地位与作用

古蜀道是沟通四川与关中、重庆、甘肃等周边地区政治、经济、文化的交通干线,主要是嘉陵道、金牛道、米仓道、景谷道、阴平道等路线。南北朝之后经宋元,我国经济中心逐步东移南迁,南北走向的蜀道,如金牛道、米仓道、嘉陵道等逐步衰微,东西走向的成渝古道开始崭露头角,并在明清之际迅速繁荣起来,成渝古道的作用逐渐超越了其他几支蜀道,为古代长江经济带、巴蜀政治经济文化、西南丝绸之路一带地区经济文化的发展与繁荣做出了重要贡献。成渝古驿道即"东大路"在当今"一带一路"、长江经济带、巴蜀经济文化中依然具有重要的地位与影响力。

首先,"东大路"是"一带一路"的重要组成部分。"东大路"作为古蜀道一直是丝绸之路的主要组成部分,向北,可经过秦蜀古道抵达西安,经西安抵达中亚,再抵达欧洲等地区;向东可从成都抵达重庆,再经重庆,沿着长江而下,抵达东部沿海地区;向西南可沿着西南茶马古道通往云南、东南亚地区,再经东南亚可通往南太平洋、地中海、非洲等地区。作为沿袭了古代丝绸之路交通线路的当代"一带一路"倡议,现代"东大路"(成渝交通网络系统)是"一带一路"的重要组成部分,对加强中国西南地区与东南亚、中亚、欧洲等地区的政治、经济、文化交流具有非常重要的意义。

其次,"东大路"是长江经济带发展的重要节点。长江经济带面积约205.23万平方公里,覆盖上海、贵州等11个省市,占全国的21.4%,人口和生产总值均超过全国的40%。作为现代成渝交通运输通道的"东大路"是沪蓉运输通道在成渝地区的重要路段,构成长江经济带发展的重要基础。长江经济带的发展建设离不开"东大路"蕴

含的经济文化功能，长江经济带的三大城市群之一——成渝城市群的
建设与发展，更离不开沟通两地的交通路线。

最后，"东大路"是推动巴蜀经济文化发展，建设成渝"双城经济
圈"的生命线。"东大路"具有悠久的历史，其起源与发展伴随着整个
中华民族文明的始终。从东汉末年的巴蜀大道，到明清之际的成渝古
驿道，再到民国初年的成渝公路，再到当代的成渝高铁等系列现代交
通网络，从古至今"东大路"都是巴蜀地区经济文化交流的命脉，对
巴蜀地区经济文化的发展与繁荣起着重要作用。在当代，作为快速、
高效、现代化的"东大路"则是建设成渝经济圈的生命线。成渝经济
圈是以成渝高速公路为轴线，其北翼、中轴和南翼，分布着成都、遂
宁、南充、江津、重庆等城市，共同构成了成渝经济圈及其发展的城
市群及交通网络载体。成渝经济圈的发展离不开"东大路"的串联与
推动，如成渝高速铁路的建成和使用大大提高了成渝之间旅客的运输
质量和能力，充分发挥了成都、重庆作为区域中心城市的辐射作用，
大大缩短了成渝经济带城市群之间的时空距离，带动沿线的城市化发
展，极大地推动了成渝"双城经济圈"的建设与发展。

第二章　古驿道上遗迹多

成渝古道龙泉驿段（龙泉驿古驿道）历史悠久，空间跨度大，约 40 公里。古驿道上至今还留存着类型多样、历史文化底蕴深厚的古代文化遗迹。如庄严厚重的王公贵族陵园，清幽肃穆的佛刹古庙，沧桑沉实的石刻造像，壮怀激烈的红色遗址。它们历经时间与战火的考验，坚实地矗立于古驿道。在岁月的长河里，这些珍贵的历史遗迹，默默地观望着络绎不绝的羁旅驿客，见证着岁月的流逝与社会的变迁。这些古老的历史遗迹非常珍贵，少数为国家级文物保护单位，多数为省、区级文物保护单位。

第一节　陵墓、古建筑等

一　明蜀王陵

明蜀王陵位于成都市龙泉驿区成洛大道，现有地铁 4 号线明蜀王陵站。明蜀王陵乃是明朝蜀藩王家族陵墓群，距今已 564 年。20 世纪 70 年代该王陵被发现，被专家誉为"中国古代陵墓中最精美的地下宫殿"。明蜀王陵墓群分别是僖王、僖王赵妃、昭王、僖王继妃、黔江悼怀王、惠王、怀王、成王及其次妃、半边坟郡王的墓。墓群围绕僖王和成王的两个王陵依势分布。1979 年考古挖掘僖王陵，有五百余件彩釉兵马俑等珍贵文物出土。僖王陵地宫工艺精美，长、宽、高分别为 28 米、8.96 米、6.59 米。昭王陵，原来位于今成都市龙泉驿区大面街道洪河附近，20 世纪 90 年代修建成渝高速公路，墓室整体搬迁至明蜀僖王陵园，墓冢仍留原地。昭王陵占地五十亩，由墓冢、墓室及地面建筑构成，是昭王和他的正妃的夫妻合葬墓。昭王陵中有一对珍贵文物被誉为全国之绝，即仿朱元璋之人头龙。明蜀王陵对现代人研究明代藩王建筑、雕刻艺术等具有重要意义。

二　洛带会馆群

洛带会馆在龙泉驿区洛带古镇风景区内，作为会馆群，它包括湖广、广东、川北等会馆。洛带会馆建筑群布局考究，宏伟壮观，是融移民原籍建筑和川派建筑特色为一体的典型代表。洛带会馆于 2006 年被列为第六批全国重点文物保护单位。

洛带会馆的形成具有悠久的历史渊源。明末清初，四川遭受了一场空前浩劫，并长期处于大规模的战争之中，导致四川人口急剧下降。到康熙二十四年四川省仅九万余人。在这一背景下，清政府开始了大规模的移民运动，其中湖广行省人口最多，史称"湖广填四川"。这一移民运动长达一百多年。入川落籍的客家人形成了以会馆为中心的同乡聚会活动，于是各地会馆逐渐发展起来，形成规模。

客家会馆大多以中轴线对称布局，坐北朝南，寓意着对故乡的无限思念之情。入门楼为戏楼，也有将戏楼设于内院的，两侧多为两层厢房，中为大坝，这是举行大型活动的场所，既独成章节，又与正堂紧密相连。其中建筑特色较典型的为广东会馆，内中三重大殿依次排列，殿内设浑圆巨型木柱，十分庄重，正殿粤王楼，大厅内柱林立密布，排列有序，两侧梯道狭窄陡峭，可以登至 16 米高的顶楼，向北俯瞰古镇全景，向南眺望群山，美景尽收眼底。

三　北周文王碑

北周文王碑位于龙泉驿区山泉镇大佛村 8 组，该地位于成都平原的边缘，地势较高，山川连绵，林荫茂密，风景秀丽。此碑刻于一块俗称"天落石"的巨石东壁，摩崖镌刻北周文王碑、唐三教道场碑、宋诗碑及造像若干。三碑位于岩壁中下部，文王碑刻左，佛道合龛造像刻右。碑通高 2.44 米，宽 1.24 米，碑首弧缘雕刻蟠螭（盘曲的无角之龙），正中镌刻四方佛一龛，下方浮雕莲花，两侧各一朱雀做相对起舞状，栩栩如生。此碑建造于北周闵文帝元年，即公元 557 年。碑文阳刻正书竖读十五行，共 56 字。碑文阴刻正书竖读 40 行，每行 34 字，全文一千三百余字，主要叙述北周政权奠基人宇文泰生平业绩及西蜀立碑缘起等。原碑有两块，即"后周宇文泰纪功碑"和"周文王庙碑"。北周文王碑于 2013 年被国务院公布为国家级文物保护单位。

值得一提的是，北周文王碑的碑刻艺术在汉字书法史上具有里程碑意义，该碑表明那时汉字字体形成了成熟的楷书字形。

四　田氏支祠

田氏支祠现位于成都市龙泉驿区龙泉镇，是国民政府时期四川军阀田颂尧的私家别墅。田颂尧是龙泉驿人，他于 1910 年加入同盟会，1913 年起追随刘存厚，后来进入保定军官学校学习，立志推翻帝制。

田氏支祠于 1998 年因龙泉镇旧城改造，按原貌迁到龙泉镇公园路一段异地保护，现存建筑占地六百平方米。田氏支祠以中轴线对称布局，承袭晚清南方复式四合院法式的建筑风格。祠内有众多出自名家之手的匾额，雕刻亦独具匠心，匾额上的对联内容都是陈述田氏家风的名言警句。

五　唯仁山庄

唯仁山庄同样是民国军阀田颂尧的私家别墅，位于龙泉长松山顶南侧。唯仁山庄建于 1936 年 9 月，当时田颂尧任军事参议院上将参议。该山庄占地面积约六千平方米，有一幢坐东朝西的、每层有大小房间十几间的双层洋楼。洋楼右边乃水池、凉亭、石桥以及葱葱郁郁的树林，左边是长松山南壁，山崖沟谷，树木茂密。楼后有一塘为中式石砌鱼池，楼前种植了两排树，一排棕榈，一排桂树，正对大门的庭院西端，也种植了两排桂树。桂树大而粗实，有近百年历史。庭院下边有一条长长的青石走廊，两厢砌有中式石栏杆，每段石栏中间都镶嵌了石板，上面分别刻有题诗、题词，镶刻技艺精湛，诗词隽永。

1977 年经成都市人民政府公布为市级文物保护单位。

2007 年被列为四川省文物保护单位。

六　朱熹宗祠

朱熹世称朱文公，字元晦，号晦庵，其祖籍是徽州府婺源县，即今江西省婺源。朱熹是宋朝，乃至中国思想史上著名的理学家和哲学家，是儒学在宋朝的集大成者。朱熹是唯一非孔子亲传弟子而享祀孔庙的人，位列大成殿十二哲者中，受儒教祭祀。

实际上，朱熹并未到过四川。他的后裔入川，最早要算其曾孙朱朝选。朱朝选以武承袭万户侯，在 1314 年之后入蜀，其裔孙先后在乐山、仁寿、井研、资阳等地居住，后来在百余年的"湖广填四川"大移民中，朱子的后裔才大量进入四川。清康熙五十八年（1719年），朱熹后裔第20世孙朱必达自广东五华县入蜀，用一只公鸡、两丈红布，从陈姓手中换取房屋，维修居住。朱熹宗祠建于崇祯年间，大概是1641年。最早的朱熹宗祠于1802年竣工，位于成都市中心科甲巷。宗祠建立后，每年都要举行一次纪念朱熹的"文公会"，成都本地的达官显贵和各地的文人墨客都要前来参加，一来纪念先哲，二来说文论道，以文会友。"文公会"的巨大影响力，使科甲巷的朱熹宗祠"车来人往"，带动了春熙路以及周边的发展繁荣。因朱氏族人众多，每年拜祭时影响了周边的环境和交通，嘉庆二十四年（1819年），必达之孙朱朝云遂在"城东三十里设半节河宗祠"（也就是今龙泉驿区十陵镇青龙湖公园内的"朱熹宗祠"）。道光二十四年（1844年）春，选定半节河宗祠作为朱熹宗祠的陪祠。春熙路宗祠被拆除后，这座陪祠遂成为朱熹宗祠。朝云公之孙朱荣元于次年扩建该陪祠时，设文公殿、赣粤、入蜀、贤孙、庶裔、神佛、报本——一殿六堂，修建书院一座，宗祠东大岭岗始祖居一处，坟茔多穴。

成都龙泉驿区十陵青龙湖畔，林木葱茏，湖水凝碧。离湖不到百米处，一座熹公宗祠显得古老而宁静。朱熹宗祠环境优美，芦苇与湖水相映，曲径通幽，与明蜀王陵相距3里左右。宗祠建筑坐北朝南，面积共有2306平方米，三进复四合院，总长约59米，宽27米。东边为复四合院落一个，西边分设复四合院三个，以大门为准一字排开，土木结构，泥砖墙，木质门窗，悬山顶，小青瓦屋面，顶端配饰为中式的"福、寿"等设计图案，所有房间均由过廊相通，祠堂内设有供案、神龛神榜文；神龛两侧对联为："德配先贤典隆十哲，恩承博士名重五经"，横批为"理学传家"，梁题"万代兴隆，子孙千亿，长发其祥"，并有龙凤花鸟刻木纹饰。门厅已拆除。过厅面阔3间13.7米，进深2间7.5米。正屋面阔3间13.7米，进深8米。现有的宗祠规模仅为明清时代的1/3。在朱熹文化城的规划中，除对原有建筑朱家老房子（朱熹宗祠）进行改造外，包括岳麓书院在内的宋代五大书院，也将按照1:1的比例在龙泉驿区十陵镇重建。届时，朱熹文化城将成为一个现代教育基地，重现琅琅书声。

龙泉驿区十陵镇的朱熹宗祠是目前全国唯一的以朱熹的名字命名的宗祠，除了宗祠内保存的从朱熹至今的朱氏家谱为证外，成都市档案馆还存有清民时期和新中国成立后发的春熙路朱熹宗祠的地契凭证，这三张地契是首次向社会公布的，这个朱熹宗祠是被官方认可的。2002年5月3日朱熹宗祠管理委员会成立，根据民国政府对"朱祖文"身份的确认和科甲巷总祠不复存在的现实，决定将坐落于十陵街道成洛大道青龙湖湿地公园景区内的陪祠正名为"朱熹宗祠"。

每逢祭祖活动，朱熹的后裔会从龙泉驿区十陵镇出发，要绕行八九公里的羊肠小道，才能到达有着363年历史的朱熹宗祠。这座清代乡间客家风格的建筑连接村民住宅，其中，朱文公的牌位祭于正北厢上位，沉实阔大的木雕台案古朴而庄重，宗祠屋顶上镶嵌着"福""禄""寿""禧"4个大字组成的图案。祭祖典礼正式开始后，按古代仪式，鸣炮之后，数百位朱熹后人分列祠堂内，由于人数太多，部分人只能站在门外。全体肃静后，向朱氏历代祖先三鞠躬。初献官、亚献官、终献官先后致祭：上香、献帛、行三叩九拜大礼。门外的后人也虔诚地向祖先行三叩九拜大礼。

朱熹宗祠建筑雄伟气派，乃四川唯一的朱熹拜祭场所，与世界朱子研究会关系密切。朱熹宗祠记录着家族的辉煌与传统，是家族的圣殿。作为宗族悠久历史和传统文化的象征与标志，具有无与伦比的影响力和历史价值。作为成都市和龙泉驿区的重要文化遗产，朱熹宗祠的保护和开发一直得到当地政府的高度重视，其重要举措有以下几方面。

1952年12月1日成都市人民政府颁发的产权证，业主为"朱氏祠"。

2002 年起，中国人民大学孔子研究院院长张立文教授、中国国家图书馆馆长任继愈教授，先后题赠"朱熹宗祠""朱子书院"等墨宝。

2003 年 7 月，龙泉驿区人民政府宣布"朱熹宗祠"为区级文物保护单位。

2004 年 10 月 28 日，宗祠管委会主办的"四川省文公会暨首届朱熹文化节"在成都龙泉驿十陵镇朱熹宗祠隆重举行。

2007 年 10 月 25 日，为了纪念宋代著名理学家、教育家朱熹诞辰 877 周年，在朱熹宗祠举行祭祀仪式。

2013 年，朱熹宗祠被列为成都市级文物保护单位。

七　义兴桥

义兴桥位于龙泉街道东北 17 公里的万兴乡大湾村境内，万兴场南 3 公里处，跨詹家沟小溪上源，曾是成都经洛带至简阳古道的一座桥梁。始建年代不详，重修于清康熙十年（1671 年），已有近 400 年的历史。

义兴桥为石结构三洞平板桥，桥面由 10 块石板铺成，全长 10.50 米，厚 0.4 米，宽 2.9 米。两座石砌桥墩，上水方向置圆雕俯式鳌头，雕刻工艺简朴精湛，伸出桥缘 1.35 米，下水方向雕刻鳌尾，自然无华，伸出桥缘 1.1 米。桥北部数米外立有重修碑记，依稀可见"皇清圣祖辛亥十年七月"等字。[①]

成都龙泉驿区作家廖富香以"义兴桥"为题，创作了以成都东大路驿站故事为主题的网络小说。书中讲述了"义兴桥"曾经因成都东大路的繁荣而兴起，又因成都东大路的改道而被人渐渐遗忘的传奇故事。

---

① 　张贵真、刘栋梁：《龙泉驿区文化志》，成都龙泉驿区文化局 1993 年版，第 245 页。

第二节　崖墓群、造像

一　汤家河崖墓群

汤家河崖墓群位于龙泉驿区茶店镇石经村3组。在龙泉山脉东麓，成渝公路沿汤家河谷地蜿蜒南伸，沿途颇多崖墓。除了建公路时毁掉的，现存东汉崖墓24座，因其地名汤家河，故称为"汤家河崖墓群"。其中，公路左侧的18座尚未被发掘，公路右侧的6座被当地农民掏空作窖藏室，文物尽失，唯墓室完整，内壁浮雕画像清晰可见。墓分为单双室两种，石壁有壁龛、灶台、厨房及浮雕庖丁一两人、矮桩柱干栏式房屋等，部分墓室内镌刻有鱼、畜生之类的祥瑞图案。文物普查时，依次编号为M1－M6，M3、M4两墓的详细记录如下。

M3，单室内平顶，呈后高前低斜面。墓门高1.46米，宽1.26米，墓室通进深6.28米，前狭后宽。左壁浮雕三开间干栏式房屋，檐面刻简瓦勾头，下镌刻橼头。次间外沿刻方柱，曲形单插拱，柱端和拱端各施一斗。后段为享堂，门设明间正中，梯形双叠门框，门楣阑额正中镌刻一人形图案，双臂向上张举，攀托撩檐枋，下肢分曲做蹲跃状。次间外壁各镌刻高浮雕门雕门俑一身，头戴平顶高帻，身穿窄袖束腰长衣。左像吹竖笛，右像做和曲高歌状。墓室右壁镌刻浮雕三开间干栏式房屋，尺寸比左边小。明间凿为壁龛，两边刻右方柱，施双插拱，无斗。次间各竖立一棒槌状物件。

M4，平顶，由后向下斜，分前后二室，通进深7.01米，平宽1.87米，平均高1.86米。前室门双叠门框，后室门叁叠门楣，两边刻成出跳斗拱状。后室左右两边设享堂，通壁镌刻高浮雕三开间干栏式房屋。此间壁龛正中刻方柱，各施一斗三升式曲拱。房檐及其他部分，同 M3 左壁所镌刻建筑结构式样。此二享堂皆于明间正中设矩形门，双叠门楣。前室内右壁正中下方，仍刻高浮雕三开间干栏式房屋，尺寸小于后室。明间为壁龛，次间壁面刻方柱，各施一斗三升式曲栱，正中亦各竖一棒槌状物。

其余各墓与以上二墓大同小异，唯 M2 号墓室内右壁线刻车一辆，驾马做飞奔状，栩栩如生，雄健遒劲。[①]

汤家河崖墓群现为龙泉驿区级文物保护单位，其内的石刻、画像、随葬器物等为汉代社会经济、民俗文化、人文地理研究提供了丰富重要的实物资料。

二　四十梯崖墓群

四十梯崖墓群在龙泉驿区龙泉街道东 25 公里处，具体位于龙泉驿区茶店镇民主村 6 组，在龙泉山脉东坡一段溪谷两边的半坡上，现存不少东汉至西晋时期的崖墓。当地村民习惯称此地为"四十梯"，所以将此崖墓群称为"四十梯崖墓群"。此处墓群大多为多室崖墓。不幸的是，墓葬早年被当地农民盗掘，葬内文物丢失。崖墓室内面积大多在27—35 平方米。河溪谷右边，有墓八座，呈东北方向，编号为 M1 – M8；溪谷左边有三座墓，呈东西走向，编号 M9 – M11。现仅 M3 墓室可进行勘测，情况如下。

M3，双叠门框，高 1.55 米，宽 1.40 米，厚 0.87 米。主室高 2米，宽 1.90 米，进深 3.15 米；右侧室高 1.82 米，宽 2.10 米，进深1.40 米。在右侧室外沿着正中，凿有一条石圆柱，直径 0.18 米。主室左边，并列二侧室，高宽深与右侧室近似，两边都修建了耳房，耳房的高度只有侧室高度的一半。墓门甬道左侧开凿了一个洞口，与 M4 墓

---

① 张贵真、刘栋梁：《龙泉驿区文化志》，成都龙泉驿区文化局 1993 年版，第 252 页。

室相通。

由于其他墓室被泥沙所淹没，无法进行勘测，所以不再赘述。根据以前进入墓室的当地农民陈述，这些墓室都是多室墓，但在大小尺寸方面存在一些差异。文物普查时，从 M3 号墓室内捡到一些陶器碎片，当地农民家中也存有少许墓室内的素砖和花边砖，经过鉴定，陶器是西晋时期的物品，花边砖乃东汉型模所制。因此判断"四十梯崖墓群"乃东汉至西晋时期的墓葬群。[①]

四十梯崖墓群现为龙泉驿区级文物保护单位，对研究东汉西晋时期的生活方式、丧葬习俗等方面具有一定的历史价值。

三　元堡摩崖造像

元堡摩崖造像位于龙泉驿区龙泉街道南 5.5 公里处的柏合镇元堡村，分布于清音溪两侧，现存"倒菩萨"和"两河口"两处唐宋摩崖造像，两者距离 1 公里左右。元堡摩崖造像为两处摩崖造像的总称，现为成都市级文物保护单位。

倒菩萨摩崖造像密布于清音溪东岸河坎边沿一块巨石的东部，由于雨水山洪不断地冲刷，巨石南部呈现下沉的趋势，并表现出明显的倾斜，当地人因此称此造像为"倒菩萨"。此造像一共有 12 龛四十多个人像，其中，建造于唐代的有 4 龛，建造于宋代的有 8 龛，全部都是佛教造像。每龛造像数量各不相同，其中一龛造一身的有 6 个，一龛造二身的有 1 个，一龛造四身的有 3 个，一龛造五身的有 1 个，还有 1 个一龛造十二身的。五身龛的高度最高，为 3.3 米，内部刻有密宗金刚界五佛像。十二身的宽度最宽，为 2.03 米，内部刻有十二因缘经变。龛形形态各异，分拱形、长方形、矩形，两龛为双叠室，两龛有

---

① 张贵真、刘栋梁：《龙泉驿区文化志》，成都龙泉驿区文化局 1993 年版，第 254 页。

线刻桃形楣。1号和2号龛遭损毁，其他的几个龛号保存完好，略有破损。

两河口摩崖造像位于该溪流上源一处向东突出的山崖上，分别处在山崖的东壁、东北壁以及北壁，一共有18龛。18龛之中，有两龛造像全毁，仅存龛室，无法辨认，其余16龛共存造像四十多尊。建造时代与倒菩萨摩崖近似，为唐代、五代以及宋代。唐代一共有9龛，其中3龛风化严重，仅可辨认龛室轮廓。五代仅1龛，宋代共6龛，其中1龛风化严重，仅可辨认轮廓。18龛之中，有9龛为双叠室，形制比较大。造像最多的龛号乃3号龛和5号龛。前者为唐代造像，双叠龛室，龛形为矩形，平顶，高为1.64米，宽为1.7米，深20米；内龛为拱形，高度为1.05米，宽度为1.1米，深28米。内龛为释迦牟尼七尊像，释迦结跏趺坐，近侍迦叶、阿难二弟子，外侍观音、大势至二菩萨，外龛内边各立一武士。5号龛为宋代造像，式样近似3号龛，只是尺寸只有3号龛的一半。①

2016年12月初，元堡摩崖造像遭遇不法之徒盗窃，其中有五尊佛像被盗窃者凿盗。元堡摩崖造像属市级文物，对研究唐宋时期佛教文化与传播具有重要价值，相关部门应该加强对珍贵文物的保护工作，防止文物受到破坏。

四 苏家河摩崖造像

苏家河摩崖造像位于龙泉驿区龙泉街道东南24公里的茶店镇民主村8组苏家沟西南半坡的崖壁上。现存造像6龛，计二十余身。2号龛刻于唐大中八年，即公元854年，其余龛号刻于五代和两宋时期。凿刻细腻精湛的龛号是2号龛和3号龛。前者为双叠室、屋形、平顶，

① 张贵真、刘栋梁：《龙泉驿区文化志》，成都龙泉驿区文化局1993年版，第280页。

阑额饰串珠帷幔，高度为 1.45 米，宽度为 1.37 米，深度为 1.2 米，内部刻有弥勒坐像一尊，分侍二弟子、二菩萨、二力士。此七尊像后面的龛壁凿雕天龙八部神众，二菩萨以及八部中的女神，都赤裸上身，束帛掩胸乳。外龛左右侧壁，各有浅浮雕歌舞乐伎一组，也赤裸上身，帛带绕掩胸乳。3 号龛凿刻佛一尊，弟子二尊，菩萨二尊，供养人二尊，力士二尊，共九像。后壁也有浅浮雕天龙八部神众。这些造像清新俊秀。外龛左右侧壁仍刻歌舞乐伎，式样与 2 号龛相同。①

苏家河摩崖造像现为龙泉驿区级文物保护单位，对研究唐宋时期的宗教与艺术具有重要的参考价值。

五　观音岩摩崖造像

观音岩摩崖造像位于龙泉驿区龙泉街道东北 25 公里处的观斗村观音岩。在一块大约 35 平方米的东向崖壁上。此处造像较为密集，共造像 25 龛，八十多座佛教以及道教像。年代较元堡摩崖造像以及苏家沟摩崖造像晚，全系清代中期作品。其中 18 号龛造像乃道教真武及其侍从像。21 号龛造像为南极仙翁。其他各龛号造像都是佛教造像。此处摩崖造像总面积小，龛室多，因此各龛形制比较小，高度为 1 米的龛号只有一个，其余的高度与宽度都在 1 米以下。大多龛内造像尊数不多，以 1 尊或 2 尊为主，少数为 5 尊或 7 尊，极少数在 10 尊以上。其中 10 号龛造像 13 尊，内部刻有一座佛和十二圆觉。20 号龛造像最多，有 24 尊罗汉像。②

观音岩摩崖造像现为区级文物保护单位，对研究清代巴蜀地区的宗教与艺术具有重要的参考价值。

---

① 张贵真、刘栋梁：《龙泉驿区文化志》，成都龙泉驿区文化局 1993 年版，第 265 页。
② 张贵真、刘栋梁：《龙泉驿区文化志》，成都龙泉驿区文化局 1993 年版，第 265 页。

六　木鱼山摩崖造像

木鱼山摩崖造像位于龙泉驿区龙泉街道东北 5 公里的美满村百工堰后山。在旧名木鱼山东坡近山顶处的一块巨大岩石东壁，并列造像 3 龛。建造年代大致在晚唐时期。此 3 龛详细情况如下。

1 号龛：双叠室、平顶，高度为 1.58 米，宽度为 2 米，深度为 1.63 米。内部刻有佛像三尊，三佛两边分侍二弟子、二菩萨。莲台左右刻着女供养各一尊，外龛侧壁上，左右各刻力士一尊，后壁浅浮雕菩提树梁柱，树叶繁茂，形象生动。两边侍从尊像背后龛壁，浅浮雕天龙八部神众。龛内大多造像于近年被盗或被毁，仅剩两菩提树清晰可见。

2 号龛：双叠室，平顶，檐下刻四铺作单下昂斗拱，龛外两边镌刻窗花图案，龛高度为 0.79 米，宽度为 0.91 米，深 0.42 米。龛内造晚唐佛像，其中一佛、二弟子、二菩萨、二力士，左边弟子双手拢袖拱于前，右边弟子当胸捧经函，菩萨女身高髻，身系腰长裙，覆璎珞，披帛缭肩绕肘。龛内大多造像于近年被盗或损害严重。

3 号龛：庑殿式屋形，双叠室，斗拱窗花与 2 号龛相同，高度为 0.86 米，宽度为 0.94 米，深 0.40 米。晚唐造像，其中佛像一尊，弟子二尊（一弟子握经卷，一弟子捧经函），菩萨像二尊（菩萨造像与 2 号龛类似，不同之处在于手中所执之物，此龛中左边菩萨执尘拂，右边菩萨执莲蕾），力士二尊。不幸的是，龛内佛像在近年被毁或被盗。[①]
1988 年 5 月，木鱼山摩崖造像被列为龙泉驿区级文物保护单位。

七　高洞子石像

高洞子石像位于龙泉驿区茶店镇前锋村的峡谷中。造像南部的跳

---

① 张贵真、刘栋梁：《龙泉驿区文化志》，成都龙泉驿区文化局 1993 年版，第 266 页。

磴河上有一座九孔石头桥，西桥头河岸有一段凹凸立壁，高度为 7 米，宽度为 25 米，密布各题刻二十来铺以及一龛摩崖造像。佛像一龛三尊，造刻年代大概在清咸丰三十一年，即公元 1861 年。高洞子石像空地比较狭窄，仅能容一人行走，悬崖距离石像 1 米左右，下方便是河水冲击后形成的峡谷，较为危险。高洞子石像的风格与元堡摩崖石刻的倒菩萨比较接近。主佛呈坐姿，胸前镌刻"万"字佛印，头部于近期进行了维修。主佛两侧各造侍者一尊，高度仅主佛一半，双手合十，拱于胸前。三造像的服饰大面积呈绿色。

造像左右两侧有题记，其中有地名题刻，竖读"古高洞"，字径 50 厘米。有楹联，镌刻于造像龛外两边。上联为"路识蓬莱今便是"，下联为"俨然天竺古光在"，落款为"大清咸丰三十一年"。有巨幅题字，横读乃"横游太空"，幅面高 1.6 米，宽 5 米，字径 1.2 米。横读"豁然开朗"，幅面高 1.5 米，宽 4 米，字径 1 米。竖读"清扬"，幅面高 2 米，宽 1.2 米，字径 0.7 米。其他题刻，乃纪事、游玩散记之类，但大多风化严重，无法辨认。① 高洞子龙石像现为龙泉驿区级文物保护单位。

八　玉隍观石像

玉隍观石像位于龙泉驿区龙泉街道东 21 公里处的顺河村村境。原有庙宇玉隍观，建筑物被毁，现仅存宋代圆雕石像 14 尊，散置于山顶荒坝上。14 尊之中，有 13 尊缺少头部，8 尊站立，5 尊善跏坐，残高 0.55—1.2 米不等。石像身穿袒胸袈裟或身穿斜领右衽长袍或披着天衣，有的穿系腰长裙或抹胸长裙，有的璎珞覆盖胸部，垂至腿部膝盖处。从外观来看，造像乃属于佛道合流鼎盛时期供于同一座庙宇之中的菩萨、童子、

---

① 张贵真、刘栋梁：《龙泉驿区文化志》，成都龙泉驿区文化局 1993 年版，第 267 页。

侍者、天尊和真人等。现在唯一完整的造像是宋代后土皇地祇。善跏坐，高度为1.98米，方面大耳，体态丰腴，嘴唇厚，头上戴着平顶方冠，博袖敞衣，内著僧祇支，双手拢袖拱于胸部。大多雕像底部基座两侧刻有题记，但因为风化过于严重，现已经辨认不清。1988年5月，该石像被列为龙泉驿区级文物保护单位。[①]

第三节　革命遗址

一　董朗故居

董朗（1894—1932年）原名董嘉智，又名董仲明，字嘉智，出生于今成都市龙泉驿区保安镇。1920年12月，董朗赴上海计划去法国勤工俭学。1924年，他与组长周启邦一起以优良成绩考入黄埔军校第一期。1925年11月，调任叶挺独立团团参谋，并正式改名董朗。在北伐战争中，历任营长、团长等职。1927年，董朗率部参加南昌起义，是我军创始的骨干成员。接着又率部到达广东海陆丰地区与彭湃的农民起义军会师，帮助建立中国第一个苏维埃政权，被任命为工农革命第二师（又称红二师）师长。1929年6月，中央派董朗以军委特派员身份赴湘鄂西苏区，先后任中共湘鄂西前敌委员会委员、红军第4军参谋长，协助军长贺龙指挥部队作战，开展创建和巩固根据地的工作，成为湘鄂西红军中优秀的军事指挥员之一。1930年11月后，董朗先后任江左军总指挥、教导一师参谋长。1932年夏，正当董朗率领根据地军民与国民党军血战之际，在"肃反"扩大化中，他与一批优秀红军干部被诬陷为"改组派"，于11月被错杀，时年38岁。故居是董朗青

---

① 张贵真、刘栋梁：《龙泉驿区文化志》，成都龙泉驿区文化局1993年版，第280页。

年时期居住的董家老房子，在龙泉镇保安村。该建筑系清代后期修建的农家四合院，西南向，土木结构，单檐悬山式布瓦屋顶，上房和下房各为一进五开间，两边厢房各为一进七开间，占地 600 平方米。新中国成立后被当作保安村初级小学校舍，几经维修，多有改造，因系危险房屋，学校选址另建。①

二 辛亥革命四川武装首义地（址）

辛亥革命四川武装首义地址位于龙泉驿区龙泉街道滨河路 308 号，距离龙泉驿区政府 1 公里左右，距离桃花故里风景区 7 公里左右，原为关帝庙，有大门万年台，大殿两边厢房构成四合庙院，坐南朝北，占地约 1500 平方米。临街为木结构单檐悬山式吊脚楼房，通面阔七间 26.6 米，通进深一间 8 米，通高 9 米。楼下明间即大门过道，楼上明间和次间作戏台。院内用石板铺地，光洁平滑，庙额竖写"武庙"系田颂尧题。院坝左侧原有高七八米石砌字库，上有不少石刻题记②，雕刻非常精美。

辛亥革命四川武装起义首义者夏之时（1887—1950 年），于 1911 年 11 月 5 日夜，策动驻龙泉驿新军共二百三十余人起义，并取得了龙泉驿起义的胜利，随后东进重庆与张培爵等人会合，建立蜀军政府，为辛亥革命的胜利做出了贡献。当时，夏之时率革命起义战士沿着成渝古驿道步行，从龙泉驿到重庆，走走停停用时十七天左右。四川作家李劼人的小说《大波》在"在汇为洪流的道路上""重庆在反正前后"两章中，对随东路卫戍部司令驻扎龙泉驿的夏之时如何在场上高升官站打响第一枪以及如何起义做了生动的描述。辛亥革命后，夏之时任北伐军四川总司令，参加反袁、护国、护法运动，积极追随孙中

---

① 张贵真、刘栋梁：《龙泉驿区文化志》，成都龙泉驿区文化局 1993 年版，第 280 页。
② 张贵真、刘栋梁：《龙泉驿区文化志》，成都龙泉驿区文化局 1993 年版，第 276 页。

山先生参加革命工作，是四川近现代史上有影响的进步人士。辛亥革命四川首义地（址）乃是对夏之时领导的推翻腐朽的清朝封建制度革命的纪念。

1949 年，成都解放，此建筑为粮食部门使用，1985 年拆掉大殿和厢房建职工宿舍，仅保留大门左侧三间为龙泉镇卫生院使用。现在旧时建筑已不复存在，成都市政府立旧址牌坊，作为纪念。

三　柳沟铺战址

柳沟铺是成渝古驿道（东大路）上的一个驿铺，位于龙泉山东坡半山上，和其他古驿道上的驿铺一样，是供官商往来的歇脚地。从成都的锦官驿出发，经得胜场、沙河堡、黉门铺、大面铺、界牌铺、龙泉驿、山泉铺即可到达柳沟铺，它是成渝古驿道上的第七个驿站。柳沟铺战役发生在 1923 年，一方是北洋军阀属部于学忠率领的第十八混成旅和勾结北军的杨森属部杨天骅旅，另一方是讨伐北洋军阀的熊克武部川军赖心辉第一军和刘伯承第二混成旅。1922 年北洋军阀直系头目曹锟贿选总统，窃据中央政权。孙中山号召讨伐国贼，四川督军熊克武通电响应，高举讨贼义旗。1923 年 5 月 28 日，北洋军系部队和杨森属部已攻至成都外围的龙泉驿柏合寺、茶店子一带。战事激烈，川军赖心辉部因不敌北洋军和杨森的进攻，从简阳县石盘铺退到龙泉驿茶店子至山泉铺一带。形势危急，赖心辉急忙电告熊克武，请求放弃龙泉山，让部队退却到成都布防。但熊克武不同意，命令他继续坚守。赖心辉心急如焚，复电熊克武，如果要守住龙泉山，除非把刘伯承的第二混成旅调来，否则，无法守得住。于是熊克武委任刘伯承为东路军第一路军总指挥，刘伯承奉命火速增援赖心辉部队。5 月 28 日晚 11 时许，刘伯承部队抵达龙泉山顶与友军汇合。刘伯承带领将士走在丛林密布、乱石嶙峋的山地河谷，攀着藤蔓从青苔遍布的小路上了龙泉山，察看山势和地形后，迅速在柳沟铺部署兵力，以期正面迎敌，挫敌锐气。当晚深夜时分，杨森部队向龙泉山发起猛烈攻击，被刘伯承骁勇善战的部队击退；凌晨，北洋军于学忠部队又向柳沟铺发起强大的攻势，但连续五次冲锋均被击溃，死伤无数。29 日拂晓，赖心辉所属穿插部队从侧面向于学忠发起进攻，刘伯承指挥东路军乘势反攻，一举击溃于学忠部和杨森部杨天骅旅。杨森及北洋军于学忠部精锐尽失，全线崩溃，残兵败将丢盔卸甲，仓皇向重庆方向逃逸。刘伯承指挥部队乘胜将残敌追击至重庆永川。战后，熊克武通电表彰了威震四川的、由刘伯承指挥的"龙泉山大捷"。① 柳沟铺战役以刘伯承设立指挥部的青杠坪阻击阵地为主，包括东西纵深约 1 公里，南北展开约 500 米的地带。当年的布防有战壕、战坑、土埂、石埂、毛石堡垒、天然沟壑等地形工事，现今具体完整的工事工程已不可寻，仅有一些淤填的战壕、坍塌的土埂、毛石等。此次战役，郭化若著《中国军事史》作了记载②。柳沟铺战役遗址位于龙泉山东坡半山上的山泉镇大佛村 9 组，该地是扼守成都东大门的要地，地势险要，刘伯承元帅与北洋军阀在此决战，并取得全国著名的龙泉山大捷。现为爱国主义教育基地。

    龙泉驿区作家廖富香以此历史事件为依托，创作了《柳沟铺》网络小说，讲述了一个不知名的小山沟突然变成东大路上的热闹驿站的传奇故事。

---

① 参见井水《刘伯承与柳沟铺》，《龙泉开发》，2019 年 2 月 18 日第 A03 版。
② 张贵真、刘栋梁：《龙泉驿区文化志》，成都龙泉驿区文化局 1993 年版，第 276 页。

第三章　山水林果古道中

龙泉驿古驿道沿线，不仅文物古迹众多，而且古驿道穿行于花果林木之中，是一条风景名胜之道、青山绿水之道、花果飘香之道、绿色生态之道。近年来，成都抓住"一带一路"和"长江经济带"战略机遇，结合成都市旅游业"十三五"规划，确立了建设"国家旅游中心城市"和"世界旅游名城"的目标。在这一目标中，龙泉驿区是重要的组成部分和不可替代的重要节点，龙泉驿古驿道则是重要的风景轴线。龙泉驿古驿道历史悠久，给龙泉驿人民留下了丰富的历史文化遗存和雄厚的旅游资源。除了悠久的人文景观外，龙泉驿古驿道还蕴藏着得天独厚的自然山水，其中有全国著名的龙泉驿区水蜜桃生产基地，有世界第一的森林公园及"天府绿道"等自然生态资源。龙泉驿古驿道丰富的历史底蕴与自然资源都将为成都"三城""三都"建设，乃至"世界文化名城"建设作出重要贡献。

第一节　源远流长的花果栽培

龙泉驿区花果文化源远流长。在历代诗人歌咏龙泉驿自然景物的作品中，多有描绘赞颂桃花之作，可见龙泉桃花具有悠久的历史。自

1930 年龙泉驿区山泉镇才子晋希天在龙泉山引种水蜜桃以来，龙泉驿区的水果产量逐年增加。新中国成立后，龙泉驿区农业经济发展迅速。1978 年中国开始实行改革开放政策，龙泉驿区紧随时代步伐，使该区传统农业逐步向现代农业过渡。龙泉山脉周围种植经济果木的农户也越来越多。时至今日，龙泉驿古驿道旁有水蜜桃、大五星枇杷、巨峰系列葡萄、朱砂樱桃等知名水果。

龙泉驿区属四川盆地中亚热带湿润气候区，气候温和，空气潮湿，冬无严寒，夏无酷暑，春暖秋凉，四季分明，无霜期长，风力偏小。春季气温回升快；夏秋降水多；秋季多阴雨。① 龙泉驿区水资源总量为 3.8524 亿立方米，主要由两部分组成。地表水资源 3.24 亿立方米（不含过境水量），地下水资源 0.6124 亿立方米。地表径流主要由大气降水产生。全区多年平均降雨量为 977.2 毫米，降雨总量为 5.43 亿立方米。得天独厚的自然气候条件创造了龙泉驿区全国著名的水蜜桃生产基地。

龙泉驿区水蜜桃种植历史有九十余年，引种者晋希天，字华育，光绪二十九年生于成都市龙泉驿区晋家湾，后迁入龙泉驿区山泉镇大桥沟。晋希天母亲王氏，育有 9 个子女，3 男 6 女，晋希天最小。父亲是中医师，并亲自耕田地十多亩。小时候的晋希天聪明好学，就读于家乡私塾。13 岁的时候，跟随哥哥到仁寿读小学，同时学习照相技术。1921 年，晋希天考入成都华西协和中学。晋希天成绩一直很优秀，在学校享受助学金。毕业后，晋希天返回仁寿任教。3 年后，晋希天考入华西大学文学院外文系。同时他还帮人照相，以此挣取些许生活费，过着半工半读的生活。1930 年，晋希天跟随华西大学少数民族风情考察团前往泸定、西昌、峨眉山等地实地考察实习，被秀丽的自然山水

---

① 成都市龙泉驿区地方志编纂委员会：《成都市龙泉驿区志（1989—2005）》，方志出版社 2013 年版，第 65 页。

打动，尤其陶醉于沿途农家的果园风光，于是萌发了栽种水果的念头。不久后，晋西天借出差省外的机会，购回水蜜桃、黄蜜桃和蟠桃树苗在校园内尝试栽培。栽种的果树，在相继的两年里结出果实，果肉鲜嫩，水分充足，香甜可口。通过此次的栽种实践，晋希天对栽种水蜜桃产生深厚的兴趣。从此，晋希天开始涉足农业、园艺学。从华西大学毕业后，他留校任教，兼职照相部主任。1934 年，晋希天在山泉镇大桥沟自家地里培育桃树苗上百株。1936 年从"明明果园"采来枝条嫁接水蜜桃成功。1938 年开始结果。为纪念水蜜桃嫁接成果，晋希天为该年出生的侄儿取名良树，乳名果子。1938 年，晋希天的果树栽培遇到一个机遇，他受金陵大学农学院园艺系主任胡昌炽教授的邀请，在自家地里扩大水果种植规模，由金陵大学投入资金、种子、技术，创办果园，作为金陵大学的实验基地。此后，胡昌炽教授等人常带学生到果园实习。晋希天从中得到极大的帮助，使其对水蜜桃的种植、栽培、防虫治病等方面的研究更进一步。抗日战争时期，美国空军士兵在成都横行霸道，晋希天看在眼里恨在心头。由于他对社会时局不满，1941 年，在胡昌炽教授的支持下，毅然辞去华西大学的工作，并说服妻子弃教，购买了许多有关水果栽培技术的书籍，带着妻子回到大桥沟果园从事果树栽培。当年收获水蜜桃 350 公斤，请人挑到成都香巷子出售，质优价廉，很受消费者青睐。第二年桃树进入丰产期，产量进一步提高。这一年在桃花盛开之时，晋希天邀请亲朋好友和华西同学到苹果村（今桃花诗村）果园赏花喝酒，这是首届小型的桃花会。此后，晋希天陆续引进梨子、枇杷等三十多个优良水果品种，果园不断扩大，使得龙泉山区周围几十里都有水蜜桃的种植，也有初具规模的果园，如龙泉镇长柏果园、燃灯果园等。通过十多年的刻苦钻研，反复实践，晋希天写了《龙泉山区果树栽培》一书。此书是龙泉山脉地区水果栽培的第一部农学专著，在龙泉驿区果林栽培史上具有重要意义。可惜的是，该书于"文化大革命"期间被毁。

　　晋希天不仅自己种果树，还帮助附近的村民发展果木经济产业。他从供应种苗到技术指导，从不吝啬。大兴乡江华山、平安乡晋伯章、长松乡赵国春、山泉乡陈明月等人常到晋家果园学习技术，后来亦成为果树能人。新中国成立后，晋希天果园被收为国有，他亦被聘为国有山泉园艺场技术员。1952—1954年，被调县农场学习。回园艺场后，对果树的整枝换代做出重要贡献。1962年，晋希天被评为"区先进工作者"，并作为技术专家，受场部指派到都江堰、苏坡桥、多宝寺等园艺场传授果树栽培技术。① 晋希天为龙泉驿区水蜜桃种植做出重大贡献，他经常深入果园，改良土壤、施肥、修枝、疏果、套袋等，保证了水果的正常生长。他把一生的心血和汗水倾注在龙泉驿这片热土上，被誉为"川西坝子大善人"。

　　改革开放后，龙泉驿区扩大了水果种植规模。20世纪80年代末，水蜜桃在山泉、长松、茶店、天峨等乡以及龙泉镇、龙泉乡、平安乡、同安乡、洛带镇境内龙泉山西坡的村、组初步形成集中连片种植，主栽品种四十余个，为实施农业开发的主要项目。1995年3月，国务院农村政策发展研究中心和农业农村部、中国农学会、中国优质农产品开发服务协会联合命名龙泉驿区为"中国水蜜桃之乡"，成为全国三大水蜜桃生产基地之一。到2005年年底，年产桃子近7万吨，全区种植桃树8.96万亩。在晋希天等人努力的基础上，龙泉驿区在80年代已经引进桃品种六十多个。先后引进选育北京2号、金山早露霞光、秦光、锦香、雨花3号、早美、瑞红、曙光、油桃、早风王、艳光甜油桃等三十余个。其中主要栽培优质品种14个，早熟品种居多，中熟和晚熟主要品种各3个。早熟品种为京春、早香玉、北京26号等。中熟品种

---

① 参见雷康编"晋希天"词条，http：//www.phoer.net/people/j/jinxitian.htm。

主要有白凤、皮球桃等。晚熟品种主要有京艳、简阳晚白桃和扬州晚白桃。80 年代中后期，山泉乡美满村率先从本村种植的"洞庭枇杷"系列品种中，选育出适合本地生长的"大五星"枇杷，亩收入上万元，形成著名的"枇杷沟"。到 2005 年，龙泉驿区种植枇杷 8.68 万亩，产量约 3 万吨。区内枇杷品种多为 20 世纪七八十年代引进选育的，有 77—1、80—1、龙泉 1 号、大五星等。20 世纪 90 年代先后引进解放种、长江 3 号、大钟、早钟 6 号等。2005 年，全区栽培优良品种为大五星、龙泉 1 号、早钟 6 号。20 世纪 90 年代初，清水、万兴、长安、双溪、山泉等山区地带大量种植梨树，品种九十余个。1997 年，柏合镇建"万亩梨园"基地，带动村组种植梨树，进入快速发展时期。2001 年 12 月，四川省特产协会命名龙泉驿区为"四川省早熟梨之乡"。2005 年，境内种植 6.1 万亩梨树，年产八万余吨。1990 年龙泉乡、平安乡、龙泉镇部分村组种植巨峰、黑奥林、白香蕉等葡萄 1.46 万亩，产量 4500 吨；1995 年增加至 2.73 万亩，产量 3.04 万吨；2001 年种植面积增长至 4.38 万亩，产量 6.35 万吨。2005 年，全区种植葡萄 3.1 万亩，产量 5 万吨左右，主要分布在柏合镇、龙泉街道、同安街道、洛带镇、西河镇等。① 如今龙泉驿的果产品能有如此收获，最初的功劳要归功于晋希天。作为川西坝子第一个在龙泉山引种水果的人，他为龙泉驿区的农业经济发展做出了重大贡献。

　　同时，龙泉驿区与时俱进，大力建造观光果园等旅游景点，如万亩观光果园、枇杷沟、桃花沟等，促进了龙泉驿区当代旅游经济的发展。

　　随着林果经济的繁荣，多姿多彩的桃花文化在龙泉驿区茁壮成长。龙泉驿区为纪念晋希天的卓越功劳，以晋希天故居——桃源村为核心

① 成都市龙泉驿区地方志编纂委员会：《成都市龙泉驿区志（1989—2005）》，方志出版社 2013 年版，第 392 页。

向四周辐射、延伸，形成了面积约 4.5 平方公里的景区，名为"桃花故里"。桃花故里位于成都东郊龙泉山生态旅游功能区，是四川著名风景区——花果山风景区的核心景区，坐落于龙泉驿区山泉镇。20 世纪50 年代末，成都会议期间，邓小平受毛泽东委派到龙泉山视察，发出"把龙泉山建成花果山"的指示。花果山风景区建设从桃花故里拉开序幕，形成了如今"四季花不断，八节佳果香"的美景。2003 年，胡锦涛总书记来到桃花故里风景区山泉镇，盛赞花果山的美丽风光：山好、水好，风景好！桃花故里景区以桃花品种多、花期长、密度高而闻名全国。每逢阳春三月，这里的桃花万树竞放、灿若云霞，十分壮观。景区主要包括"福道""情道""寿道""古驿道""桃花潭""古驿岁月""花好月圆""连心亭""桃文化长廊""乘龙观佛""桃花石林""桃文化陈列馆""桃文化诗歌墙""夸父广场"等景点。20 世纪 90 年代蒋大为曾在此放歌《在那桃花盛开的地方》，2002 年汤灿曾在此拍摄《又见桃花红》，2007 年阿牛又将他的《桃花朵朵开》带了进来，使得桃花故里远近闻名。①

　　桃花故里景区的晋希天故居现如今已经成为著名的景点之一，一年四季众多游客驻足于此，瞻仰晋希天的卓越功劳。成都诗人凸凹曾创作叙事诗《晋家希天》，对晋希天的生平事迹给予歌颂与纪念。

　　　　山泉镇的大桥沟，东大路的岔道边，一个男婴出生了。
　　　　他哇哇哇地哭闹
　　　　像一些鲜嫩、慈祥的手，像龙泉山的泉水，房前屋后的竹桠，把晋家大院的喜悦和欢笑
　　　　拍打得那么明亮、喜气、灿烂。

---

　　① 参见龙泉驿区桃花故里景区主页，http：//110.188.70.253：8000/syssource/main-page/web/main. aspx。

那一天，距今已114年。

那是清朝光绪二十九年的事了。

那个男婴就是后来被誉为"种桃第一人"的晋希天，就是写过《龙泉山区果树栽培》一书、

被誉为"川西坝子大善人"的晋希天。

晋希天，字华育，希字辈，有两哥，六姐。

父晋蒿修，行医又种田，母王氏，持家教子最能干。

这就是小希天的家，这就是由族谱、班辈、血脉、房屋、庄稼构成的

小希天的家，这就是小希天最初的天空与大地。

小希天睁开眼就看见了亲人的脸，就感受到了家风的吹拂……①

第二节　别具一格的山林野趣

龙泉驿古驿道不仅拥有丰富的历史遗迹，而且拥有别具一格的山林野趣，形成"一山三道四镇五湖"的景观格局。

一　"一山"

"一山"指龙泉山，唐代称"分栋山"（《北周文王碑》称"分东岭"，《简州志》称"分栋山"），宋代随灵泉县改称"灵泉山"，明代改为"龙泉山"。该山狭窄而修长，长200千米，宽10千米，呈南向北，北起绵阳市安州区，经绵阳市涪城区、德阳市、中江县、广汉市、金堂县、龙泉驿区、双流区、简阳市、仁寿县，南达乐山市。在四川盆地西部、成都平原的东界，西面是成都平原。山脉一般海拔为1000

---

① 凸凹：《晋家希天》，《华西都市报》2017年3月25日。

米，最高峰位于龙泉驿区柏合镇长松村周家梁子，又名长松山，海拔1051.3米，是龙泉山第一高峰。丹景山海拔974米，是龙泉山第二高峰。龙泉山脉保存有较为完整的原始森林，有雄奇壮丽的"万顷松涛"，林中的"千年银杏"是成都市的十大千年树王之一。长松山是芦溪河的发源地，芦溪河流出龙泉山后在黄龙溪注入锦江，是山与水的绝妙组合。龙泉山山清水秀，拥有丰富的旅游资源，是成都附近著名的旅游踏春胜地和林木瓜果之乡。

二 "三道"

"三道"即龙泉驿区的龙泉驿街道、大面街道、十陵街道。龙泉驿街道位于国家级成都经济技术开发区腹心地带，辖区内有134处古迹、古墓、古建筑，其中国家、省、市级文物保护单位三十余处，每年3月18日的"中国·成都国际桃花节"在全国，乃至世界享有盛誉。大面街道政府原驻大面铺，大面铺因地处大面山得名。大面铺创建于清代初期，确切年代无考。十陵街道地处成都平原中东部，辖区地处龙泉山脉向川西平原过渡的浅丘地带，为平坝间浅丘区。总体地势为西南高东北低，最高海拔535米，最低海拔494米。十陵街道有成都最大的湿地公园——青龙湖湿地公园。该湿地野生鸟类众多，根据成都观鸟会连续多年的观察统计，青龙湖现已记录野生鸟类211种，其中稀有、易危、濒危鸟类29种，如全球仅有500只的极危物种——青头潜鸭、世界上体型最小的雁鸭类棉凫等，青龙湖已成为成都地区极为重要的湿地，也是成都六大旅游休闲商业区之一。

三 "四镇"

"四镇"即龙泉驿区的洛带镇、山泉镇、茶店镇、西河镇。洛带镇是一个客家古镇，于三国时期建镇，相传因蜀汉后主刘禅的玉带落入镇旁的八角井而得名"落带"，后因"落"与"洛"同音，后人取镇名为洛带。洛带镇俗名甑子场，是成都东山五场之一。这里依山傍水，背靠龙泉山，面临成都平原。洛带镇历史悠久，相传汉代即成街，三国时蜀汉丞相诸葛亮经市镇内黄家河自东向西绕镇而去。洛带镇有一棵红豆木古树，位于镇东山坡上现成人教育学校内。这是清朝从广东入川的客家人，从岭南带来的红豆木树种，栽植于新落居的土地上，以表对故乡追思之意，如今长得挺拔葱绿。洛带镇地处龙泉山边缘，山林野趣等自然旅游资源丰富。山泉镇地处四川龙泉山脉中西部，与周边地区交错相通。山泉镇既是著名的水果之乡，又是龙泉花果山风景名胜区的核心组成部分。镇境内旅游名胜颇多，如春日桃花遍野、风光烂漫的"桃花故里"。山泉镇在原有的百工堰山水公园、毛家口水库、天鹅岭等自然景观的基础上，又打造出"桃花诗村""九道花湾""七里香埝""大佛春天""龙泉香格里拉"等景点，让游客完全沉醉在青山环抱之中，体味世外桃源的山林野趣。茶店镇因古驿道上的茶铺而得名，位于龙泉驿区东南部、龙泉山脉中段东坡，与龙泉驿区山泉镇毗邻，森林覆盖率54.1%，山林茂盛，自然风光秀丽，现已形成龙泉湖赏湖光山色、花果山休闲观光采鲜果、石经寺探佛文化祈福平安、高洞美食不夜城品大盘鲢鱼等特色旅游景点。西河镇依山傍水，位于龙泉山麓。该镇有以优质伏季水果水蜜桃、葡萄、梨子等为主的果园7万亩，素有"四季花不断，八节佳果香"的美誉，拥有美丽且多姿多彩的自然风光。

"五湖"即青龙湖湿地公园、宝狮湖、百工堰、龙泉湖、金龙湖，详见下文，此处不再赘述。

第三节 赏心悦目的湖光山色

龙泉驿区水资源极其丰富，尤其蕴藏丰富的湖泊资源及其相应的湖泊风景文化。比较著名的湖泊，如青龙湖湿地公园、龙泉湖、百工堰、宝狮湖、金龙湖。

一 青龙湖湿地公园

青龙湖湿地公园位于成都市龙泉驿区十陵街道，连接成都与龙泉驿两城区的成洛大道旁，因境内的青龙湖湿地而出名。景区内有明蜀王陵、朱熹宗祠等著名景点。青龙湖湿地公园是成都市中心城区最大面积的湿地公园，被称为"城市绿肺"。十陵青龙湖湿地公园又名十陵风景区、青龙湖公园，总面积 30000 亩。青龙湖于 2004 年开始计划投入建设，2008 年 4 月正式开始蓄水，一座蓄水面积达 4000 亩的生态湖已经形成。该景点一期工程于 2016 向市民开放，一期建成一万亩。二期工程也基本完工，已于 2020 年开放。公园总体设计以展示明代蜀文化为主要内容，以绿色生态为基调，以湖泊森林为主景，综合考虑旅游观光、休闲娱乐、运动健身、商务会议等，实现将历史风景园林由美化生活转变为引导健康生活，由城市园林绿地规划扩展到城市户外游憩空间设计。青龙湖现已记录野生鸟类二百多种，其中稀有、易危、濒危鸟类 29 种，更有 3 种全球仅有 500 只的极危物种。湖区景观设计最大的亮点是特色植物，形成"月月花不断，四季景不同"的观赏效果，其中仅彩叶树就多达 3600 株，樱花树更是多达 5000 株。青龙湖水库以"海绵体"的标准，优化了游道材质与绿地衔接的处理工艺。在文物保护上，对蜀王陵、朱熹宗祠等文保点位进行了"修旧如旧"的修缮工作，并对外开放。同时，结合水体蜿蜒、岛屿多样的自然格局，以手摇船、木亭、栈道等方式，强化区域山水意境。青龙湖湿地公园是成都构建"公园城市"的基础工程的一部分，与锦城绿道相接，为周围市民创建了一个节假休闲、娱乐健身的好去处。

二 龙泉湖

龙泉湖位于龙泉驿区茶店镇境内,距成都 31 公里,距龙泉城区 17.6 公里。龙泉湖储水 7000 万至 1 亿立方米,东西最长达 12 公里,南北最宽达 4 公里,湖周水岸线 54 公里,湖面面积 5.5 平方公里。龙泉湖最大水深 50 米,平均水深 26 米,湖内岛屿 14 个,半岛 12 个。龙泉湖原名简阳石盘水库,是简阳人民 1979 年建成的中型屯蓄型水库。龙泉湖湖型比较奇特,形状犹如一条游动的水龙,故名龙泉湖。龙泉湖碧水青山,山水相连,波光粼粼,相得益彰,形成以"赏花观景,戏水游乐"为特色的观光游玩景区。龙泉湖中有大大小小孤岛、半岛 28 个,其形态各异的岛屿和湖尾前后相接形成独特的风韵,景区以桃花为主形成了山、水、植被融于一体的宜人自然景观,以"小桃源""西川绝景"著称。龙泉湖是距成都最近的大型水域,有趣的是该湖由成都简阳市和龙泉驿区各辖一半。因此龙泉驿区同简阳市签订了共同开发龙泉湖的合作协议,决定每年举办天府新区龙泉湖亲水节,未来还会规划大型水上迪士尼乐园、游艇码头和水上冲浪设施等娱乐项目。截至 2005 年龙泉湖的岛屿开发了 14 个,其中有龙府岛、桃花岛、梨园岛、船岛等旅游景点。2004 年龙泉湖被列为四川省六大景区之一,促使湖区旅游业提档升级,向更高水平发展。2017 年 3 月,龙泉湖被列为水源保护区,不再对外开放,周边农家乐及相关旅游设施已全部拆除,并对全湖禁渔。

三 百工堰

百工堰公园始建于 1980 年,是四川省成都市的一座大型自然山水公园,位于成渝高速公路阳光城立交桥右侧 2.5 公里处的龙泉山麓,距龙泉驿城区 13 公里,距成都市区 21 公里,享有"蓉城第一湖"的

美誉。百工堰景区面积1240亩左右，水域面积585亩左右。景区海拔
600米左右，平均气温16摄氏度。景区内林木葱郁，种类繁多，有柏
树、香樟、女贞等三十余万株，绿化率比较高，达98%以上。景区内
有景点螺丝岛、枇杷林、游乐场等。进入景区内，沿着湖畔堤岸漫步，
可以看见沿岸林木葱茏，恰似翡翠镶边，与波光粼粼的湖面交相辉映，
美不胜收。抬头环顾四周，青峰山层峦叠翠，浓荫覆盖。站在堤岸远
眺，远处山影重重，呈鱼鳞状隐隐约约，宛如一幅古朴浓郁的山水画，
意境幽远，令人难于忘怀。园中主要景点螺丝岛漂浮于湖心之中，宛
如一颗硕大的螺丝，故而得名。岛上种满各种鲜花约1800株，待到春
天时，繁花似锦，芳香四溢。景点的枇杷树有四百多株，面积2.3公
顷，林间有供游客休息的亭子、茶铺等。百工堰是龙泉驿区内供人游
玩休闲的好去处。

四　宝狮湖

宝狮湖位于成都市龙泉驿区南部的柏合镇，距离龙泉驿城区2.5
公里，坐落在两山溪水汇合处的小平原上。宝狮湖原名宝狮水库，建
成于1960年。该湖之名来源于两山之间的一座巨型石狮。宝狮湖水面
有46.67万平方米，常年蓄水量200万立方米。现在湖区堤坝两端各有
石刻石狮两对，高达4米，形象逼真。堤坝两旁建有石狮长廊，雕刻
有二百余只神态各异的石狮。宝狮湖地理位置优越，与周边景区毗邻。
比如长松寺，位于兴龙镇东面，海拔1059米，是龙泉山脉最高处。山
中有中西合璧式典型建筑——唯仁山庄，山庄附近有一株千年古银杏，
树干胸围达12米，枝繁叶茂，绿荫蔽日，是成都人消夏避暑的好去
处。宝狮湖还与龙泉花果山毗邻，花果山景区距市区约20公里，水果
有水蜜桃、梨、苹果、枇杷、葡萄等。红霞坡的桃花沟、九曲环连的
湖心亭以及蔚为壮观的大坝石狮长廊是宝狮湖的主要景点。

五　金龙湖景区

金龙湖景区位于龙泉山北段，属龙泉驿区洛带镇，距离洛带古镇 6 公里，距离成都市区 28 公里，距龙泉驿城区 12 公里。景区旁边有洛带金龙长城，蜿蜒曲折，像一条巨大的金龙。每当节假日，游人如织，成都周边的市民都来此踏青、爬山。洛带金龙长城于 2002 年建成，长 1680 米，高 4 米，宽 3 米，设有 5 个烽火台。顺着长城而上，有"会当凌绝顶，一览众山小"之感。极目远望，龙泉山脉层层跌宕，意境幽远，令人心旷神怡。山顶有一座寺庙——金龙寺，香火兴旺。金龙湖四周有山脉，林木葱郁，森林覆盖率高达 80% 左右。金龙湖周边有摩崖造像、观音崖、对窝井、龙眼井、滚龙坡等景点。

第四节　世界第一的城市森林公园及"天府绿道"

成都作为中国西南地区的特大城市，经济发达，2019 年实现地区生产总值 17012.65 亿元；人口密度大，常住人口 2093 万人；教育较发达，有高校 56 所；成都市共有卫生机构 10755 个，其中医院、卫生院 892 个，疾病预防控制中心 23 个，妇幼保健院 21 个；截至 2020 年 12 月，成都地铁共开通 12 条线路，线路总长突破 500 公里；城市面积 931.6 平方公里。从以上数据可以看出，成都在经济、教育、医疗、交通等方面优势比较突出，在国内处于前列。放眼全球，生态问题日益重要，城市的生态建设、环境保护、污染控制逐渐成为判断一个城市发展与竞争力的标准。而成都特有的自然生态资源以及丰富的历史文化资源，为成都当代的发展与建设提供了基础与优势。为此，成都率先在全国提出建设"公园城市"的理念与具体构建路径：成都将打造 1275 平方公里的世界最大城市森林公园——龙泉山城市森林公园；建设 1.69 万公里的全球最长绿道系统——天府绿道体系；整治 1000 个川西林盘，成为世界上林盘最密集地区；努力打造新的增长极，建设内陆开放经济高地。"公园城市"的提出与建设，是人类社会城市化发展规律的必然走向，如果说城市化是自然的人化，那么"公园城市"的建设则是人的再自然化。成都"公园城市"的建设，以生态文明为引领，应对主要矛盾变化，更加凸显成都的资源禀赋和人文特质，提升城市宜居价值；是推进绿色生态价值转化的重要探索，以营造高品质生活环境、高质量发展环境为重点，建立以产业生态化和生态产业化为主体的生态经济体系，实现人与自然和谐共生；是塑造新时代城市竞争优势的重要抓手，顺应城市发展规律和趋势，依托优美生态环境和独特人文魅力，增强城市亲近感、认同感，为成都建设可持续发展的世界城市打响品牌、注入生机、塑造优势。①

一　世界第一的城市森林公园

2018 年 7 月，成都市委第十三届三次全会审议通过了《中共成都市委关于深入贯彻落实习近平总书记来川视察重要指示精神加快建设美丽宜居公园城市的决定》，正式提出"公园城市"内涵：公园城市是将公园形态与城市空间有机融合，生产生活生态空间相宜、自然经济社会人文相融的复合系统，是人城境业高度和谐统一的现代化城市，是新时代可持续发展城市建设的新模式。②为认真贯彻落实总书记重要指示精神，加快公园城市建设步伐，2018 年 7 月 9 日，成都龙泉山城市森林公园管委会对外召开新闻发布会，向全球顶尖规划设计机构发出邀请，为龙泉山城市森林公园贡献顶层设计方案。成都龙泉山城市森林公园位于成都中心城区和东部城市新区之间，距离天府国际机场 15 公

---

① 成都市政府网 http：//www. chengdu. gov. cn/chengdu/public/logo. shtml。
② 成都市政府网 http：//www. chengdu. gov. cn/chengdu/public/logo. shtml。

里、双流机场25公里，距高铁天府站5公里、成都东站15公里、其中有6条过境高速和4条快速通道，地铁18号线穿山而过。另外规划建设4条高速路、10条快速路，显现出交通区位优势。龙泉山森林公园总面积约1275平方公里，是全球最大的城市森林公园，涉及成都市天府新区、龙泉驿区、高新区、青白江区、金堂县、简阳市。

规划山地森林景观区和山前郊野游憩区两大生态景区，由农果业种植和特色小镇两部分组成。具体分为论坛经济国际集会区、国际艺术世界艺术片区、户外运动、飞行体验、游乐园、山野康养、都市农业、哲学交流、桃林度假、客家人文等十个功能片区。通过3个交通串联，实现半小时到达，半小时进山全境游览。

龙泉山森林公园的建成，将提升成都中心城市区与东部新城区生产、生活和生态三个方面的整体效益。具体表现如下。首先，生产方面。预计每年接待1000万人次境外游客，支撑成都对外交往中心职能。其次，生活方面。创造16.5万个固定就业岗位，15万个临时就业岗位。最后，生态方面。全市人均将增加10平方米净森林，释放23万吨氧气，增加动植物数近千种。

2020年新年第一天，有着"城市之眼"之称的龙泉山城市森林公园丹景台景区核心区首次正式对外开放。丹景台观景平台位于高新区丹景乡与简阳市武庙乡交界的龙泉山脉丹景山山脊的最高处。"城市之眼"是一座螺旋向上的"眼像"建筑（从高空俯瞰，该建筑是一只硕大的人眼），能让你感受到金沙文化太阳神鸟的神韵；而以平行视角远远望去，又如一柄硕大的白玉如意被恭敬地呈放于绿丝绒般连绵的龙泉山脊。从丹景台观景平台极目远眺，越过层层起伏的山丘，还可以看见简阳三岔湖的全貌。丹景山"城市之眼"是龙泉山城市森林公园建设最新完成的旅游观光工程，为成都以及周边市民带来了一个新的休闲游玩去处。

根据项目规划，到 2020 年年底，将实现龙泉山城市森林公园新增绿化面积 11.5 万亩，森林覆盖率从现在的 54% 提升至 60%，花卉彩叶植物从现有的 3% 墨迹至 5%。龙泉山将真正由生态屏障提升为"景区化、景观化、可进入、可参与"的城市中央绿心，形成两翼共享的国际化城市会客厅。

总之，龙泉山城市森林公园建好后，将实现生态绿化、旅游观光、文化展示、健身休闲、对外交往、高端服务六大功能。

二 天府绿道

天府绿道是构建成都"公园城市"两大生态工程体系之一。天府绿道总体规划提出整体结构为"一轴两山三环七带"，区域级、城区级、社区级三级绿道体系，共同织就全球规划最长的、16930 公里的绿道系统。根据规划，成都 2020 年将建成 840 公里的"一轴两环"绿道，建成城区级、社区级绿道共 2400 公里；2025 年将建成"一轴两山三环七带" 1920 公里的区域级绿道，建成城区级绿道、社区级绿道共计 8680 公里；2035 年将全面建成天府绿道三级体系。

"一轴"为锦江绿道。沿锦江从都江堰紫坪铺至双流黄龙溪，总长度 200 公里，串联起都江堰市、郫都区、金牛区、青羊区、武侯区、双流区等十个区（市）县。锦江沿线山、水、田、林、园生态资源丰富，串联了世界级文化资源和城市重要功能区。锦江绿道全线划分五大文化主题段，打开展现天府文化的"锦江故事卷轴"。五大文化主题分别是伏龙开源、古蜀乡愁、千年画卷、创意天府、绿色郊野。伏龙开源段起于都江堰紫坪铺水库，止于彭青路，绿道长 25 公里，突出"拜水都江堰"的文化意境。古蜀乡愁段起于彭青路，止于绕城高速北，绿道长 50 公里，突出"生态田园，非遗民俗"的文化景致。千年画卷段起于绕城高速路北，止于南千年画卷，绿道长 84 公里，突出

"水润天府,花重锦官"的胜景,重点打造包括九堤春晓、江湾活水、城市阳台、百花沧浪、望江雅竹、东湖放舟等在内的"锦城十八景"。创意天府段,起于绕城高速路南,止于铁路货运外线,绿道长53公里,突出"创新创造"的现代都市景观。绿色郊野段起于铁路货运外绕线,止于黄龙溪古镇南,绿道长28公里,依托黄龙溪镇、毛家湾等强化郊野休闲、康养旅游和绿色农业。

"两山"指龙门山森林绿道和龙泉山森林绿道。龙门山森林绿道沿着龙门山东侧,绿道串联彭州市、都江堰市、崇州市、大邑县、邛崃市、蒲江县等6个市县,总长约800公里。龙门山森林绿道突出"西控",田园绿道突出"差异化空间发展"。龙门山森林绿道总体定位为通山达水、景观各异,融"山、林、水、村、道"为一体的蜀山览胜绿色长廊,规划"三线四区、百驿多点"空间结构。"三线"是蜀山览胜体验线、蜀山览胜探索线、区域连接型绿道;"四区"是龙门仙踪、千年堰渠、雪山千秋、天台故道四个主题片区。龙门山森林绿道突出"西控"战略,强调了生态、产业和建设的有效管控;田园绿道突出"差异化空间发展"战略,落实"东进、南拓、西控、北改"的空间发展取向。

龙泉山森林绿道沿龙泉山西侧,长度约200公里,串联青白江区、龙泉驿区、双流区、金堂县、简阳市5个区(市)县。龙泉山森林绿道按照文体旅商农林融合发展思路,大力实施"绿道+"发展模式,在森林绿道建设运营之中,有机嵌入鲜果采摘、仙人掌音乐节、客家火龙节、半程马拉松、铁人三项赛等生态旅游、文化创意、体育赛事等特色产业和活动,着力打响天府森林绿道品牌,促进森林绿道投、建、管、运的良性发展。龙泉山森林绿道在龙泉驿区内约有45公里长的森林绿道,现正循着一条千年古驿,串联起十二个具有龙泉驿历史文化的特色景点。十二个古驿景点依次是盘龙飞天、四方亭、凤仪书院、宝仓湾、送兰桥、回龙湾、桃花峪、古桓侯营、望锦亭、魁星阁、茶马客栈、花朝门。目前，龙泉驿区正着力打造"古驿十二景"生态型绿道，其中，宝仓湾绿道与回龙湾绿道已基本建成并将向市民开放。

"三环"是指熊猫绿道（沿三环路）、锦城绿道（沿绕城高速路）和田园绿道（沿第二绕城高速路）。

熊猫绿道是以熊猫文化为特色，建设 5.1 平方公里环状"城市公园"和现代化、高品质的 102 公里区域级绿道，打造中国最大的露天熊猫文化博物馆。熊猫绿道全线配置三级服务体系，实现文化展示、科普教育、慢行交通、生态景观、休闲游憩、体育健身等六大功能。全环按东南西北四大主题分段建设，东段优雅时尚、友善公益，南段创新创造、对外交往，西段古蜀文化、历史传承，北段生态文化、科普展示。熊猫绿道以"熊猫＋"的方式，结合古蜀文化、民俗文化、运动、音乐等主题，以 20 个一级服务站和 19 个景观节点小游园为依托（现已建成 14 个小游园），采用多种形式和手法打造具有成都特色的文化品牌。提升后的成都三环路熊猫绿道，体现成都特色，打造文化品牌。按照"景观化、景区化、可进入、可参与"以及"绿满蓉城"的规划建设理念，建成后的熊猫绿道犹如绿色长廊，沿着绿道望山、见水、观田、游林、赏花，移步换景。

锦城绿道沿着绕城高速形成一个环城市生态圈，分为一期、二期、三期。锦城绿道绕城一圈，涉及 133.11 平方公里环城生态用地，规划建设 500 公里绿道，包括 200 公里主干绿道和 300 公里支线绿道。同时形成四级配套服务体系，其中一级驿站即特色小镇 16 个，二级驿站即特色园 30 个，三级驿站即林盘院落 170 个，四级驿站即亭台楼阁若干。此外，还将形成"六湖、八湿地、四河"20 平方公里的多样水体以及 100 平方公里的生态农业观景区。建成后，锦城绿道将成为开放式、多功能的环状生态公园，展现天府文化的蜀川画卷，体现世界水准的天府绿道。锦城绿道一期目前已全部建成，包括江家艺苑、玉石湿地等在内的园区已经向市民陆续开放。锦城绿道二期将以"农为底、道串联、景融合、功能足"的规划设计理念，形成"东塘星罗百水润城，西渠阡陌六河灌都"的美景。蜀仙胜境园、茶马古道园、蚕丛鱼桑园、林泽杜鹃园等21个特色园将逐一呼应《蜀川胜概》图中的景点景致，同时把植物、文化、产业融入进去，让特色园既能如一个精品景区供人们游览，也可提供完善的综合服务。

田园绿道沿着第二绕城高速建设，全长300公里，串联青白江区、金堂县、龙泉驿区、双流区、新津县、崇州市、温江区、郫都区、新都区等10个区（市）县。

"七带"指滨河绿道，包含江安河、走马河、金马河、杨柳河—斜江河—江河—临溪河、东风渠、沱江—绛溪河、毗河七条水系廊道，总长度651公里，串联锦江区、青羊区、武侯区、金牛区、温江区、郫都区、双流区、龙泉驿区等15个区（市）县。其中各个绿道的长度如下。金马河绿道80公里，走马河绿道46公里，江安河绿道60公里，毗河绿道65公里，东风渠绿道63公里，杨柳河—斜江河—江河—临溪河、西河片区绿道198公里，沱江—绛溪河绿道139公里。"七带"滨河绿道共串联10处湖泊水库、223处林盘、8处湿地公园、73处市级以上历史文物保护单位、8处历史文化街区、42个特色镇、36个产业功能区。《成都市天府绿道"七带"总体规划》的目标是通过"七带"沿线资源研判，充分展现以水为媒、与田共生、跨城引乡、彰显天府文化的滨河"七带"特征，营造润泽蜀都的河网经脉、珠连锦绣的千里绘卷、城乡融合的赋能骨架、绵延天府的慢行游线。到2022年，将全面形成"七带"绿道骨干体系，绘就美田弥望、茂林修竹、江河水润的大美天府画卷。

天府绿道具备生态保障、慢行交通、休闲游览、城乡统筹、文化创意、体育运动、农业景观等功能，将串联起原本碎片化、零散化的绿色空间，并将产业、城市生态、人文价值的效益展示出来。

在公园城市的建设中，成渝古驿道成简段的自然生态资源与历史文化资源得到了有效的开发与保护，把历史、人文、生态、城市有机结合起来，大力提升了龙泉驿区古驿道历史文化的当代价值。整体而言，以龙泉山森林公园和天府绿道为核心构建的"公园城市"作为全面体现新发展理念的城市发展高级形态，其战略目标又具有高度的哲学基础与人本主义精神，"其坚持以人民为中心、以生态文明为引领，是将公园形态与城市空间有机融合，生产生活生态空间相宜、自然经济社会人文相融的复合系统，是人城境业高度和谐统一的现代化城市，是新时代可持续发展城市建设的新模式。公园城市奉'公'服务人民、联'园'涵养生态、塑'城'美化生活、兴'市'绿色低碳高质量生产，包含'生态兴则文明兴'的城市文明观、'把城市放在大自然中'的城市发展观、'满足人民日益增长的美好生活需要'的城市民生观、'历史文化是城市灵魂'的城市人文观、'践行绿色生活方式'的城市生活观。公园城市理念体现了马克思主义关于人与自然关系的思想，体现了城市文化与人文精神传承的文化价值、天人合一的东方哲学价值、顺应尊重保护自然的生态价值、城市形态的美学价值、人的自由全面发展的人本价值，将引领城市建设新方向、重塑城市新价值"[1]。

---

① 成都市政府网 http://www.chengdu.gov.cn/chengdu/public/logo.shtml。

第四章　塔影钟声静尘心

在龙泉古驿道的画面中，佛寺道观、和尚道士、暮鼓晨钟是其重要组成部分。古往今来，奔走于夕阳古道上的匆匆过客，在寺庙宫观中寻找遮风避雨的栖身之所，从佛道义理中寻求消解人生苦难的精神慰藉。故论及龙泉古驿道历史文化，声闻震遐迩的石经寺、安静观等名刹古观岂可遗漏？众所周知，言蜀者不可不知禅，言禅者尤不可不知蜀，南北朝以来，巴蜀高僧大德辈出，伽蓝古刹雄视，历代皆有传承。尤其是唐代以来，在中国固有文化基础上，完全中国化了的佛教—禅宗对巴蜀影响极大。而世界上的几大宗教中唯一在我国土生土长的是道教，其创教之地就在巴蜀。龙泉古驿道上古意深深，有佛光，有塔影，有钟声阵阵，有宫观幢幢。其间众多的禅林古刹、道家宫观构成古驿道上巴蜀文化的一大景观。

第一节　古驿道上的佛光刹影

成都市坐落于四川省西部，自古蜀国开明王朝九世在此构筑城池，至今已有三千多年的建城史。大约东汉年间，巴蜀地区开始有佛教的传播足迹，但其影响较小。从晋代开始，一些高僧大德相继从中原以及江南等地进入巴蜀地区传播佛教，由此佛教在蜀地迅速发展起来。佛教界有"言蜀者不可不知禅，言禅者不可不知蜀"之说，由此可见四川佛教在佛教发展史上的重要地位。而成都自建城以来，一直是巴蜀地区的政治、经济和文化中心。据学者考证，佛教在东汉即已传入成都，距今已有上千年的历史。在历史的发展过程中，成都留下了丰富的佛教文化资源。在龙泉的众多古寺名刹中，最为著名的就是石经寺，其他知名寺庙有燃灯寺、长松寺、桃花寺。

一　石经寺概况

（一）地理位置

石经寺地处龙泉山脉中段东麓之天成山，在成都市龙泉驿区茶店镇石经村境内。西距龙泉镇18公里，至成都市区37公里；东距旅游胜地龙泉湖4公里；南距三岔湖21公里。紧临成渝高速公路，老成渝公路横贯寺院门前。东西南北与龙泉驿区境内的长松避暑山庄、万亩花果山、百工堰、宝狮湖、龙泉湖及简阳市的张家崖湖、三岔湖构成著名的风景旅游区。在四川省旅游规划中，它属于"两湖一山"（龙泉湖、三岔湖、龙泉山）的核心区；在成都市"一区两带"（中心城区、西边的龙门山带、东边的龙泉山带）的旅游发展格局中，处于"龙泉山带"的中心位置。

（二）基本情况

石经寺初建于东汉末年（公元220年前后），原为官宦家庙，三国名将赵云（字子龙）承袭后，捐献为寺，名"灵音寺"。寺庙所在山峰称狮子山，呈狮蹲象踞、峰峦韶秀之势，自古有"百道寒泉万木中，遥望石经半天紫"的神奇景观。唐贞观年间（627—649年），建大雄宝殿，殿北侧栽银杏树两株，至今枝繁叶茂，硕果累累。在殿前、山脉龙眼处掘出两眼井，水味奇异，左甘醇，右清冽，称"龙眼阴阳井"，传说常饮此水，百病不染，神妙灵通。后周显德（954—959 年）至北宋建隆（960—962 年）年间，修复大殿，殿前新植一罗汉松，至今仍枝叶婆娑，郁郁葱葱。至明朝中叶，有楚山禅师（1404—1473 年），与众师力驳朱熹学派排佛之论，声动朝野，明王朝册封其为"荆璧禅师"，师返川后驻锡于此，更寺名为"天成"，寓感恩皇家之意。时楚师法系遍于全国，现有姓名可考者约 200 人，其中八大弟子均封为禅师，尤以"一天智中"因功在社稷，明天顺时封为国师。楚师肉身不坏，法力弘深、道行超绝，自知圆寂之期，到期奄然坐化，五百余年肉身不坏（楚山金装肉身于"文革"中被毁，甚为可惜），使寺庙声名显赫，盛极西南，香火不断。至清乾隆三十二年（1767 年），简州牧宋思仁来寺进香有感，择采徽砚石，召工匠篆刻《金刚经》一部，凡 32 块（包括《心经》），赠寺珍藏，"石经寺"因此得名，沿用至今。

石经寺经乾隆、嘉庆年间的数次大修缮以及能海上师、永寿上师、贞意上师高僧大德的努力，形成了十方丛林之规模。经历代变迁，现全寺占地 220 亩（林区园圃约 120 亩）。建筑坐西朝东，顺应山势由东向西逐层上升。主要建筑有照壁山门、八重大殿、东西方丈院、客堂、牌楼、钟鼓楼等，共计建筑面积 8809 平方米。各种配套设施、生活区、工作区、经营服务、休闲、餐饮、住宿及道路、石栏、石塔、花台、龙潭、亭榭、桥台等共计面积 43252 平方米，总计为 53061 平方米。

（三）主要建筑及文物

石经寺的主要建筑及文物包括大雄宝殿、祖师殿、三圣殿、天王殿、密坛、大殿、毗卢殿等。大雄宝殿始建于唐朝，经宋、元、明、清历代修缮。重檐翘角，其门拱结构精巧，十八扇明代镂空雕花门窗，古朴典雅，巧夺天工。祖师殿即楚山祖师圆寂之所。楚山祖师圆寂于寺中其平日栖息修持之所"栖幻洞",后即依洞而建殿。洞顶宝盖式镂空雕饰,洞口两扇石门,古朴凝重;洞上方横额石刻篆书"月白风清"四字,为楚山祖师手书,迄今已五百余年。三圣殿始建于明末清初,廊檐环抱。殿内供奉石雕西方三圣像(中供奉阿弥陀佛,左、右分别供奉观世音菩萨、大势至菩萨)。天王殿始建于明代,几经修葺,双重飞檐,古朴典雅;铜铸宝顶,熠熠生辉。殿中供奉石雕弥勒菩萨像,两旁四大天王,表情各异,栩栩如生。密坛乃清代建筑。供奉大威德金刚、玛哈嘎拿、吉祥天、毗沙门及曲甲等铜像,意为住持三宝、护法安僧。墙面为密教四天王唐卡壁书、幢幡、法器、供品等。大殿内供奉石雕释迦牟尼佛坐像,慈祥庄严;东边供奉弥勒菩萨,西边供奉文殊菩萨,分别代表广行派、深观派;殿两旁十八罗汉,形态各异,造型精美。毗卢殿供奉华严三圣(中供奉毗卢遮那佛,左、右分别供奉文殊菩萨、普贤菩萨)。此殿之砖乃嘉庆年间烧制,也称"清砖古殿"。

二 石经寺的主要特色

(一)历史传承悠久

石经寺始建于东汉末年(公元220年前后),迄今已有一千七百八十余年,比成都市内文殊院还早三百余年。大雄宝殿为唐代建筑,殿左侧的雌雄银杏,为唐贞观年间(627—649年)所植,距今已一千三百余年。殿前罗汉松一株,系后周显德年间(954—959年)至北宋建隆年间(960—963年)所植,距今也已一千余年。此外,石经寺内还有明、清碑刻6块,大小铁钟两口,分别铸造于明成化五年(1469年)和清乾隆三十五年(1770年)。雄伟古朴的建筑,枝繁叶茂的银杏和色彩斑斓的文物,充分彰显其悠久的历史。

(二)建筑风格多样

石经寺依山而立,幽邃静谧,有"遥望石经半天紫,静觉古刹满园香"的美誉。其建筑规模宏大，各种风格交相辉映。一是不同时代的建筑保存完整。比如大雄宝殿，其始建于唐朝，经宋、元、明、清历代修缮，唐时重檐翘角与明时镂空雕花门窗和谐相融于一体，古朴而庄重。二是汉藏建筑同处一寺。比如，始建于明代的天王殿系汉式建筑，其铜铸宝鼎熠熠生辉，菩萨天王表情各异；清代的密坛系藏式建筑，墙面的密教四天王唐卡壁书、幢幡、法器、供品等金碧辉煌。三是同一殿内不同教派共存。比如大殿，其内东边供奉弥勒菩萨，西边供奉文殊菩萨，分别代表广行派和深观派。

（三）显密二教共融

一是高僧大德显密圆通。能海上师（1886—1967年）出家后不畏艰辛，两度入藏求法，礼西藏大德高僧康萨老喇嘛为师，尽得喇嘛显密法要、衣钵真传，获密宗格鲁派宗喀巴大师第二十八代嫡传。民国时期，藏传格鲁派嫡传汉区的第一个密宗道场即设于此。1983年和1984年，中国佛教协会前会长赵朴初两赴石经寺，按班禅大师之意，将能海上师从西藏学成后回汉区开创的第一个黄密根本道场，由近慈寺还设于此。另有永光、贞意等上师精通显密教义，爱国爱教，堪为后世楷模。二是显密二教殿堂同处一寺。石经寺既有显教之大雄宝殿，又有密教之宗喀巴大师殿，二者相辅相依，共存共荣。三是显密教义一脉相承。自能海上师到素慧大和尚，石经寺建佛殿、立丈室、开七傅戒、说法宏教，显密教义并行不悖，相得益彰。

（四）高僧大德辈出

一千多年来，石经寺高僧大德层出不穷，济世救民，爱国尊教，可敬可赞。楚山祖师（1404—1473年），俗姓雷，名绍琦，字幻叟，籍湖北，生于蜀之唐安（今四川崇州），系临济宗南岳二十二世法系传人。曾率同代名僧景隆等12人与尊奉朱熹的理学家论辩10年，力驳排佛之论，著《尚亘篇》等，提倡念佛法门，道德文章声动朝野，被明王朝册封为"荆璧禅师"。楚山住世之时，请道受业者不绝于途，现有名号可考者约200人，其中八大弟子均封为禅师，尤以"一天智中"因功在社稷，明天顺时封为国师。楚山曾两次自锦江泛舟，出三峡云游吴、楚，得荆王、江夏王等隆重礼遇，居上宾，弘法利生，声望如日中天。其所提倡之"禅净双修"，至今仍为最受信众欢迎的方便法门。楚山祖师一生历主皖山、投子、天成三大道场，弘化行迹遍于长江两岸，被时人誉为"一代丛林宗匠，名传海宇，道重当时，而其正法眼藏为世刮目金篦"。明成化九年（1473年），楚山坐化于平日修行之所"栖幻洞"（今石经寺祖师殿内），肉身留存近500年不坏，后世尊其为"祖师菩萨"，月白风清，灵感至今。

能海上师（1886—1967年），四川绵竹人，维新从戎，历任云南讲武堂教官、司令等职（朱德、杨森均为其学生）。自幼信佛，1924年出家、受戒。为求佛法真谛，历尽艰辛，两度赴藏学法，依止格鲁派大德康萨仁波卿，获嫡传二十九世殊胜承传。回汉区后，在上海、川、渝、山西太原及五台山等地，讲经、弘法、译经、著述、广建道场，为中国佛教协会创始人之一，历任第一、第二、第三届中国佛教协会副会长，石经寺第五十代方丈。1946年，美国总统罗斯福发来电函，云："成都南郊近慈寺，能海大法师敬请驾临我国弘扬佛法，以济国人道德之贫乏。"可见能海上师是一位具有国际性影响的高僧。1949年为西藏和平解放献策。曾任首届全国政协特邀代表、全国人大代表，并两次出席世界和平大会。

永光上师，四川井研人，1919年峨眉山金顶出家。1924年同能海上师于新都宝光寺依贯一和尚受具足戒，后一同入藏学法，格鲁派第三十代法系传人。1984年任石经寺第五十一代方丈，历任四川省佛教协会副会长、成都市佛教协会会长。1988年7月圆寂，享年87岁。师一生持戒精严，解行圆融，堪为后世楷模。

贞意上师（1921—2003 年），四川成都人。乃当代高僧能海上师法嗣传人，为临济宗破山下二十二世、藏传黄教格鲁巴第三十世传人，石经寺第五十二代方丈，宝光寺第五十七代方丈。中国佛教协会咨议委员会委员，四川省、成都市两级佛教协会会长，历任成都市人大常委。1999 年江泽民总书记与师亲切交谈并合影留念，1999 年及 2001 年师主持宝光寺及峨眉山传戒法会，任戒和尚。师一生爱国爱教，戒行高洁，显密圆融。

（五）盛名屡见史籍

石经寺作为蜀中名寺和川西五大佛教丛林之一，再加上历代高僧大德的经营修缮和弘法济人，早已声名远扬，具有较高的影响力和知名度，历代典籍多有记载，文人墨客题咏甚多。清代著名作家蒲松龄在其《聊斋志异》中就有对石经寺名声及香火盛况的描写；日本禅宗史专家忽滑谷快天（1867—1943 年）和望月信亨（1867—1948 年）分别在所著的《中国禅学思想史》和《中国净土教理史》中提及楚山绍琦禅师，前书还用专章进行评述；1946 年 1 月 14 日、15 日的四川地方报纸《新新新闻》曾连载《石经寺之游》（上、下），记载了一群记者欲探明当时盛传的"石经寺石经祖师显灵"的真相，相邀共游石经寺的情形；著名作家李劼人（成都籍）在其名著《死水微澜》中也有描写民国年间人们过节去石经寺的风情；电影《自古英雄出少年》中很多镜头也曾在石经寺拍摄。

（六）影响广泛深远

佛教是我国传统文化的组成部分之一，其之所以能够融入传统文化的范畴，离不开历代佛教徒的辛勤努力，正所谓"法赖人弘"。石经寺的楚山禅师和能海上师都是我国杰出的僧人，他们一位是古代佛教界巨擘，一位是现代高僧，两人都在佛教处于低谷时从事复兴佛教的活动，为佛法普及人间做出了贡献。楚山和能海给千年石经寺增添了历史的厚重感与现代的使命感，使其成为汉传佛教与藏传佛教结合的典范。自 1985 年开放至今，石经寺相继举办了四川省第十一次传戒法会、升座法会、传居士菩萨法会，纪念楚山祖师诞辰 600 周年、能海上师诞辰 120 周年、建寺院 1700 周年学术研讨会，石经寺写经堂开笔仪式等，与会的诸山大德、学者名流遍及全国。殿宇次第兴，香火日盛。如今的石经寺既是省、市重点文物保护单位，又是全国重点寺院，拥有广泛的信众。据初步统计，石经寺现有的居士、香客总数已逾 50 万人，每年除夕和正月初一按例举行的进香活动参加者高达数十万人，其影响的广度可见一斑。

三 《楚山绍琦语录》简介

绍琦即楚山祖师。有关绍琦的事迹、思想资料的记载，最为重要的当是《楚山绍琦语录》三册，第一册除序文外全册统一编页，余二册分卷编页。据序文的撰写年代看，撰序的时间有明成化三年（1467 年）、七年（1471 年）、十年（1474 年），也就是说，此书应是在这一时间内编辑完成的，且绍琦在世时已经编定并请人作序。此语录未入后世的藏经，所以当代研究者知之甚少。经石经寺方面在民间寻访，得存世本，仿古复制数百部，在 2005 年 10 月 15 日至 16 日召开的"纪念楚山禅师诞辰 600 周年、能海上师诞辰 120 周年学术研讨会"期间公开馈赠与会者，故扉页盖有此纪念会的印章。书前有四《序》，山甫之序简述绍琦的生平比较精当，罗通之序提及与绍琦的特殊因缘，曾为楚山记天成寺修造之事，撰成寺记。正文十卷，《楚山和尚住同安投子禅寺语录》卷之一（参学门徒祖斋集），内容为"法语"；《石经楚山和尚语录》卷之二（参学门徒祖性集），内容为"表扬法语"；

《石经楚山和尚语录》卷之三（参学门徒祖玠集），内容为"开示法语"；《石经楚山和尚语录》卷之四（标识页缺，但内容大部分存），内容为"机缘法语"；《石经楚山和尚语录》卷之五（参学门徒祖意集），内容为《警策法语》；《石经楚山和尚语录》卷之六（参学门徒祖节集），内容为"颂古法语"；《石经楚山和尚语录》卷之七（参学门徒祖裕集），内容为"杂著法语"；《石经楚山和尚语录》卷之八（参学门徒祖闲编），内容为"酬赠山居诗偈七言八句"；《石经楚山和尚语录》卷之九（参学门徒祖源集），内容为"赞号七言八句"；《石经楚山和尚语录》卷之十（参学门徒祖裕编），内容为"付嘱法语"。其他的内容，还包括《行实》《垂示诚语》和《塔铭》。此复制本有部分缺页，据了解，原本即不全且散乱。第一册之序文缺第3、4页，正文卷一缺第7、8两页，卷二缺第28、33、34页，另第62页缺。第二册之首缺第1、2及23页（可能均属卷四，卷四的标识页缺），并杂入《垂示诚语》两页（第4、5页）、《塔铭》一页（第5页）、《行实》一页（第5页），卷六缺第10、25、33页，卷七缺第3、4页，卷八缺第3、4、11、12页，卷九缺第14、19、20、21、22页，卷十缺第3、4、5、6、20、25、26页和第31—39页。缺页总数，据楼宇烈教授统计分析，可能在50页以上。

尽管如此，这仍然是研究绍琦的禅学思想和生平事迹的最重要的资料，反映出绍琦的禅法特色，既有临济门风的传统，可知明河在《楚山绍琦传》中最后总结的一句"读师语录，直接简明，不在古人下也"是非常准确的。又有适应时代的佛教观和修行方法，即三教合一的佛教发展观，禅净双修的修行观和参究念佛的禅修观，由此体现出绍琦"一代丛林宗匠"的地位。①

---

① 董群：《楚山绍琦生平事迹研究》，载《纪念楚山禅师诞辰六百周年、能海上师诞辰一百二十周年学术研讨会论文集》，宗教文化出版社2007年版，第32—39页。

四 楚山绍琦禅师法脉表

初祖菩提达摩→二祖慧可→三祖僧璨→四祖道信→五祖弘忍→六祖慧能禅师→第一世南岳怀让禅师→第二世马祖道一禅师→第三世百丈怀海禅师→第四世黄檗希运禅师→第五世临济义玄禅师（临济宗初祖）→第六世兴化存奖禅师→第七世南院慧颙禅师→第八世风穴延沼禅师→第九世首山省念禅师→第十世汾阳善昭禅师→第十一世石霜楚圆禅师→第十二世杨岐方会禅师（杨岐派初祖）→第十三世白云守端禅师→第十四世五祖法演禅师→第十五世昭觉克勤禅师→第十六世虎丘绍隆禅师第→十七世天童昙华禅师→第十八世天童咸杰禅师→第十九世卧龙祖先禅师→第二十世径山师范禅师→第二十一世净慈断桥妙伦禅师→第二十二世瑞岩宝禅师→第二十三世华顶无见先睹禅师→第二十四世福林智度禅师→第二十五世天界古拙俊禅师→第二十六世无际明悟禅师→第二十七世楚山绍琦禅师→第二十八世为大云兴禅师、金山宝禅师、唐安湛渊斋禅师、古渝济川洪禅师、海云深禅师、石经海珠祖意祖师、长松大心真源禅师、石经豁堂祖裕禅师、中溪隐山昌云禅师、崇善一天智中国师、三池月光常慧禅师、天成古音韶禅师、翠微悟空真空禅师、香岩古溪觉澄禅师、玉峰如琳禅师、珪庵祖玠侍者等16人。[①]

五 楚山禅师 200 弟子名号

关于楚山禅师弟子，《续灯正统》《续指月录》《锦江禅灯》《续灯存稿》《五灯严统》《五灯全书》《石经楚山和尚语录》《皇朝名僧辑

---

① 参见林克智《绍琦大师的念佛禅及其对后世的影响》及崔正森《楚山绍琦禅师研究》，均载《纪念楚山禅师诞辰六百周年、能海上师诞辰一百二十周年学术研讨会论文集》，宗教文化出版社 2007 年版，第 246—247、248 页。

略》《南宋元明禅林僧宝传》（以上诸书载《卍新纂续藏经》第八十四、八十五、八十一、八十二、七十九册）等典籍皆有收录，其中收录最多者莫过于《续灯正统》，其所载200人（前16人即所谓"十六大弟子"，有简要传记，其余无传）如下。

金山宝禅师、唐安斋禅师、大云兴禅师、石经祖意禅师、长松真源禅师、大悲智中禅师、中溪昌云禅师、石经祖裕禅师、三池常慧禅师、翠微悟空能禅师、高座觉澄禅师、珪庵祖玠禅师、无极性空闻禅师、性空悦禅师、汝宁真空悟禅师、山西海云深禅师（此后无传）、广恩天溪凝禅师、祖堂东升昱禅师、金台祖灯然禅师、碧峰古林茂禅师、四面瑞宗祥禅师、浮山秀峰云禅师、玉岩珑禅师、南华毒庵善禅师、山西净空洁禅师、古渝济川洪禅师、金台月明窗禅师、山西古灯慧禅师、终南古愚喆禅师、东普慧灯然禅师、金川理庵证禅师、金陵正宗恢禅师、龙池定禅师、荣昌素庵理禅师、洪山镜禅师、清江普济慈禅师、金台性海征禅师、青原虚中恕禅师、无方广禅师、牛头无照鉴禅师、投子默庵如禅师、金台宝山聚禅师、方山雪梅芳禅师、金地大章文禅师、大同天泽觉霆禅师、如山志禅师、沧溟广禅师、金台宝岩贵师、句容太初一禅师、龙岩宝渊净潭禅师、云中本源道泉禅师、山东古宗印禅师、桐庵志禅师、金台归源顺禅师、福州默传心禅师、西岷铁峰坚禅师、金台察庵祖省禅师、西山大光悟慧禅师、鸳水彻堂德清禅师、陕府月潭澄禅师、西安云谷兴禅师、无极中禅师、天成古音韶禅师、南溪本空祖法禅师、平凉默宗宣禅师、蒲州碧峰玉禅师、金台浚禅师、河南灵暤禅师、济阳正宗铎禅师、锦城光真宝禅师、锦城正堂中禅师、眉阳古檀深熏禅师、西山普门行禅师、大通重山理禅师、五台本宗正禅师、登州无学学禅师、印宗南禅师、山西秀峰林禅师、石经白云祖闲禅师、陕府玉峰如琳禅师、三池一庵诚禅师、陕府古源清澄禅师、庐陵虚堂照禅师、吉水净庵真莲禅师、石经俭堂节禅师、汴梁大愚哲禅师、金台空海湛禅师、梁卿翠屏景禅师、怀庆隐山贤禅师、金川无学选禅师、铠江海东明禅师、西宁道安禅师、凤山月庭继晓禅师、平易绝流源禅师、锦江古宗传禅师、保定月山巩禅师、山西无尘鉴禅师、滇池大空能禅师、云南静山仁禅师、京兆古峰恒玄禅师、山西天然富禅师、叙南太虚杲禅师、金陵古道怀禅师、渭南义堂恩禅师、蒲田梦堂觉禅师、临潼空源达禅师、汴梁翠峰峦禅师、方山天然贵禅师、京兆南山寿禅师、中川古岩定禅师、彭城岳宗净泰禅师、河间大拙慧禅师、凤鸣晓东如亮禅师、大峨古愚贤禅师、天彭东溟昌福禅师、圆觉景云山禅师、阆苑祖庭镇禅师、金堂大庵顶禅师、金台雪天傲禅师、保定梦亭觉禅师、瀛海智光道杲禅师、潼关拙堂清能禅师、河南慈航海禅师、金台大休能禅师、玉山润禅师、古宗兴禅师、义堂忠禅师、平阳昆山玉禅师、雪堂安禅师、蓉城泽堂惠禅师、金台荆山玉禅师、锦城洽堂溥禅师、巴山莹然玉禅师、滇水净光洁禅师、赣州南宗旺禅师、东普辅宗德禅师、山东鹫峰来禅师、襄城古道弘禅师、淄州寿峰增禅师、锦川体空智禅师、陕府无相镜禅师、宛平无听定聪禅师、保定大缘因禅师、东莱古田畴禅师、京兆古梅岩禅师、温州察堂聪禅师、凯江大用兴禅师、怀庆瑞宗麐禅师、金台翠岩林禅师、金台东来昶禅师、京兆佛心遇禅师、金台云峰秀禅师、东鲁镇宗永禅师、瀛海天然贵禅师、洛阳本然善禅师、金陵古芳林禅师、郫同素天纯禅师、陕右月堂明禅师、普州大机广禅师、开封大方广禅师、山东慧堂聪禅师、南阳寂光慧禅师、金台平川海禅师、京兆无边广禅师、金陵古灯然禅师、金台金峰玉禅师、醴泉敬堂严禅师、金台古潭净禅师、同州宝明觉禅师、天成无相实禅师、山西天全赋禅师、三溪祖峰定禅师、巴山空天昶禅师、通州楚峰玉禅师、嘉阳铁心坚禅师、山西敬堂爱禅师、庆阳本空明禅师、金台逆舟顺禅师、汉繁莹堂玉禅师、兴化慧堂定禅师、京兆大海澄禅师、高平大韶镛禅师、高篮无相圆禅师、蓉城止堂敬禅师、泸阳鼎庵钟禅师、永川无心云禅师、普州玉峰金禅师、棠城古灯传禅师、保定天璧玺禅师、保定月涧深禅师、金陵大机用禅师、陕右指南端禅师、渭南天峰秀禅师、泸阳雪堂行禅师、天彭月天澄禅师、碉门无传印禅师、内江百川会禅师、贵阳果堂成禅师、新城月堂明禅师、凯江慧堂聪禅师。[①]

此外，民间还流传着许多关于石经寺的传说，可参看龙泉驿区文化体育局编写的《龙泉驿区民间文学故事》（四川出版集团·四川美术出版社 2006 年版）。

六　其他寺庙情况

除石经寺外，龙泉驿比较有名的佛寺还有燃灯寺、长松寺、桃花寺，各寺庙具体情况如下。

（一）燃灯寺

燃灯寺原址位于龙泉镇北十二里，西距成都仅 18 公里，为成都东郊历史上一大名寺，距今已一千四百多年，影响遍及川北，坐落在洛带镇东场外三峨山腰。燃灯寺历史悠久，早在隋开皇（581—600 年）年间，四川青城县黑水溪人氏褚信相（581—604 年）自幼尚佛，乐善好施，选中三峨山为其结庐修炼处。当地时遇大灾，饥民遍野，褚信相鼎力布施，并亲持"龙头小铛，散粥而施之，日救饥民千余，又其平日常为大众治病"，深得民心，被当地人称为"活菩萨"。圆寂后，当地人感念其德，"奉之者指其故地置祠"，初名"信相祠"，唐懿宗咸通元年，即公元 860 年，称"圣母院"。北宋大中祥符二年，即公元 1009 年，成都府府主任中正聆其显迹，上奏朝廷，宋真宗钦赐寺名曰

---

① 此 200 弟子名号，参见唐希鹏《楚山绍琦禅师 200 弟子考略》，载《纪念楚山禅师诞辰六百周年、能海上师诞辰一百二十周年学术研讨会论文集》，宗教文化出版社 2007 年版，第 311—313 页。

"瑞应禅院"，由此名声大振，香火盛极一时。其后历经兴废，至明神宗万历年间，寺庙荒废残破不堪。受清代"湖广填四川"移民运动的影响，客家移民的大批到来，礼佛之风盛行，佛寺又得以恢复和维修重建。后来信徒以铁铸燃灯佛一尊，其身 108 个穴位处，各铸有一窝状大孔，孔内置灯芯，加油悉数点燃时，浑身通亮，信徒身体每有不适，在其对应之处的穴位点燃其灯，消灾祛病，甚是灵验，因而远近闻名，龙泉驿当地人于是称该寺为"燃灯寺"，并沿用至今。新中国成立初期，寺内保存的建筑有川主殿、大雄殿、娘娘殿、罗汉堂、万年台、砖石砌巨型燔炉等。60 年代末，只存三重殿宇。1988 年 3 月，按原貌迁建三殿于洛带古镇北侧，同时增修大门及围墙。同年，龙泉驿区博物馆迁此。20 世纪 90 年代，当地政府据"修旧如旧"的原则将寺庙从山上迁至山下的洛带镇，保留了传统的天王殿、大雄殿、燃灯殿的纵三格局，另增加从西河镇迁来的火神庙、龙王庙部分殿宇，寺庙后进深略大于原寺。燃灯寺现今为女众寺庙，有十余位师父驻寺修行，三宝弟子、香客、游客众多。

自隋代建造以来，燃灯寺不断扩建，包含山门（含东楼）、川主殿、钟鼓楼、娘娘殿、大雄宝殿（罗汉堂）、观音殿、燃灯古佛殿等，规模宏大、庄严巍峨。其中川主殿重建于雍正五年。重檐歇山式瓦屋顶，通面阔五间 18.5 米，通进深三间 10.82 米，通高 12 米，副阶周三匝，阶宽 2.75 米。大雄殿重建于光绪七年，单檐歇山式瓦屋盖，通面阔三间 12.02 米，通进深四间 12.9 米，通高 8 米。殿内陈列有本寺所铸明宣德钟一口，造型古雅、音质洪亮。娘娘殿重建于 1948 年。单檐歇山式布瓦屋顶，通面阔五间 18.12 米，通进深含前廊 7.48 米，通高 7 米。①

---

① 参见张贵真、刘栋梁《龙泉驿区文化志》，成都龙泉驿区文化局 1993 年版，第 241 页。

　　燃灯寺内有不少历代留下的楹联，有的已为《全蜀艺文志》及《蜀中名胜记》等收录。著名诗人流沙河曾撰联云："玉带落井流到东海，铁钟在亭叩响西川。"寺院内还保存大量清代碑刻，主要有《重镌古迹旧志碑》，其中包括《圣山母祈雨诗并序》《灵泉县瑞应禅院祈雨记》《重镌圣母山瑞应禅院古迹记》和《信相圣母碑记》等。这些碑记，主要记载褚信相应化事迹及燃灯寺的历史沿革，对了解该燃灯寺的历史具有重要的史学及文化价值。对燃灯寺的兴衰变迁进行考察，从中可以管窥地方民俗之一斑，为民间信仰研究提供一个真实鲜活的个案，并进一步探讨信仰空间对一般民众日常生活的意义。诸碑记所载圣尼褚氏事迹，情节曲折动人，又具有丰富的民间文学审美价值。摘录三则，以见一斑。

　　1. 唐朝圣母院的故事[1]

　　据燃灯寺碑文记载，在隋朝开皇年间，有一位姓褚名信相的女尼从江都（扬州）云游而来，到洛带镇外，见此处山环水绕形制甚佳，就在场外东口的三峨山住下来。褚氏本来是成都西面崇州青城县黑水溪的人，从小就喜欢穿戴尼众的帽冠，腰系简单的草带，学着体悟佛教的教旨。后来遁入空门，从此身着葛帔练裙等正式的尼众服饰，青年时就开始参悟佛教修行的法门和要诀，之后又依佛制云游四方精修佛法。在她翻过龙泉山来到洛带场口时，见此地山形呈椅子状，开口向洛带场镇，中间溪水潺潺，就在半山腰选择了一非常好的地块，开始营造长住和修行之所。当然这个过程十分艰辛，她先是刈除杂草和树木砍伐后留下的墩子，用干枯的柏树改成修建庙宇用的方木，简单地建起可以进行修行过程十个阶位中的第一阶位，即"初地"。又创

---

　　① 胡开全：《洛带燃灯寺之魂——相信圣母》，参见 http：//blog. sina. com. cn/s/blog_4a1788eb0102w8p1. html。

立在此地进行安居修行的制度，行、往、坐、卧四威仪都按照禅宗和印度的传统。但她并不做出多大的动静，只一味精修佛教教义，并带领弟子和信众一起追求"缘起性空"的真实境界，日日月月，精进不止，毫不懈怠。在这一过程中，周围听见看见的人，虽然并不十分确切地知道其修行的内容，但都乐意信奉和供养。后来正好遇到天灾降临，成都大闹饥荒，百姓流离失所。褚氏利用日常积蓄的粮食和药材，专门建龙头小鼎锅，开始施粥施药。让百姓惊奇的是，那小锅并不大，却像永远舀不完一样，救济了附近很多的人，解决了他们的饥饿和病痛，大家得以顺利度过灾荒年。之后，大概是她觉得功德圆满，就圆寂了。信奉她的人，用佛教的礼仪将其火化，当时异香弥漫整座三峨山，火烧尽后得到晶莹的舍利子。于是又为其建祠堂和佛塔来安顿其骨灰和神像。大家商量后决定取名为米母院。从此，这座寺庙绵延一千多年，与山下的洛带古镇相得益彰。后来遇上唐武宗会昌年间（841—846年）废除天下寺庙，这里的寺院和佛塔也遭废除毁坏。到唐宣宗大中九年（855年），时事变化，白敏中丞相巡行西蜀，首先谋划兴建，找到法润禅师来主持这事。依旧寻访到褚氏遗址，办好这件大事，修建高高的堂殿，廊、庑、牙、阁、寝室这类也都全部新建。完工以后，雕刻旧有的塔石，绘成其遗像，设置祠堂。到了咸通年间，名叫知玄的悟达国师从长安来考察两蜀的名胜之地，寓居于此，隐居同时也继任主持，并改其名为"圣母院"，这座山也跟着命名。唐室衰微，前蜀王建和后蜀孟知祥僭越称帝，这里的灵异应验也让人耳目一新。米母院乘着时机挽救旱情，鲜明地显示降下甘霖的先兆，拯救百姓，散布恩惠。神奇的传说屡次听到，简直没有空缺的年份。

当地名人对此也有很多记载，如《古今集记》载，段文昌在灵池县担任县尉一职时，曾来此亲手植了四棵松树。当时圣母院有石刻云：

"乾坤毁则无以见寺，寺不可毁。四松其远乎，松至天福"。后来四棵松树只存其一，县令张松得知此事，又补植三株，并写有《栽松记》刻于石，可惜现在碑文找寻不到了。

2. 宋朝瑞应禅院的故事①

据宋代苏恽的《灵泉县圣母堂记》载，从灵泉县向北直走，马车在大道上刚好走一舍，即三十里，就到了洛带镇的街道。又从街道往东走半里，挺拔秀美的山峦环形排列，高高的山峰和回环的岩岭，俯视如同城墙。城角高岭环绕，耸立于天空，高达云层之外。在半山腰，有一突出的平地，厚实的地基之上围墙坚固、城垛硕大，于千步之中构造佛殿，领起约百间佛舍，古时的褚氏圣母祠堂就在这里。

北宋大中祥符二年（1009年），枢密直学士任中正，听说了她显灵的事，向皇上拜上表章，希望赐予匾额。不久，皇帝下诏赐予新的"瑞应"名号。宋仁宗赵祯宝元（1039年）到皇祐初年（1049年）间，大灾降临，蜀地遭殃，蜀府枢密直学士张逸、杨日、严相国、文彦博、端明殿学士杨察，晓谕所有将士，在堂前设祭请求，设置府内佛庙，敲钟诵经，焚化献祭祈求。不仅当天晚上就应验，而且喜雨降于百里之内，农田里的庄稼繁育生长，秋天成熟丰收。三殿省丞潘洞、徐汾、刘永都出任县官后，四方百姓都前来求雨，拜请于这个祠堂之下，都得到嘉祥的应验。官员们撰文作诗，广泛地记录下其灵异之事。

此后名声影响超越蜀地，传播到巴、邛、繇、绵、汉、梓、遂，各郡县镇凡是有旱灾，都从千里之外奔走而来，在祠堂前祷告。大家

① 胡开全《洛带燃灯寺之魂——相信圣母》，http：//blog. sina. com. cn/s/blog _ 4a1788eb0102w8p1. html。

都诚恳恭谨，心甘情愿信从她，故被称为"圣姑"。可是祠的前面旧时刻有李唐大中年间道士朱桃椎写的记文，文辞和旨意谦卑恭顺，事迹有些荒诞，全不可详察。探究其所有记载，建院时祈雨，应验的情形都缺乏。院里的僧人担心那些事迹湮灭，于是搜寻事情的来龙去脉，撰文宣传这事。圣母的美好事迹十分珍贵，这是这座寺院兴盛的原因，希望它永远流传而不泯灭。时间是皇祐六年（1054 年）三月某日。关于此次求雨，当时灵池县的县官潘洞专门作了一首《圣母山祈雨诗》（见第九章，此不具引）。

二十年后，还有一次盛大的、成功的求雨活动。据北宋侯溥所作《灵泉县瑞应院祈雨记》载，熙宁七年（1074 年）春天，未及时降雨，播下的种子都不发芽，已经长苞的庄稼都没开花，百姓哀叹。掌管府里大事的大资政谏议大夫南阳先生说："干旱时间太久了，我听说褚菩萨很灵验。为何不去祷告呢？"于是让教育官员写好祭文，府内恭敬，到瑞应寺请求，把菩萨像迎回府内上香供奉。十三天后的辛巳日，从洛带开始，和风从东向西，离府十里，大雨突然降临，整夜飘洒，润泽土地一尺深。先生之前要求属员斋戒恭谨，到次日，率领属员在府门外奏乐唱歌迎接，且在大慈佛庙上供，燃香火，上蔬果面食。方丈告诉他们说："百姓遭受旱灾很久了，所以有今天的请求，我愿意留七天来祈求甘霖。"当天晚上又下大雨。过了三天，乙酉日又是整晚大雨，不止润泽土地一尺。原野沟渠现在都有水了，焦枯的草木现在都有了生机。七天后，府里官员又让人恭敬地把菩萨石像送回瑞应寺，先生像迎接时一样送别她。人尝想，道无处不在，佛无所不能。翠竹黄花，同样有奇妙的作用，因此即使是佛塔上的遗像，也可以给一方百姓带来恩泽。你这里诚心，她那里就会应验。如果我心不诚，而希望其应验，那就困难了吧。而今石像灵验，难道是其中的菩萨情深意厚吗？是因为南阳先生纯洁真诚感召，耳目所及都会灵验。于是又有人写下她的事迹，使人知道菩萨的灵验和先生的诚心互为表里。不能用不真诚来乞求灵验。

但这种纯粹靠灵异来聚集人气的寺庙，是不可能持久的。约在100年之后，当著名文人杨甲再来踏访时，瑞应禅院已然成了"废寺"。可能应了"言之无文，行之不远"之理，与撰写了妙文《茅茨赋》和提倡切实可行的养生之术的朱桃椎相比，没有理论建树的褚信相就如红极一时的某位"仙婆"一样，终有从喧嚣归于平静之时。宋代大足人杨甲作的《游瑞应院》一诗，抒发了盛衰无常的古今沧桑之感（见第九章，此不具引）。

3. 燃光古佛

燃光古佛又名锭光佛，在佛教中是过去古佛之一。相传他生时身体光亮如灯，所以名燃灯。后来成佛示燃灯为号。据佛教传说，释迦牟尼曾名儒童，燃灯佛在世为教主之时，有一天，儒童看见一个叫瞿夷的女子严持七支青莲，心生喜欢，因此用五百金钱买其五支，瞿夷见他花高价买青莲，觉得奇怪，就问他，买青莲有何用，儒童回答：用以供佛。儒童来到燃灯佛处供奉青莲，又见地上泥泞容易污染佛足，因此脱下衣服铺在地上，见还不够，又解开头发，以发铺地让燃灯佛履其衣发而过泥泞，燃灯佛因而对儒童受记说，因为你这一次敬佛的功德，所以过了九十劫即彼成佛。你一定会成佛名为释迦牟尼如来，按照辈分，燃灯佛是释迦牟尼前世的启蒙老师，因为燃灯佛的辈分最高，法力最大，故深受民间秘密宗教（如白莲教）的敬仰，成为最受膜拜的偶像之一。

燃灯寺作为一方主要的信仰空间，在当地遭遇重大灾害危机时能给人带来祈降甘霖的希望；在人们的日常生活中能给人带来平和、平静或希望。尽管寺内供养的神祇不乏轮转更换，寺庙仍显名一方，至今香火兴旺。

（二）长松寺

长松寺旧址在长松山，今唯仁山庄北侧。唐武德初，由圆明大师主持。开元中，马祖道一住锡于此重建。右有蚕丛王庙遗址。有石刻"乾坤清气"四大字，字体纵横数尺。唐代香火甚旺。至德元年玄宗幸蜀，钦赐"长松衍庆寺"匾额，并赐御香，建御香亭。中和元年僖宗幸蜀，赐圆昉和尚紫衣。宰相李德裕、诗人郑谷曾与寺僧圆明、圆昉交往密切，诗词唱和。宋英宗治平二年，齐海长老移驻长松寺，重建寺庙，改名"嘉福寺"。民国时期，恢复"长松寺"名。"武德"是唐朝开国高祖的年号，时在618—626年。而李德裕任剑南西川节度使在唐文宗大和四年，李在川时间为830—832年。如果圆明和尚在且还在长松寺任主持，应活到二百多岁，才能在830年左右和李德裕会晤。所以由此产生两个设想。第一，圆明是"武德初"主持长松寺。及至李德裕来蜀，其所写的《赠圆明上人》是一篇缅怀追念前代高僧的诗篇。第二，"武德初"主持长松寺的圆明与后来李德裕诗中的圆明并非一人。究竟如何，还待考证。马祖道一，是四川汉州什邡"马簸箕"（以编卖簸箕为业）的儿子。道一是法名，马祖是尊称。他早年在资州向处寂法师学习禅法。开元二十三年（735年）到南岳衡山拜怀让为师，成为法系继承人，名震江南。李德裕在蜀曾开凿东湖（在今新都区新繁镇），手植楠柏。今新繁东湖尚有怀李堂和古柏亭等纪念性建筑。女诗人薛涛曾因李德裕修建筹边楼，安定西南边防之事题诗。李德裕调任宰相则是离蜀以后的事。①

历史的年轮在刻下1996年的印痕之后，终于有人启用"长松寺"这块金字招牌，于是在长松寺下便派生出一处长松寺公墓，这里便成为"延续生命"最理想之地。这里的山水，仙风道骨，独特的灵气以

---

① 文史成：《长松寺·高僧·诗人》，《文史杂志》2001年第2期。

及传奇式的迷人的故事，吸引着无数"劳动人民"来这里休养生息，永远长眠！长松寺集团开初千方百计地找到长松山和长松寺的有关"惊喜"之后，就看中了这块宝地。认为唐玄宗所赐"长松寺"三字，是无可限量的财富，因此怎样不辜负先哲的厚望，在"公墓"两字前面赋予更多更深的文化内涵和养分，就成为企业考虑的首要问题。大家的共识是，把祖国的传统文化发扬光大，这是我们义不容辞的义务。在人们眼里，这里已经不是公墓，是一处"在那桃花盛开的地方"的可人景致。

在疲于繁杂的都市，烦于生活的艰辛之际，我们希望追寻一方绿洲；从逝去亲人的悲痛中醒来，我们为逝者苦苦找寻一处长眠之地；那就请到长松寺来吧！这里不仅是逝者的"伊甸园"，还是生者净化心灵的"大观园"。"长松寺不仅仅属于长松寺公墓"这话不无道理，从某种程度上说，有着悠久历史的"长松寺"已经成为一个品牌。坐落于龙泉山脉中段的长松山，常年比成都市气温低几度，山上树林茂密，林中怪石嶙峋，古树虬枝遍地，一株千年银杏胸径达12米，盘根错节，枝繁叶茂，傲立于长松山顶，犹如一把巨型绿伞。

自古以来，长松山就有八景，曰"千年银杏""西寨斜晖""普铭大篆""成化丰碑""长脚仙踪""鲁班智井""万顷松涛"。由于得天独厚的地理位置和气候条件，长松山自古以来就是夏日避暑胜地和冬季观赏雪景之佳处。晴朗的早晨，在绝顶之上可观赏日出奇观，在林中的"望苍坪"可赏玩四周的山林景色，秋高气爽之日还可直接看到锦江宾馆。

如今长松山的名胜群中，还可看到山泉铺、石佛寺、北周文王碑，还有当年国民革命军第29军军长田颂尧自建的中西合璧式的别墅"唯仁山庄"。这些难得的胜景，在四川省、成都市大打"旅游牌"的今天，无论是从历史意义还是从现实意义看，其"品牌"都具有极大的开发价值。长松山、长松寺是老天爷和老祖宗赐给我们不可多得、不可或缺的财富。

（三）桃花寺

桃花寺初建于唐朝，后毁于兵燹，于大明嘉靖六年（1527 年）和崇祯八年（1635 年）进行修复。寺庙现存一大殿，即桃花寺大殿，位于洛带镇宝胜村，是龙泉驿区唯一存在的明代大屋顶建筑。大殿坐东向西，木结构单檐歇山式瓦屋顶，抬梁式梁架，前廊子和后夹室明间乳栿蜀柱的雕花瓜楹，承于翘头式华栱之上，并施雕花角背，华栱则置于补间栌斗之上。通面阔五间 21 米，通进深三间，加前廊和后夹室共 15.3 米，通高 8.5 米。① 寺内石刻佛像刀工技艺精湛，造型优美，庙中主供释迦牟尼，现仅存大殿。1988 年，桃花寺大殿被区政府列为区级文物保护单位，2018 年又被列为成都市第六批文物保护单位。

第二节　古驿道上的宫观道风

成都自古以来就是中国道教文化中心。道教文化鼻祖老子（太上老君）据说西去函谷关后，沿着蜀道西行，来到成都，在成都青羊肆落脚，并传播自己的道家学说。青羊肆后来成为全国著名的道观，即青羊宫，位于现代成都一环路西四段。青羊宫门前有一座送仙桥。所谓仙也是道教传说中的主要人物。成都还拥有全国著名的道教文化名山——青城山。随着成渝古驿道的繁荣，道教文化陆续在成都龙泉

---

① 参见张贵真、刘栋梁《龙泉驿区文化志》，成都龙泉驿区文化局 1993 年版，第241 页。

山脉生根发芽，为龙泉驿增添了绚烂的文化色彩，留下皇家道观、道教名山青城山等著名道教文化资源，成为成都道教文化的重要组成部分。

一 "皇家道观"——安静观

安静观是龙泉驿区古驿道上一座著名的道教宫观。它的建立可追溯至唐朝著名道教隐士朱桃椎。《大唐新语》《新唐书》中的隐逸传皆将朱桃椎列为唐朝隐士第二位，可见当时名气之大。他有名篇《茅茨赋》传世。他的事迹也在唐、宋、明、清直至民国历代传颂。这些事迹主要围绕朱桃椎清逸脱俗的个性、高妙的医术以及扶危救困的义行展开。由于朱桃椎特立独行的事迹在民间广为流传，其影响力逐渐增大，在民间、地方政府与朝廷三方合力助推之下，他逐渐从一位清寂无为的山林隐士演化成一名威名远扬的道教真人，如北宋徽宗皇帝曾赐朱桃椎"妙通真人"的封号。后人为纪念朱桃椎真人，为其修建了道教宫观。作为道教真人，在民间他的画像被视作辟邪之物，因而其画像和祠堂在民间曾一度达到"家有其像，邑有其祠"的地步。

安静观最初由朱桃椎隐居的壁洞改建而来，始建于五代十国时期，初名朱真人洞，稍后又修建了朱真人祠。祠中的绘像在广政年间（公元938年左右）由周元裕所画。北宋初，公元993年，青城县（今都江堰市南）农民王小波、李顺起义爆发，攻陷了成都府。朱真人祠遭到农民战争的损毁，祠中只剩下朱真人绘像保存完整。两宋时期是安静观发展历史中的鼎盛时期。这个时期安静观的规模以及朱桃椎本人在道教文化中的地位皆达到了顶峰阶段。北宋崇宁年间（1102—1106年），宋徽宗赐号朱桃椎"妙通真人"。北宋宣和元年（1119年），朝廷下诏将朱真人祠更名安静观。同年，蒲叔豹任灵泉县令期间，见朱真人祠年久失修，于当年二月使人修复，半月乃成。蒲叔豹将朱真人祠美化成理想中的隐居之地，对朱真人洞进行了一次较大的规模的修葺。南宋时期，朱真人医术传人黄甫坦医好了显仁皇太后的眼疾，于是皇太后下旨修缮朱真人祠。南宋绍兴二十九年（1159 年），时任四川兼成都行政长官的王刚中奉太后旨意，亲自主持扩建工程。由于皇太后亲自下旨修缮，时人称朱真人祠为"皇家道观"。修建工程七月正式开工，十月完工，耗时三个月，总共使用工匠一万二千一百多人次，耗钱一千零五十三万多文，修建了诸多的门道和走廊，道观的整体规模及内部塑像更加壮观精美①。南宋时期，安静观在蜀地文人的推崇下，又产生很多别称，如李流谦称"妙通祠"、魏了翁称"朱祭酒祠"。宋末元初，蒙古军入蜀，人口大量减少，安静观也毁于战乱。从元代开始，安静观由盛转衰。至清初安静观又更名"安静院"，但此时道观已失去宋代的繁荣与"皇家道观"的地位。反倒是它旁边的兴福寺香火兴旺。该寺后殿有一尊朱真人塑像，庙前有一座"朱真人故里"的石碑。② 后来，与朱桃椎相关的塑像、石碑等文物古迹损失殆尽。而随着龙泉驿区第一人民医院的扩建，与朱桃椎相关的文物古迹已荡然无存。其遗址位于龙泉驿第一人民医院的儿科部旧址附近。

安静观从朱桃椎隐居的洞穴发展而来，经历了宋朝的繁荣与元明清的衰败，直至近现代的销声匿迹，其历史地位嬗变的历程充满了沧桑兴衰之感。但就当代龙泉驿区文化的繁荣与建设而言，安静观仍然是值得重视的历史文化资源。

---

① 胡开全：《唐朝隐逸"两蜀钟秀"——朱桃椎生平事迹考》，《成都大学学报》2011年第 6 期。

② 胡开全：《唐朝隐逸"两蜀钟秀"——朱桃椎生平事迹考》，《成都大学学报》2011年第 6 期。

二 李淳风、袁天罡的隐居处——长松山

袁天纲，亦作袁天罡，隋末唐初著名天文学家、术数学家，益州成都人。少孤贫，曾师从湖州人吴峤学道术，在隋朝曾为盐官令，入唐任火井令，曾筑舍居于阆州蟠桃山前，李淳风慕名师从之。一度受到唐太宗的召见，太宗将其与汉朝成都著名学者严君平相提并论。他通晓易学，属易占的一派，是历史上少有的术数大师，著有多种易占之书，南宋郑樵《通志·艺文略》所载就有 8 种之多，其中五行类易占中著录有袁天纲《易镜玄要》一卷（已佚）。①

李淳风（约 602—670 年），岐州雍县（今陕西凤翔县）人，在唐太宗、唐高宗时期任太史丞、太史令和司天监，其著作《乙巳占》《推背图》《百决图》等在中国文化历史上具有重要地位，是一位名冠古今的玄学家，也是世界上第一位给风定级的人。

袁天罡、李淳风二人均精通天文星象、数学历算、阴阳风水。据说他俩是师徒关系，袁天罡比李淳风大十九岁，是他的师父。袁天罡倾囊相授，李淳风也不负师父的教导，达到和袁天罡旗鼓相当的水平。

这两人在朝廷中地位也非常高。在《西游记》第十一回中，唐太宗李世民接见大臣，徐茂公、魏征、王邦、杜如晦、房玄龄、袁天罡、李淳风、许敬宗等人依次排列。从这份名单中可以看出，他们两人在文官中排名第六、第七位，与武官中排名第六、第七位的秦琼和尉迟恭身份一样高，足以说明二人当时也是不可小视的风云人物。

武则天当上皇帝之后，曾让袁天罡和李淳风两个为其勘选陵园龙

---

① 段渝、罗开玉、谢辉等：《成都通史》卷三，四川人民出版社 2011 年版，第 345 页。

穴，先是李淳风跑了八十一天，找到小梁山龙穴吉壤，埋下一个铜钱；又让袁天罡出去寻找，用了四十九天也找到了这个地方，便从头上拔下银钗插在地上。武则天后来让人去验证二个选址是否一致，结果挖开一看袁天罡的银钗正好插在李淳风埋的铜钱的方孔中。

经二人共同勘选，便有了乾陵。乾陵被人称为世界上最难盗的陵墓，历史记载想盗乾陵的就有 17 人，梁山被挖空了一大半，却没人找到墓室的入口。可见武则天墓的风水和防御绝不是一般的好。

李淳风和袁天罡这两位大唐异人，都和长松山有着不解之缘。史载两位术士游历大川，遍访名山，来到西蜀益州，登临长松山，举目四望。长松山忠山奇绝，绛水回环，层峦叠翠，雄峰峭拔。山巅云雾缭绕，紫气升腾，岷峨发脉数百里，一条玉带（应为芦溪河）回环其间，山水相依。此地实乃继乾陵后又一处风水宝地。二人驻扎长松山，设八卦台，修仙习道。

淳风师从天罡，精历算、饱天文，尤以"风鉴堪舆"之学名垂古今。《古今图书集成·职方典》卷五九二记载："八卦台，在简州（简阳）西五十里，唐李淳风修仙处。"他留下的神秘谶言，"擂石钟、敲石鼓，骑卧龙、上长松，谁人识得破，定能朝中坐"，至今无人能解。而这里记载的"上长松"就是长松山。长松山可谓龙泉山第一高峰，李淳风认为："诸山皆发脉于此"，并向西在区境范围内衍生出"接龙""转龙""合龙""青龙埂"等"小龙脉"地形，如今，龙泉驿区一些地名，诸如接龙村、转龙村、合龙村、青龙村也由此而来。《四川通志》卷十云："唐李淳风墓，在简州（今简阳）西五十里。"《简阳县志》民国版中的地图甚至清楚地标明了李淳风墓的确切位置，就在长松山东麓。①

---

① 诚明：《千年名刹——长松寺》，《文史杂志》2003 年第 2 期。

　　长松山是龙泉山脉主峰，史称简州"境内诸山皆发脉于此"，从风水理论的角度看，自身带有一定的神奇因素。同时它还是西面芦溪河和东面绛溪河的分水岭，芦溪河的源头。据《四川通志》记载，芦溪河下游就是大名鼎鼎的黄龙溪，蜀人早就追根溯源到长松山上修建了纪念蜀先祖的蚕丛王庙。

第五章　东山五场说客家

在龙泉古驿道周围，还分布着许多客家人的村落和集镇。客家人以其汗水和智慧，创造了丰富多彩的客家文化，成为古驿道上的靓丽风景线。故论及古驿道文化，不能不提到客家人的创造和贡献。而要论析客家人及其文化，又不能不提及"东山五场"，特别是五场中的"甑子场"——现在的洛带古镇。清末《成都通览》曾记载"现今之成都人，原籍皆外省人"，证实成都人大多是从外省迁徙而来的移民后裔。其中的客家人，来源多说是"长乐"，即今广东五华县，还有福建、江西一带的移民，主要聚居在川西的成都东山区域，统称"东山客家"。从东南地区移民来的客家人，在东山区域落脚后，在龙泉这片沃土上垦荒造物，繁衍了一代又一代的后人，述说着客家的语言与故事。

第一节　龙泉驿与客家文化

成都的客家人多是因史上两次移民潮而来，龙泉驿区域内的客家人主要是清朝康熙和乾隆年间，从广东东北山区来的移民，散居在广大农村地区，当时主要居住在龙泉驿东北部靠龙泉山麓一带。客家人有"宁卖祖宗田，不丢祖宗言"的传统，他们的客家方言是代表他们身份的重要信物，即使身处四川北方方言环境下，也将客家方言较好地保留、传承了下来。除了客家方言，客家人也有他们独具特色的传统习俗、民俗活动和客家美食。随着社会的进步和发展，龙泉驿的客家文化也在近年走向了世界。

一 客家文化定义

何为客家？罗香林所著的《客家研究导论》认为："客家"是一个富有朝气的散居于中国南方的一个极其活跃的民系，它是汉族的一个分支。鉴于这种判断，罗香林通过大量的学术研究来论证客家人与中原汉族人的血统关系。客家人是因为中原战乱、自然灾害当原因逐渐迁徙到南方定居的汉族人，由于是由北方迁徙到南方，是他乡异客，因此他们自称为"客家"，表现出对自身身份认同存在寄居性与离散性的悲痛情怀。世界范围内对客家文化研究已经形成了一定的规模，大多从方言、地域、文化、血统等角度展开。这些研究成果对客家人提供了丰富且饱满的认识。它们虽角度不同，但对客家人的定义有四点看法已成为客家学者研究的共识。第一，客家人是历史上从中国北方渐次迁徙到南方地区的汉人；第二，客家人一定会说客家语；第三，客家人在生活习俗、饮食习惯等方面具有共通性；第四，客家人有自觉地身份认同意识，即承认自己是客家人。[①]

客家文化是专门针对客家人的生活、习俗、建筑、饮食、节庆等共同构成的精神与物质文化的总称。国内学者对客家文化的认识也取得了比较好的成果。比如林晓平教授认为，客家文化并非单向度的，一维的，平面的，它像任何一个民族的文化一样是通过多种文化

---

① 参见刘和富《客从何处来？——客家文化的起源与魅力》，《社会观察》2015 年第 3 期。

的交融、对话、转化而成的多元文化。客家文化属于中华文化的一部分，因此它既表现出儒家文化的精神，同时又有移民文化的特征，更重要的是，客家人大多居住于南方山区，因此具有典型的山地文化特征。客家文化由上述三种文化共同交融而成，表现出多姿多彩的特色。

二　龙泉驿与客家文化的渊源

四川自古以来经历过八次移民潮，其中明清两朝的大移民以湖广籍移民最多。现今四川已成为中国五大客家人聚居省之一，客家人的数量超过 200 万，仅成都就有客家人四十余万。

第一次"湖广填四川"发生在元代末年红巾军农民大起义，原来属于徐寿辉部下的明玉珍率军攻入巴蜀，之后在重庆自称"陇蜀王"，再改元称帝，建立大夏国。明玉珍是湖广随州人，他的军队也基本上是湖北地区的农民。这次入川不仅带来十几万人的军队，还有大量少田缺地的农民，他们随之进入人少地广的巴蜀地区开垦务农。如吴宽在《刘氏族谱序》中所说"元季大乱，湖湘之人往往相携入蜀"。明玉珍的"大夏"政权仅存在了 9 年，就被朱元璋建立的明朝所统一。区境内的"夏人"就是这一时期进入龙泉驿的。明代初年，湖广地区的移民继续大量入川，到明太祖洪武十四年（1381 年），四川人口就增加到 146 万，外地移民，特别是湖广移民占这一时期所增加人口的主要部分。现在龙泉驿区大兴场的谢家、洛带刘瑾坝子的刘家、同安的罗家就属于这个时期的移民。

第二次湖广移民潮发生在清初，清初时的客家人多是奉旨入川。在客家家谱里记载着当时清廷发布的移民诏书。

朕承先常道统，称制中国……湖广民有击毂摩肩之风，地有一粟难加之势。今特下诏，仰户部饬行川省、湖广等处文武官员知悉，凡有开垦百姓，任从通往，毋得关隘阻挠。

这份诏书说明清朝初期，川西地区遭多年战乱，人口稀少而没人种地，土地肥美而荒芜，朝廷制定移民政策吸引外省人移民。比如对移民开放关口，不得阻挠；给予"插占"的政策、税收优惠期、一体考试的资格等。在邻近湖广人成功移民的示范带动下，其他诸省移民纷至沓来。[①]

客家入川的经过，根据客家人的族谱以及口头传说，时间最早的是康熙年间，也有晚至同治时期来的。来源多说是"长乐"，即今广东五华县。路线大致经过湖南与贵州，由川南进入成都平原。他们在各地乡村聚族而居，自称"广东人"，称普通的四川人为"湖广人"。东山上有好多村镇，90%以上的居民都是"广东人"。成都人认为其语言非正宗粤语，又称其为"土广东"。当代仍有一百五十余万四川人操着客家语言，在生活习俗上也保持着客家人的风格。

很多地方史料均显示，四川一代的移民主要以湖广地区为主，其次是闽南、江西。在一些客家人所珍藏的族谱中有比较翔实可信的记载。如简阳廖氏，同治三年《廖氏族谱·廖氏始祖发脉论》："四川大始祖廖吉周……原籍广东具宁县洋洞坑住人氏。见人繁费多，祖业无几。于是父子商议上川，移简州石坂潭深沟子居住。"荣昌杨氏，光绪九年《杨氏族谱·序》："（我祖）乾隆戊戌（四十三）年由粤入川，择重庆府荣昌县。"[②]

经过清代中后期的繁衍发展，随着客家人口的剧增，到清末、民

---

① 中共成都市龙泉驿区委党史研究室：《今古龙泉驿》，成都时代出版社 2016 年版，第105 页。

② 向学春：《客家入川史与四川客家话的形成》，《兰台世界》2015 年第 22 期。

国年间，一些客家人家族分支开始从东山地区向平原进军。截至新中国成立，东山客家人已进至成都沙河至府河一线。

三 龙泉驿的客家文化表现

龙泉驿区是客家人聚集居住的大区，尤其以洛带古镇为甚。这肯定要归功于龙泉驿古驿道的便利，"湖广填四川"的移民沿着传统交通路线迁徙到四川境内，大多会根据交通来选择定居点。由于这种缘故，使得龙泉驿附近聚集了大批的客家人，相应地使得该地区形成了一定规模的、固定的客家文化形态，是研究客家文化的活化石。客家文化在龙泉驿的表现丰富多彩，大体分为客家方言、民俗、传统习俗、客家饮食等。客家饮食方面，如艾馍馍、伤心凉粉等是龙泉驿比较出名的客家饮食。另外，龙泉驿地区还在民间流传着丰富的客家传统节日民风民俗，如婚丧嫁娶和节日习俗，民歌山歌等。可见客家文化与其他族群（如湖广人）的文化形成一定的形态差异，故能代代相传，延续至今。

（一）四川客家方言

中国有八大方言，客家方言是其一。客家方言是中原雅音与吴楚方言、闽粤方言融合的结果。由于龙泉驿地区的客家人大多来自广东嘉应州地区，因此此处的客家方言又被习惯性地称作"土广东话"。强烈的宗族意识是客家人的典型特征，这种意识保留到了入川之后，都说入乡随俗，但客家人似乎并未如此。这使得他们比较注重群体性、族群意识，在居住、生活形式上形成了聚族而居的习性。客家人对语言的忠诚度非常高，有"宁卖祖宗田，不丢祖宗言"的客家民间谚语。因而，使得客家语言始终未能随着迁徙地的语言而被吞噬。这种情况导致客家人同时使用两种语言，在内与家人说客家话，在外与当地乡邻说四川话。正如《仪陇县志·社会风俗·语言习俗》所记载：

"仪陇县内的客家人，除乐兴乡的一些老年人（其中不少人从没去过县城）不会讲'四里话'（仪陇话）外，一般都对内讲广东话，对外讲'四里话'，平时交谈讲'广东话'，读书、唱歌、开会、学习用'四里话'。"①

从清初到民国，四川客家人的语言使用习惯被地方志清晰地记载了下来。下面举一例，以管窥四川客家人在语言方面的特色。如1937年的《简阳县志》共收录了客家话词语181条。其中天时类5条，如雷鸣曰挞雷、晨曰朝（朝晨）、午曰昼、晚曰夜、夏曰夏；地理类7条，如土地曰田地、田埂曰田塍、堰底曰堰足、住家曰处屋、坝曰堰坝、走路曰行路、赶场曰上市（上街）；人事类81条，如曾祖父曰太公（公太）、叔母曰叔（叔姆）、季男曰满嗣（满子）、媳妇曰媆婊（心舅）、打架曰打敲、听言曰闻信等；器物类88条，如斗筐曰摩滥、筲箕曰饭筲、烘笼曰火冲、筛子曰蔑簝、响藁曰吒笆、一顿饭曰一餐饭、早饭曰晨餐、夜饭曰夕膳、红苕曰番薯等。②

综合来看，第一，四川客家方言融入了四川方言的元素；第二，四川客家方言保留着广东话的影子。③

（二）客家传统习俗

客家人移居四川后，一方面保持着原有的生活习俗，另一方面又受四川其他居民文化的影响，形成了其特有的交融文化。客家人喜欢唱山歌，在婚嫁、丧葬、祭祖、求子等方面仍然保留了许多传统习俗。客家人婚嫁，先由媒人（介绍人）提亲，将女方生庚年月日交给男方父母，男方父母同意后由男方母亲带儿子到女方家下聘礼。男女双方见面同意后约定时间邀请女方父亲到男方家填写庚书，此名

---

① 崔荣昌：《四川方言与巴蜀文化》，四川大学出版社1996年版，第168页。
② 向学春：《客家入川史与四川客家话的形成》，《兰台世界》2015年第22期。
③ 参见向学春《客家入川史与四川客家话的形成》，《兰台世界》2015年第22期。

"会亲家"，至此完成订婚。到结婚时期，由男方查期并选择结婚佳期，请媒人上女方家预报。经双方确定结婚日期后，男女双方再议说各自家庭的传统习俗以及所需彩礼等，到结婚前一日过礼，礼物主要包括喜酒、喜烟、糖果及猪头等。晚上男方亲朋到男方家祝贺，第二日新郎新娘正式举行婚礼。男方选一男宾领喊拜堂。拜堂完毕，新娘红布盖头，两名男童奉烛，选一已婚男子掌灯，将夫妻双双引入洞房。新娘入洞房后进行梳妆打扮，再回厅堂拜祖宗，拜亲友。在拜礼过程中，受拜亲朋好友要给红包，称为过堂拜客礼俗。礼毕，请客人入席用餐。其间，婆婆引儿媳敬酒并向客人一一介绍，以便认识。饭毕闹洞房时请能言善辩之人铺床说喜话，新娘要给红包，称"发喜钱"。新婚第二天，新娘必须下厨做饭，以示其操持家务的能力。中唐诗人王建《新嫁娘词》云："三日入厨下，洗手做羹汤。未谙姑食性，先遣小姑尝。"说的就是这样的习俗。看来，客家人保留了一些古代的礼俗。客家人婚嫁礼俗隆重，可作为独特的民俗资源进行开发。

客家人的丧葬礼俗也很有特色。以穿孝衣为例，不同辈分穿着有别。父母双亡，儿子儿媳穿麻衣，头戴麻冠手扶竹杖。儿子须扶竹杖三年（指三年内有红白喜事，在会见客人时均应手持竹杖）。女儿和媳妇戴白孝、穿白鞋，用麻作腰带，腰上系小包，包内装米豆。女婿仍穿白孝，但系红腰带，不挂小包。若父母去世一个，不能用全白鞋。孙儿戴孝穿白色麻衣下缝边，执 8 个月竹杖。孙女孙媳仍以白色示孝，但不用穿麻衣，腰间不吊包，只系一丝带即可。重孙全白丝麻作带，守 9 个月孝（有事时穿孝衣表守孝）。玄孙穿红细染布，守 3 个月孝。玄孙以下穿绿布。根据孝衣穿着的不同，可以辨别在家庭中的辈分，客家人除了婚嫁、丧葬等与众不同的习俗外，在祭祖、求子、唱山歌、舞火龙等方面也很有特色。如 2000 年世纪之交的大年初四至初六，洛带镇的舞龙烧龙民俗活动具有独特的程序，接龙、祭祖、迎龙归巢、杀鸡出龙、舞龙点睛、舞龙前的祭拜、念咒，等等，据传这是江西客家人刘姓入川时带来的，至今仍保留着原始的风味。①

（三）客家民俗活动

1. 水龙节

水龙节源自客家人舞水龙向上天祈雨的民间传统。当年，客家人迁徙至龙泉山脉洛带镇，恰逢干旱年份，降雨量稀少，粮食收成锐减，客家人的生活遭遇重大困境。为解决上述困境，客家人制作水龙，通过传统民间巫术的形式向上天祈雨，拯救苍生。随着时间的推移，舞水龙的巫术色彩以及目的性逐渐消逝，取而代之的是一个族群的生存记忆及其留存下来的节日的狂欢性，因而形成了龙泉驿地区独有的水龙节。龙泉驿政府抓住时代机遇，于 2001 年开始在洛带举办每年一届的洛带客家水龙节。如今洛带水龙节成为当代旅游经济语境中的狂欢节，大量游客慕名而来，感受客家人传统节日的氛围与热情。水龙节已经形成了既定的举办惯例，持续大概一个月时间，从每年 7 月底到 8 月底，在这期间的每个周末，人们把舞水龙和戏水融为一体。大家成群结队奔上街头，手持水枪，无论相识与否相互泼水和射击，在水的世界里尽情狂欢，而不再是单纯的泼水龙。如今"泼水"成为洛带"水龙节"一张引人注目的名片。②

2. 火龙节

舞火龙作为洛带当地客家人祈求风调雨顺、五谷丰登的传统民俗活动之一，春节期间都会在古镇上演。近年来，出于对安全和环保的

---

① 杨国良、胡开全：《成都东山旅游资源评价及开发构想》，《四川师范大学学报（自然科学版）》2001 年第 5 期。
② 王笛：《跨出封闭的世界：长江上游区域社会研究（1644—1911）》，中华书局 2001 年版，第 559 页。

考虑，洛带古镇暂停了客家火龙节活动的举办。如今，随着焰火技术的变革与创新，特制冷焰具有安全性强、烟雾少、低碳环保的特性，成为举办火龙节的重要支撑条件，使得极具历史感的火龙节记忆在今天得以延续。

（四）客家饮食

据说，一种源于清朝的凉粉是洛带地区最著名的客家民间小吃。龙泉驿客家凉粉保持着客家人迁出地的特色，这也是客家人比较注重传统的表征。但客家人并非一味地保守，而是具有与时俱进、因地制宜的文化精神。这也是客家人的创造性的表现。没有这种创造性、包容性，客家人是无法在他乡生存下去的。就拿客家凉粉来说，客家人从广东地区迁入龙泉，很怀恋家乡的饮食，因此他们继续按照记忆与材料制作出这种食品。但由于西南地区喜好麻、辣等调料，使得他们的饮食文化也随着巴蜀的地方特点而发生变异，饮食中添加少许辣子，对于川人讲究食物麻、辣、鲜、嫩、烫的特色也极为认可。①

另外，酿豆腐、盐焗鸡是客家菜系中极具特色的美食。现洛带镇的油烫鹅、新民饭店的野山菌65全席和客家酒楼的水酥等特色菜已成为洛带客家餐饮的特色菜，远近闻名。②

四　龙泉驿客家文化的当代发展

四川地区的客家人自清初移民至川而来，也将客家文化移植到了巴蜀大地。随着改革开放的步伐以及时代乡镇经济的机遇，勤劳的客家人逐渐加强了对本族群文化的当代开发，龙泉驿区也在 20 世纪 90

---

① 李天义、张学梅：《一条石板路 千年洛带城——成都洛带古镇客家文化考》，《文史杂志》2016 年第 1 期。

② 谭志蓉、王丽：《立足客家文化 发展休闲旅游——洛带古镇旅游调查报告》，《成都大学学报（社会科学版）》2007 年第 2 期。

年代末，启动了对客家文化资源的开发。这一过程的初始阶段，四川省的两个客家民间社团科研机构发挥了重要作用。一是在 1996 年由一批海外归来的客家干部发起，经过批准，在成都组建的客家民间社团组织——四川客家海外联谊会。该会成立伊始，即在客家人中进行广泛的宣传发动工作，并以龙泉驿区洛带镇的广东会馆作为活动中心，开展了一系列联络接待活动。二是以学术带动文化、经济的繁荣，主要表现为 90 年代末，四川省社科院批准成立了四川客家研究中心。该中心计划打造客家文化旅游小镇，即"中国西部客家第一镇"，把客家文化作为一种旅游资源来加以开发。①

真正以区政府的名义把客家文化推向社会的，是 2000 年春节在洛带镇举行的"客家火龙节"。取得极大成功的火龙节，提高了龙泉驿区客家文化，乃至洛带古镇的知名度，对日后龙泉驿客家文化的打造与弘扬打下了良好的基础。

2001 年 3 月，在龙泉驿区桃花节期间，同时举办了"第七届国际客家学研讨会"。来自美国、韩国、印度尼西亚、马来西亚、中国的香港、澳门、台湾地区和境内 11 个省市的 180 多位客家学者，出席了这次盛会，会议围绕"四川与客家世界"的主题，发表了 96 篇论文及评论，开展了 24 场紧张而热烈的讨论，被认为是国际客家学会举办最成功、最圆满的学术盛会。这次会议的举办，扩大了龙泉驿区，乃至成都市和四川省在客家世界的知名度和对外形象，使龙泉桃花节找到新的客家文化载体。

紧接着，2002 年、2004 年，龙泉驿区政府抓住火龙节的余温乘胜前进，举办了成都国际桃花节暨客家亲情联谊会，并组织学者编了一套《龙泉驿文史资料》，打开了关注洛带风土人情的一扇窗户。2005

---

① 向学春：《客家入川史与四川客家话的形成》，《兰台世界》2015 年第 22 期。

年一件大事在龙泉驿洛带古镇发生，即世界客属第 20 届恳亲大会在此成功举行，进一步确定了洛带客家文化的重要性。

第二节　东山五场

成都市境东面，有一条绵延起伏的山脉，横亘在龙泉驿区境内。这条山脉，即今天的龙泉山，但在宋代诗人的笔下，它被冠以"东山"之名（见潘洞东山诗《圣母山祈雨》）。东山区域因位于成都市区东部，是东向入川进入成都的必经之地，在东山地区的发展历史上，形成了五个中心场镇，即"东山五场"，分别为甑子场、廖家场、西河场、龙潭寺、石板滩，即现在的龙泉驿区洛带镇、青白江区清泉镇、龙泉驿区西河镇、成华区龙潭寺、新都区石板滩。

一　洛带镇（甑子场）

洛带位于成都市东部，龙泉山下，西距成都三环路约 30 公里，位于成洛路终点处。洛带是客家聚集地，也是成都四大古镇之一。镇上客家文化保存较好，四大会馆及博客小镇驰名川西，有"西蜀客家第一镇""会馆之乡"等称号。由于后面还要专节论述，此处不多论。

二　清泉镇（廖家场）

清泉地处成都市区东部，西距成都东三环路约 30 公里。清泉是青白江区副中心，也是四川省百强镇和成都建设中的 10 个"小城市"之一。2014 年被列为四川省第二批"百镇建设行动"试点镇和成都市八个"小城市"之一。

清泉镇城镇始建于清朝乾隆年间，俗称廖家场，民国初称太平镇，1981 年后更名为清泉镇。清泉镇是客家人聚居区，境内 90% 以上是广东籍客家人后裔。总人口 31900 人（2017 年），其中城镇常住人口 7800 人。辖 15 个行政村，187 个村民小组，3 个居委会。清泉镇以商贸物流、现代农业、食品加工为基础，以文化体验、休闲旅游、养生度假为特色，积极承接服务外包、新型建材、汽车产业等外溢产业，大力培育节能环保、生物医药、教育科研等产业。

清泉镇注重夯实基础设施，完成水利建设"三大工程"，道路建设"四大项目"，城乡治理"三大行动"。产业发展方面，加快"三产互动"，产业体系逐步健全；实施"四大工程"，体制机制不断创新；深化"六个一体"，城乡形态显著改善。除此之外，社会建设方面，深化社会保障，着力改善民生。

地形地貌属东山丘陵与龙泉山低山区结合部，镇西北部 11 个村为浅丘区，海拔 470—508 米；东南部 4 个村为低山区，海拔 540—730 米。自然资源方面，水源充沛，土壤以黄泥紫沙土为主，适宜各种农作物生长。天然气资源储量丰富。

三 西河镇

西河位于成都市东部，西距成都东三环路约 15 公里，是龙泉驿区下辖镇，位于龙泉驿区主城西北部。西河是成都东进重点区域之一，近年来发展迅速，后发优势明显。

2019 年 12 月 23 日，《四川省人民政府关于同意成都市调整龙泉驿区等 15 个县（市、区）部分乡镇行政区划的批复》（川府民政〔2019〕24 号）：撤销西河镇，设立西河街道，以原西河镇所属行政区域为西河街道的行政区域，西河街道办事处驻成洛路 3789 号。①

---

① 《四川省人民政府关于同意成都市调整龙泉驿区等 15 个县（市、区）部分乡镇行政区划的批复》，四川省人民政府，2019 年 12 月 24 日。

四 龙潭寺

龙潭寺位于成都主城区东北角，是成都传统的主城区域，也是成华区面积最大的镇（街道）。龙潭寺历史悠久，其"龙潭"之名早在三国即已流传。客家先民到达龙潭寺以后，龙潭区域逐渐发展成为规模较大的客家聚居地。近代以来，龙潭寺地处城东城北夹缝，发展较为凌乱。如今，龙潭寺是成都及成华外扩的重点区域之一，龙潭总部已经打响了龙潭发展的先声。

龙潭寺的寺名由来，相传与三国时期的蜀后主刘禅有关。在一千七百多年前的三国蜀汉时期，当时还是太子的刘禅，自幼贪玩，有一天自凤凰山演武而归，骑马路过今天的龙潭寺地界，看见一群小孩在水潭中戏水，便也入潭中游玩，并将衣服晾于水潭旁的重阳木上。因为此事，刘禅继承皇位后，人们便把此潭称为"龙潭"，而龙潭旁的寺庙也被称为"龙潭寺"，如今寺庙"龙潭"仍在，乍一看就一洼水池，很难想象其中还有这段故事，而那棵被刘禅晾过衣服的重阳木也依然屹立在龙潭边。龙潭寺是历史悠久的皇家寺院，距今有1800年历史。龙潭寺建寺初期，称为"大庙"，仅供皇亲国戚祭拜，寺院现存的蜀国时期的"拴马桩"印证了龙潭寺曾经的"皇家印记"。

五 石板滩

石板滩位于成都东部，曾用名仁和场，因老街道用青石板铺成，故名石板滩。其西距东三环路约20公里，是从东部西进成都的咽喉。有史记载，石板滩镇始建于清代乾隆年间，距今已有二百六十多年历史，初始为柴草交易场所，随后在其石桥附近，开设二十余家店铺。乾隆三十年，在正兴街上修建南华宫，之后再建关帝庙、文昌宫等。历史上，石板滩镇还曾修建玉皇阁、观音庙、土地庙、川王庙、药王庙、水观音庙以及广东会馆和湖广会馆等。清代道光年间，石板滩镇便拥有了"东山五大场镇之首"的称谓。石板滩属于新都区管辖，曾经是新都东南的交通枢纽。因位于交通要道，历史上声名远扬。五大场镇中，龙泉驿区就占了2个（洛带、西河），而以洛带镇居其首。根据2019年第六次人口普查数据，在全区91万总人口中，洛带镇和西河镇的常住人口有八万余人。

第三节　客家名镇——甑子场（洛带古镇）

宋朝时期，灵泉县所辖三大重镇洛带、王店和小东阳，分别对应今天的洛带镇、龙泉镇、柏合镇。因很多川东的物资运往成都，东大路北支线商道逐渐发达起来，作为东大路北支线上的洛带镇成为成都东门最大的商品中转站。后来，民间谚语有"运不完的五凤溪，搬不空的镇子场（洛带），装不满的成都府"之说，意指洛带镇交易规模大，在当时为三镇之首。到清朝、民国时期，还有"成都东山五场镇之首"的称号。随着近年客家文化热潮的兴起，洛带因其保留了大量具有客家特色的街道、建筑、会馆等名胜古迹，在2005年世界客属恳亲大会后，也以"西蜀客家第一镇"的标签被世界所知。

一　洛带镇概况

据说洛带镇汉代就有了相对完整的街道，因而洛带镇可谓历史悠久，最初名"万景街"；三国时蜀汉丞相诸葛亮兴市，名"万福街"。俗名甑子场，也称镇子场，是成都东山五场（还有龙潭寺、西河场、石板滩和廖家场）之一。古镇位于成都市东部，离成都市区大约17公里，距离龙泉驿城区大约10公里，坐落在龙泉山中段山脚之下。洛带古镇地理位置优越，交通便利，是连通川渝的重要节点，它地处成渝古道上，重庆与成都两地所需的日常生活物资都要经过此镇，故洛带历来为兵家必争之地，有"东山重镇"的称谓，可见其当年的辉煌。

洛带古镇的居民大多是来自湖广地区的客家移民。清初时期，在"湖广填四川"的政策影响下，湖广地区的客家人沿着古驿道搬迁至此，使得洛带成为中国西部重要的客家人聚集村落或区域。笔者查阅了关于龙泉驿的地方文献，资料显示，洛带镇90%的居民是客家人。这些客家人大多来自福建、广州、江西等省份。同时，围绕洛带古镇，形成了客家人居住的群落，进而形成龙泉驿50万客家人的庞大规模。因此，洛带古镇具有浓厚的客家文化。该古镇也是中国西部地区目前最大、保存最完好的客家古镇，是四川客家聚集区的典型代表，也被称为"西蜀客家第一镇"。

二　洛带其名

洛带古镇的名称是成都人茶余饭后的谈资。因为洛带之名的由来充满了传奇与神话色彩。以"阿斗落带"最负盛名。三国时期，洛带镇周边有一口井，井里的一种鱼，味道鲜美，肉质鲜嫩。蜀汉后主刘禅闻讯而来，想尝尝这美味。不料，刘禅到井里捉鱼，其身上的玉带落入井中，因而后人取镇名为洛带。另一说法是洛带古老的街道蜿蜒盘曲，长一公里，远看其形状非常像一根玉带，故名"落带"，后演变为"洛带"。

从古文献、古碑文和新近考古发现及成都附近相关地名来分析，洛带是诸葛亮生产军用皮带的地方，这种说法更具有科学依据。

"洛带"的本义在《辞海》的"带钩"词条中，"带钩"是指束在腰间皮带上的钩，是我国古代一种钩状服饰用品，质地多为金属或玉，原为"胡服"所用，春秋战国时期由北方游牧民族传入中原地区，古书中称为"师比""私批""斯比"等。汉晋时仍沿用带钩，指明是郭洛带（即革带）上的铜钩。在很多描述当时穿着的文献中经常出现一句"腰束郭洛带"，其中"郭"通"革"，"郭洛带"就是"革洛带"，意为腰上系着带金属扣件的皮带，而皮带在古时是很常见的，后来就把"郭"字省掉，直接称为"洛带"。"洛带"就是带金属扣件的皮带，而且主要用于军队。

在三国时期，蜀汉政权以成都为中心，依托成都平原这一天府之国的沃野为经济后盾，凭借四川盆地四周易守难攻的崇山峻岭为天然屏障，与北方强大的魏国对峙。古训有"兵马未动而粮草先行"，诸葛亮就有几次因粮草不济而被迫撤军的经历，这让其下定决心解决经济基础和军需补给的问题，在成都及其周边因地制宜地发展各种产业。

从龙泉驿区文管所对洛带的考古发现来看，在近年很多施工工地挖掘的地沟、地基和管线埋设沟道中，发现其地层结构一律是千年以上的冲积土层（厚度十厘米至数米），下面便是泥沼黑土层，尤其是场镇北面一带广袤平坝最为明显。这种泥沼黑土层是数千年前的低湿沼泽积淀下来的腐草淤泥层，由于泥土冲积，沼泽不断垫高，从而形成一片广袤的湿草地。从利用方式上看，是宜牧不宜农的湿草地带，最宜放养牛类。诸葛亮由于作战需要大量"带钩"，必然在成都四周的原料出产地进行生产，洛带镇就是比较理想的设立军用皮带专业化加工作坊的地方。本地出土的文物中也有三国时的军用皮带带钩。而成都附近地区历来有用特产给地方命名的习惯，如生产丝绸的"锦城""锦里"，生产琉璃瓦的"琉璃场"等。洛带可能就是因成都东面生产军用皮带的地方而得名。

据乾隆本《简州志》和咸丰本《重修简州志》以及公元1927年本《简阳县志》，都一致提到洛带因"相传武侯洛带于此"而得名。关于"洛带"，目前最早见诸古文献的是唐末五代杜光庭《神仙感遇记》："牟羽宾者，成都洛带人也。"宋真宗咸平年间（998—1004年）黄休

复的《茅亭客话》有"灵池县洛带村民郝二者";北宋皇祐年间
(1049—1054 年)的《灵泉县圣母堂记》里,已称洛带为镇;北宋熙
宁七年(1074 年)侯溥所撰《灵泉县瑞应院祈雨记》有"府之邑曰灵
泉,而邑之聚曰洛带";北宋元丰年间(1078—1085 年)《元丰九域
志》明确记载成都府灵泉县辖"一十五乡,洛带、王店、小东阳三
镇"。可见"洛带"作为地名很早就有了。文献中提到的洛带始终是没
有"艹"的"洛"字,从"洛"字的写法上看,应该与"落井"无
关。洛带的含义,从记述看与诸葛亮有关,如明代柳溪的瑞应寺八景
诗就列有"寺面孔明洛带镇"一景,清代巫一峰题《镇子场十二景》
也有"洛带武侯遗迹",志书上直书"相传武侯洛带于此",不做注
解,才会出现阿斗"落带",甚至武侯"落带"的牵强解释,让人感
觉缺乏历史文化内涵。

三　街道布局

洛带古镇街道风格是清代建筑风格。整体街道结构为"一街七巷
子",街道上的四大会馆则散布于"一街七巷子"的格局之中。洛带古
镇的"一街"分为上、下两条街,总长度约 1.2 公里。"七巷"分别是
凤仪巷、江西会馆巷、柴市巷、槐树巷、马槽堰巷、糠市巷、北巷子。
洛带古镇的这种街道布局扩展了古镇的空间,行人置身其中,宛如进
入一个迷宫,加上街道上各类杂货铺林立,勾勒出幽深、淡远的意境。

从形态上来看,"一街七巷子"的结构宛如一条龙。蜿蜒流线的
"一街"代表了龙身,而错综复杂的"七巷子"横向分布于"龙身"
两侧,形如龙爪。从中可以看出,洛带人对龙的图腾崇拜。据相关资
料考证,洛带古镇的雏形也为"一字形",此时已经初步形成大街小
巷、庭园庭落的结构。同时,此时期洛带民居脱离了原始建筑的特色,
如泥土夯筑、竹木承梁、茅草封顶,等等,初步进入穿斗式木构架建

房时期，如木质的墙、梁柱、木门等全木结构，房顶的青瓦变成木墙。从洛带古镇传统建筑发展初期看，洛带人从最初的泥土混筑技术到木构架技术，斗拱的建房水平日益成熟。

四 名胜古迹

（一）客家祠堂

客家祠堂是洛带古镇富有特色的融历史、家庭、建筑为一体的名胜古迹，是洛带古镇清代建筑风格的活化石，是中国传统建筑艺术的典型代表。时至今日，在洛带古镇还保存着很多客家祠堂，如具有代表性的"巫氏大夫第"及宝胜村的"刘氏祠堂"。现今洛带古镇上的巫氏大夫第是保存最为完整的客家宗祠，它是巫氏家族入川，创业兴家的家族记忆的见证者与承载者。整个住宅呈典型的对称布局，以大门过厅、院坝、前中后三堂作为中轴线，花庭、厢房在中轴线两侧对称排列，整个住宅平面布局呈现出四横二纵形式，天井复天井、院落接院落，颇具特色的房屋采用穿斗式结构，单檐硬山式顶，以小青瓦覆盖屋顶。"巫氏大夫第"的细部处理也可以称作中国古代工艺史上的精品，木雕精美的各种撑弓、窗花、卷棚、斗拱、回廊，还有形态逼真的花鸟虫鱼，无不传达着客家人的细致与智慧。①

（二）同乡会馆

会馆是洛带镇独具特色的古典建筑。该镇会馆建筑群已于 2003 年 1 月 22 日被批准为省级文物保护单位。会馆一方面是联络乡谊，团结同乡，增强自身竞争优势的社会移民组织，另一方面也是见证移民时代人们交往的公共建筑。

---

① 王鹏、周哲、蒋玉川、张霁：《天府古镇的特色景观研究——以洛带古镇为例》，《安徽农业科学》2011 年第 39 期。

客家会馆大多形成于明清时期，因而建筑风格属典型明清建筑。各殿的建筑和陈设装饰均十分考究，精工细雕，具有极高的艺术欣赏价值。

洛带古镇的会馆建筑特色与中国传统建筑类似，它是一个建筑组合体，以庭院为中心，结构对称，一般由戏楼、木门、厢房、殿堂等组成。正殿的功能在于供奉神灵，位于中轴线末端；歌舞表演的戏楼则位于中轴线前端，其功能不同于正殿的祭祀，而在于供民娱乐。整个建筑群左右对称、错落有致，由前向后依次增高，层次感很强。院落及天井的布置注重自然生态意境的刻画，体现"天人合一"的思想。

古镇上各个会馆以省籍划分，江西会馆则称万寿宫，南华宫为广东会馆，禹王宫为湖北会馆，天后宫为福建会馆，等等。这些会馆"一是流寓在外的客籍居民创办的；二是有严格的地域划分，即本乡本土人——小自乡镇、大至省——的结合，对外籍具有排斥性；三是其内部供奉着本籍尊崇的神祇或先贤。"①

1. 广东会馆

广东会馆又名"南华宫"，是国内现存最完好、规模最宏大的会馆之一。据说是清乾隆年间由一位广东客家人兴建的，因广东客家人来自南方，所以取名"南华宫"。会馆坐西北朝东南，以示对东南故乡的眷恋之情。其中门联"系衍曹溪恩流洛水，宗传梅岭泽荫巴山"表明了此地客家人主要是来自粤东梅州，在洛水（洛带）繁衍子孙。南华宫由前、中、后三殿构成。后殿为二层楼的重檐歇山式木构建筑，屋顶以黄色的琉璃筒瓦覆盖，高拱曲起的风火墙配置两旁。整体而言，古朴庄严、气势恢宏。会馆建筑规模宏大，雕刻精美，金碧辉煌，融

---

① 王笛：《跨出封闭的世界：长江上游区域社会研究（1644—1911）》，中华书局2001年版，第559页。

汇了南粤与巴蜀建筑艺术风格的特点，堪称精品。该会馆是迄今为止四川省，乃至全国保存和维护得最好的会馆之一，是清代留存至今最为雄伟的广东会馆。该馆的风火墙建筑风格在四川也绝无仅有。①

2. 江西会馆

江西会馆位于洛带镇老街中街，清乾隆十一年（1746 年）由江西籍客家移民筹资兴建，又名"万寿宫"。此会馆相比广东会馆显得古朴典雅。会馆背向临街呈南北走势，复式四合院式，由左右厢房、院坝、前中后三殿等组成。该馆整体布局严谨，空间安排合理，分前、中、后三进，有曲径通幽的意境，雕梁画栋的回廊、屏风、戏台等建筑让人叹为观止。沿着中轴线由外而内，首先是朴素秀气的会馆大门，穿过小小的门厅，映入眼帘的是略显狭小幽暗的天井，紧邻天井的建筑第二进却是高大而明亮的敞厅，这种忽然由局促转为开阔的空间变化，给人很强的视觉冲击。穿过敞厅的小门继续向里，是一个小戏台，戏台面向后殿，三面敞厅围之，庭院空间更加开阔明亮。②

3. 湖广会馆

湖广会馆是省级文物保护单位。湖广籍移民于清乾隆十一年（1746 年）捐资修建，因供奉大禹，又称"禹王宫"。会馆坐东北朝西南，依中轴线对称排列，建筑面积 274.8 平方米，由牌坊、戏台、耳楼、中后殿和左右厢房构成。全院现存石柱联 8 幅，另存有上起乾隆二十四年下迄光绪八年这一百二十多年的石刻碑记 11 通，具有相当的历史艺术价值。馆内现有大小不等、仪态各异的观音塑像多尊，无不惟妙惟肖。戏台位于建筑群的最前端，是会馆建筑形象的代言，因此不论是造型、规模还是装饰，都是整个建筑着力最多、最突出的部位。

---

① 张海燕：《洛带水龙节——传统与现代的成功嫁接》，《消费导刊》2008 年第 16 期。
② 钟洁：《成都洛带客家建筑文化》，硕士学位论文，四川大学，2006 年。

入口处贴金装饰的门楼高大气派，与戏楼结合成一体，人经戏楼之下的门厅空间进入。两侧的耳楼均为 2 层，不似北方的传统四合院中的厢房，而是类似于廊院式。上层与戏台形成回廊，安排茶座吃茶看戏，而底层则多数开敞，也有少数封闭做仓储用。中殿屋顶为卷棚式，筒瓦屋盖，抬梁式屋架；圆形石柱础，上端雕有卧狮，下设鼓式磉礅，嵌边雕花。后殿为硬山式，青瓦屋面。东西套院，各设石砌拱门。馆内天井虽无下水道，但无论下多大雨，即使街上洪水漫涨，该天井也不会淌水漫溢，为该馆一大奇迹，相传为大禹保佑之故。清同治年间由川北籍商绅筹建，除用于每年的定期祭祀、酬神演戏、平时聚会和接待川北同乡外，它还是清末时期的一个商务平台，是晚清时四川会馆中的典范。该馆于 2001 年从成都市卧龙桥街整体原样迁建于洛带。

4. 川北会馆

古镇上还有由异地搬迁而来的川北会馆等古建筑群，但由陕西移民和山西移民合建的秦晋宫已消失无存。

川北会馆始建于清同治年间，原名三邑会馆，现由成都市卧龙桥街 48 号迁建于洛带街外，为川北旅蓉商民集资所建的聚会宴乐之所。会馆现保存有大殿和乐楼。大殿采用抬梁式屋架，单檐硬山式屋顶；乐楼俗称"万年台"，位于大殿对面，屋顶为正方形重檐歇山式。[①]

洛带古镇客家会馆的建筑风格是中华大地各地方移民建筑文化差异的表征，如广东人建造的南华宫，它的富丽堂皇是广东的富商巨贾的财气的象征。江西会馆的风格特色则彰显着江西客家人朴实敦厚的内蕴和儒雅。湖广会馆则体现了尊崇大禹的恩德和防治洪水的智慧。虽有地方文化的差异，但各会馆也有一个共同的特点，即每个会馆都有天井，都有防风火墙，等等。

---

① 张海燕：《洛带水龙节——传统与现代的成功嫁接》，《消费导刊》2008 年第 16 期。

（三）客家公园

客家公园建于公元 1928 年，最具特色和价值的是园内的"女茶社"，是过去客家妇女集中休闲品茗聊天的地方，不纳男宾。

而对于人们在那时是否已经意识到"客家"的称谓这一问题，还没有更多证据表明他们眼中的"客家"是四川"土广东"这一特指，还是"湖广填四川"移民视野下的"客家"。据对当时提倡修建客家公园的"团总"刘惠安的推测，他既是族群意义上的"广东人"，又是洛带这一五方杂处场镇的实际管理者，他要管理的人群中有客家人，有湖广人，也有来来往往的各地商贾，加之从清初到民国，经过近二百年融汇，外来移民都成了地地道道的本地人，因此，镇里建造于九十年前的"客家公园"或许是外来移民这一广义上的客家，而非文化意义上的"客家"。①

（四）土楼—博客楼

客家土楼也称福建土楼，是世界上独一无二的大型客家民居建筑，于 2008 年 6 月被正式列入《世界遗产名录》。洛带新建的土楼博物馆叫"博客楼"，除外形相似之外，与永定土楼等老旧土楼的建筑方法、功能已经完全不同了。洛带古镇的博客楼是由全国知名的土楼设计师黄汉民先生倾力打造的。面积 8600 平方米，直径 52 米，地上四层，三个门，外围水系环绕，正门前开阔的品字形广场，原生态木材结合现代工艺，精美的木作、泥塑、砖雕与现代的钢与玻璃搭配，气势非凡。土楼以客家博物馆为核心展示客家文化。一楼非遗展销中心已经开放，包括绵竹年画、蜀绣、贵州古裂蜡染、青神竹编、羌绣、泥塑、庆阳

---

① 杨明华：《人类学视野下的洛带古镇旅游》，《成都大学学报》（社会科学版）2008年第 4 期。

香包、东阳木雕等，二楼、三楼、四楼为客家文化博物馆。[①]

五　繁荣的当代建设

从 2007 年 8 月开始，龙泉驿区拉开了全面建设整治洛带古镇的工作。与此同时，还大力发展文化旅游产业，引进了就业岗位多的项目——全力启动客家民居建设，推动农民向城镇集中。龙泉驿区结合洛带镇城镇建设总体规划和土地利用总体规划，将客家民居点位确定在成洛大道以北（柏杨村七、八组），总计划用地面积 412.8 亩，可吸纳约 3000 户，一万余人。

据 2019 年成都市龙泉驿区国民经济和社会发展统计公报，2019 年龙泉驿全区接待游客 2511.35 万人次，增长 50.2%；实现旅游综合收入 122.04 亿元，增长 50.2%。全区 6 个 A 级旅游景区共接待游客约 1251.37 万人次，其中洛带古镇（含金龙长城）接待游客 696.3 万人次，桃花故里接待游客 261.8 万人次，蔚然花海接待游客 107.96 万人次，好秾人有机农庄接待游客 106.26 万人次，休闲美食文化园接待游客 29.05 万人次，国际标榜旅游区接待游客 50 万人次。[②] 由此可见，洛带镇的旅游产业具有强大的活力和发展实力，在龙泉驿区的旅游产业中有着举足轻重的地位。

---

① 董娅：《醉美洛带　古镇焕新》，《产城》2018 年第 1 期。
② 2019 年成都市龙泉驿区国民经济和社会发展统计公报，成都统计局官网，2020 年 6 月 12 日。

第六章　皇家陵寝夕阳中

　　龙泉古驿道旁的十陵镇，是明朝历代蜀王陵寝的集中分布地。这些墓葬成为我们了解古驿道文化的重要文物，也为古驿道增添了王室的尊荣与神秘。考古界一直有"北有十三陵，南有明十陵"之说。北京的十三陵名满天下，而位于成都东郊的明十陵却鲜为人知。明蜀王陵位于四川省成都市龙泉驿区十陵街道正觉山麓，以僖王陵为中心散布的10余座明代蜀府诸王及王妃墓葬，形成了一处类似北京明十三陵的著名王陵墓葬群胜迹。皇家陵墓选址和墓群布局向来注重风水，所谓陵寝以风水为重。明蜀王陵的发现，对于了解明代藩王陵寝制度、明蜀文化、建筑以及雕刻艺术等方面具有重要意义，他们在这里发生的种种故事也被保留了下来。

第一节　堪舆学上的风水宝地

　　风水术是中国古代人环境选择的学问，又称山水、堪舆、青乌等。楼庆西在《中国古建筑二十讲》一书中指出，风水"集天文学、地理学、环境学、建筑学、规划学、园林学、伦理学、预测学、人体学、美学于一体"。风水学中贯穿的一条主线，就是生态环境选择思想。历代皇家墓园的设立，可谓风水学的巅峰。

"风水说"始终强调这样一个整体环境模式，即左青龙，右白虎，前朱雀，后玄武。这一模式的理想状态就是《葬书》所说的"玄武垂头，朱雀翔舞，青龙蜿蜒，白虎驯俯"①。

明蜀王陵是明代皇帝朱元璋第十一子第一代蜀王献王朱椿之孙，蜀僖王朱友垠的家族陵墓群，分布于成都龙泉驿区十陵镇南侧的正觉山和青龙埂一带。20 世纪 70 年代在四川省成都市的十陵街道考古发现，是由以僖王陵为中心散布的 10 余座明代蜀府诸王及王妃墓葬，形成的一处规模仅次于北京十三陵的著名王陵墓葬群胜迹，距今已近 600年，属全国重点保护文物。其中，僖王陵是仿当时蜀王府（成都皇城）修建的三重院布局的地下宫殿，被国家文物局专家称为"中国古代帝王陵中最精美的地下宫殿"之一。

明蜀王在成都历十世十三王，死后分葬凤凰山、天回山等地，而以正觉山一带最为集中。皇室墓葬集中一地，自唐始至明，已形成定制。陵墓选址和墓群布局更注重风水，所谓陵寝以风水为重。蜀王府是明代大藩，建藩于成都，四川古称天府之国，蜀王府占成都平原十分之七的良田，是明代最为富足的王府之一，故历代蜀王的陵墓建筑，都极尽奢华。

十陵中现已发掘出来的僖王和昭王墓，距今已超过 560 年。其中蜀僖王陵的墓主是明蜀僖王朱友垠，墓穴坐东北朝西南（艮山坤向），朱友垠为明太祖朱元璋第十一个儿子蜀献王朱椿之嫡孙，（朱椿也是明朝第一代蜀王），生于 1409 年，永乐二十二年册封为罗江郡王，宣德七年袭蜀王位，为第三代蜀王。僖王孝友纯朴，宣德九年患风疾病驾

---

① 李玲、李俊：《从建筑选址看中国传统文化的"相地堪舆"》，《人文天下》2019 年第 2 期。

薨，享年二十六岁，在位一年零九个月。①

按照风水的说法，在选择阴宅时理想的模式要有龙、砂、穴、水四大要素。明蜀王陵墓群分北、东、西三面，由山环抱，呈"依山临湖"布局。

第二节　古驿道旁的皇家陵寝群

明蜀王陵以明代第三代蜀王僖王陵为中心，在半径 1.5 公里范围内还分布有昭王陵、怀王陵、惠王陵、成王陵、黔王陵、怀王墓、半边坟郡王墓、僖王赵妃墓、僖王继妃墓、成王次妃墓等 5 位蜀王、3 位王妃、2 位郡王共 10 座陵墓，分布在十陵街道南侧正觉山麓及山前的青龙埂等地。十陵镇因此而得名。

1996 年 12 月被国务院列为全国重点文物保护单位。此风水宝地俨然为北京十三陵的缩小版，亦为寻龙点地的活教材。墓群三面（北、东、西）由山环抱，呈"依山临湖"布局。所依之山为正觉山，海拔 534 米，为成都东部近郊最高的一座山丘，这种高度也是风水学中的父母山，可以作为后靠与龙脉结穴的好山；所临之湖为青龙湖，该湖在明朝时有近千亩，曾随历史变迁消失无踪，现经陵区及所在公园开发已恢复。

明蜀王陵一共有十座，目前仅发掘了僖王陵和昭王陵。僖王陵于 1979 年经考古发掘清理，出土了五百多件彩釉兵马俑、舞乐俑等珍贵文物。地宫全长 28 米、宽 8.96 米、高 6.59 米，仅恢复后的阶梯就达 14 米。其后殿正壁中心镶嵌的圆形镂空描金彩釉双龙盘堪称明代艺术珍品。僖王陵较永陵（五代十国时期前蜀皇帝王建之陵）而言更显雄

---

① https：//baike. baidu. com/item 明蜀王陵 3771989？fr = alcdin.

伟，较北京十三陵而言更为精美。另在昭王陵中，一对仿明太祖朱元璋之人头龙亦为全国之绝。

十陵中现已发掘了明蜀僖王陵、明蜀昭王陵。成王陵、怀王陵、惠王陵虽已发掘，但暂未对外开放。

一 僖王陵

蜀僖王陵的墓主是明蜀僖王朱友埛，墓穴坐东北向西南（艮山坤向），朱友埛为明太祖朱元璋第十一个儿子蜀献王朱椿之嫡孙。蜀僖王陵地面建筑被毁，已难考证其原貌，但其地宫建筑保存完整。其地宫为三进三重殿四合院布局，由墓口入内依次为大门、前庭、前殿、中庭、正殿、后庭、后殿、棺室。僖王陵仿成都明皇城结构修建，陵墓结构严谨，修饰精美。沿台阶而下，便是深埋地下九米的地宫。地宫门高大雄伟，帝王之气彰显无余。地宫精美华丽，极尽豪奢，其平面呈三进三重殿四合院布局，门、窗、柱等皆用石仿木做楼空雕刻，整座墓室俨然墓主生时所处的王宫。1979 年因兴建石灵中学（现十陵初级中学）无意中挖到地宫，起初因灌水却不知水流往何处且凭空消失，后来才发现地宫陵寝，同年经考古发掘清理，出土了五百多件彩釉兵马俑、舞乐俑等珍贵文物。

二 昭王陵

蜀昭王陵是昭王和他的正妃的合葬墓。昭王陵整座墓室是按蜀王府的地面宫殿木结构建筑修建的。这对于了解明代藩王陵寝制度以及建筑、雕刻艺术等方面，具有重要意义。

蜀昭王陵原址在今成都东郊龙泉驿区洪河镇白鹤村与十陵镇千弓村邻界之处。墓向 190°（南偏东），地宫后（北）面尚存坟冢，残高约 5 米，底部残径 22 米左右。

1990 年，因成渝高速公路建设，经国家文物局批准，对昭王陵实施考古发掘，并拆迁地宫于僖王陵侧复建保护。昭王陵的考古发掘工作，自 1991 年 3 月开始，至 6 月完成。

昭王陵地宫，为砖砌筒拱券，五券五木伏，总厚 1.40 米。拱券内空进深约 22 米、净空宽不足 6 米，两边蹬墙及后墙厚 2 米左右。拱券外面，也跟僖王陵一样，自前至后横砌四道砖肋，用以箍固各段拱券和蹬墙。地宫墓坑宽近 13 米，总长（包括地宫前面的八字墙和墓道）约 41 米。入墓依次为墓门前殿、前庭、中庭门殿、中庭，然后是横排并列的左（东）、右（西）甬道门殿与平行的左、右甬道，同样横排并列的左、右棺室门殿与平行并列的左、右棺室，横排并列的两座后壁殿。各庭室甬道，两边都有厢房，形似六组四合院。各座殿屋及厢房，全为石结构仿木建筑，石雕筒瓦单檐庑殿式和硬山式大屋顶，勾头滴水或镌龙纹、或镌凤纹、或镌五瓣梅花图案。

三　怀王陵

定王子怀王朱申鈘继位第六任蜀王，任蜀王时间为 1463—1471 年。蜀怀王墓在华阳县东 20 里东景山。

四　惠王陵

怀王弟惠王朱申凿继位第七任蜀王，任蜀王时间为 1471—1493 年。蜀惠王墓在华阳县东北 30 里芳山（即今龙泉驿区洪河）。

五　成王陵

昭王子成王让栩继位第九任蜀王，任蜀王时间为 1508—1547 年。成王陵是明蜀王陵中规模最宏大的一座陵墓，位于东风渠西岸青龙埂，陵园坐西朝东，南北宽度 140 米，东西长度约 490 米。

第三节　底蕴深厚的明蜀王府文化及轶事

藩王"一直被多数著者视为'漆制鎏金牢狱'中的囚犯"①，这实际是一种误解。明蜀王作为皇室成员，在享受荣华富贵的同时，还要做很多文化上的事，或隐或显地传达自己的意志，以彰显朝廷实力。②蜀府除四门和主殿由朝廷统一命名外，皇宫园林各建筑则蕴含其主人——历代蜀王苦心孤诣的执政意图。现在传世的《明蜀王文集》一共五部，版本和内容梗概详见《明蜀王文集考——兼论从日本新发现的四部与国内仅存的一部》③。记录蜀府最多、最集中的是惠王朱申凿（1458—1493 年）的《惠园睿制集》，其他四部仅少量提及。而《惠园睿制集》的系统记录也体现了王府建筑的深厚文化内涵。除此之外，本节还将叙述明蜀轶事和明蜀王府轶事，使读者对成都的明蜀王府有一个大致的了解。

一　丰富的明蜀王府文化

明朝蜀藩王是明代唯一独居一省的宗藩。首任蜀献王朱椿是明太祖 26 子当中唯一历太祖、惠帝、成祖三朝仍安然无恙的亲王。历任蜀王不仅创造了丰富的"皇家文集"（以明蜀献王朱椿、明蜀怀王朱申鈘、明蜀惠王朱申凿等为代表），而且还创造了别具一格的明代地方藩王"皇家建筑文化"。

---

① ［英］柯律格著，黄晓鹃译：《藩屏·明代中国的皇家艺术与权力》，河南大学出版社 2016 年版，第 4 页。

② 胡开全：《壮丽以示威仪——明蜀王府建筑群的文化内涵》，《文史杂志》2018 年第 2 期。

③ 胡开全、李思成：《明蜀王文集考——兼论从日本新发现的四部与国内仅存的一部》，《文史杂志》2017 年第 3 期。

（一）丰富多彩的明蜀王文集

明蜀王在明朝各藩王中是最重视文化教育的地方藩王，这使明蜀王府充满了含蓄蕴藉的书香之气，琴棋书画，作诗弄词，舞文弄墨，是历代蜀王的兴趣与爱好。在这一传统影响下，创造了明蜀王丰富多彩的文学，其中最有特色的就是明蜀王文集，如由献王《献园睿制集》、明蜀定王《定园睿制集》、明蜀怀王《怀园睿制集》、蜀惠王朱申凿《惠园睿制集》、明蜀成王朱让栩《长春竞辰稿》构成的明蜀王的五部文集。限于篇幅，在此简略介绍一下明蜀献王的《献园睿制集》的情况。《献园睿制集》内容丰富、体裁多样，一共有17卷，包括辞令、诗赋、书信、赞、表笺、祝文、祭文、记、引、跋、赋、铭等。《献王睿制集》是蜀王文集中最丰富的一部，全景式地展示了明朝第一代蜀王的生活和苦心经营自己分封之国的状态。龙泉驿区地方文化学者胡开全对明蜀王文集已经展开过细致丰富的研究，想了解明蜀王文集更丰富的史料信息可查阅胡开全《明蜀王文集考——兼论从日本新发现的四部与国内仅存的一部》一文。①

（二）独特的建筑文化

明蜀王府建筑彰显了明蜀王府文化别具一格的特色，其中明王府建筑不仅仅是历代蜀王处理政务或起居的功能建筑，还是明蜀藩王统治阶层意志的具象化表征。因此，明蜀藩王建筑文化具有重要的历史文化研究价值。

1. 《惠园睿制集》系统记王府建筑的文化内涵

第七任惠王朱申凿是明蜀王中三代贤王之一，其撰写的"《惠园睿

---

① 胡开全、李思成：《明蜀王文集考——兼论从日本新发现的四部与国内仅存的一部》，《文史杂志》2017年第3期。

制集》的一大特点，是惠王对自己约束很多，并潜移默化地影响后人"①。明蜀惠王寿命不长，只活了 35 岁，但在位的 21 年（1472—1493 年），有意识地对王府建筑，特别是后宫园林建筑中的亭台楼阁进行了文化梳理，给每幢建筑赋予其文化内涵。有学者统计，《惠园睿制集》② 共记录蜀府的殿堂 94 间、房（屋）29 间（处）、精舍 9 处、庵 7 处、楼（阁）14 座、斋 48 处、丹房 2 处、轩 143 处、亭 52 座，共 398 间（处）。除去少量重复以及一栋建筑多个名字者，还有一些可能是王府之外的，初步判断惠王笔下共描述的蜀府建筑约占王宫所有建筑的二分之一。除外府办公的大殿和祭坛外，他应该是有意识地涵盖了蜀王日常在王府里的所有活动区域，以对后来的蜀王起教育熏陶作用，对今人认识和理解明蜀王府建筑种类以及建筑文化内涵亦作用巨大。③

明蜀王府建筑的名称让人睹名思义。第七任惠王朱申凿（1458—1493 年）是明蜀王三代贤王之一，他有意识地对王宫建筑，特别是后宫建筑中的亭台楼阁进行了文化梳理，为每幢建筑命名并赋五言、七言诗，给其注入文化内涵，后世昭王将之收录，形成五部《明蜀王文集》中字数最多的《惠园睿制集》。下面所列建筑物的名称，就达到明太祖朱元璋所倡导的"睹名思义"之效果。

王宫内除去日常办公的大殿，如承运殿、存心殿外，还有很多小一点的殿堂 94 间，按在文集中出现的先后顺序（下同），名称分别为怀忠堂、崇节堂、葵阳堂、草堂、德寿堂、德政堂、醉经堂、草心堂、

① 胡开全：《少城一曲浣花溪——明蜀王文集中明代成都的初步印象》，《成都大学学报》（社会科学版）2017 年第 4 期。
② （明）朱申凿：《惠园睿制集》卷二。后面所引惠王所作，全部出于此书，不再一一说明。
③ 胡开全：《壮丽以示威仪——明蜀王府建筑群的文化内涵》，《文史杂志》2018 年第 2 期。

绣堂、贞烈堂、一心堂、同爱堂、宝贞堂、厚本堂、复初堂、安止堂、葵忠堂、德星堂、孝友堂、悦亲堂、友爱堂、中正堂、思亲堂、雪堂、勤政堂、忠义堂、永思堂、思慕堂、终慕堂、双寿堂、思本堂、忠节堂、具庆堂、镜堂、永思堂、光霁堂、忠孝堂、思亲堂、同爱堂、慈亲堂、清庆堂、安老堂、寿亲堂、乐全堂、椿谖堂、忠本堂、恩养堂、思慕堂、义和堂、慈节堂、瑞竹堂、思善堂、荣养堂、梦萱堂、养志堂、敬友堂、乐庆堂、世勋堂、侍谖堂、奉亲堂、奉萱堂、爱日堂、同心堂、月堂、存忠堂、全节堂、春晖堂、一乐堂、慈训堂、翕和堂、槐忠堂、归老堂、梦椿堂、世德堂、椿桂堂、为善堂、雪月堂、春融堂、敬爱堂、思孝堂、知止堂、时思堂、世羡堂、留耕堂、蕡葡堂、思政堂、冰玉堂、庆老堂、阅古堂、康寿堂、怀德堂、师古堂、孝友堂、中和堂。比斋更大，比殿更小的是房和屋共 29 间（处），如泉石山房、石田山房、萝月山房、白云寮等。

虽然蜀王们通常喜欢吟诗作画、呼朋唤友，但也有想安静独处的时候，于是在王宫僻静处还特意修建了一些清静雅洁的精舍 9 处，各处名称为林泉精舍、云溪精舍、翠屏精舍、水云精舍、松林精舍、碧云精舍、鸶峰精舍、菊松精舍、竹茅精舍。王宫也不全是金碧辉煌，还有一些很质朴的圆顶草屋，如默庵、啖蔗庵、竹石庵、拙庵、卧云庵、芷庵、云鹤庵。①

王宫里的标志性建筑，除了中轴线上的大殿和大门，还有一些楼阁，高低错落有致，以方便主人移步异景，甚至能够眺望城墙以外，而不产生厌倦之心。14 座楼（阁）的名称：御书楼、云山楼、西雪楼、卧云楼、环翠楼、水月楼、来青楼、胜景楼、山雨楼、江声月色楼、西楼、藏书阁、秋声阁、溪云阁。

---

① 胡开全：《壮丽以示威仪——明蜀王府建筑群的文化内涵》，《文史杂志》2018 年第 2 期。

另外，明蜀王宫中小书斋也很多，据初步统计，高达48处，如静虚斋、率性斋、尚德斋、守一斋、谦牧斋等。王府中还有2处名为菊泉丹房、紫芝丹室的炼丹房。

蜀王们为了在王宫内行动方便，建有许多风雨走廊，此类建筑多以轩命名，高达143个，如兰云轩、梅雪轩、松雪轩、耕读轩、鉴清轩、浴沂轩、宾鹤轩、松桧轩、葵阳轩、竹轩、积翠轩、桂轩、雪意轩、得月轩、友梅轩、古梅轩、松筠轩、梧凤轩、怡云轩、挹秀轩、海月轩、双峰轩、琴松轩、葵轩、梧竹轩、芝兰轩、宾月轩、松月轩、乐寿轩、求益轩、存本轩、觐日轩、橘雪轩、扩趣轩、爱菊轩、菊泉轩、玩易轩、凝清轩、朝阳轩、翠微轩、怡情轩、幽远轩、卧雪轩、听松轩、梅月轩、芦月轩、观澜轩、泉橘轩、友竹轩、乐琴轩、秋月轩、翠景轩、存省轩、远景轩、听雪轩、借竹轩、坚清轩、素轩、竹松轩、愚轩、耕乐轩、友鹤轩、清白轩、野轩、友菊轩、双清轩、静轩、云寓轩、遯耕轩、双桂轩、独松轩、映雪轩、秋素轩、涵清轩、静乐轩、澹然轩、耕读轩、散木轩、篷轩、退逸轩、文会轩、琴月轩、友松轩、南轩、兰菊轩、水壹轩、安静轩、友琴轩、求仁斋、松清轩、秋容轩、守泉轩等，诸如此类。

明蜀王宫中还有各类山山水水，配置以亭台阁楼，形成蜀王府精致的园林环境。其中亭楼也是蜀王府一道特别的建筑风景，如竹鹤亭、梅雪亭、来风亭、池草亭、松亭等。

2. 明蜀王府建筑名称和诗文是蜀王意志的体现

纵观《惠园睿制集》的记录，初步感受到王府前宫有礼制，后宫是蜀王可以自由发挥的部分，其中堂是建筑的主体，最能体现蜀府主人的意志，总体上是树立忠孝为本、理学为根的思想，行动上的核心是勤政，并辅以针对不同职位的不同建筑。尤为难得是其身处宫廷，却存"耕读"之心，显示出蜀王抓住了农业社会国民经济的根本所在。

之后是各种读书的处所，最后才是各种礼法范围内的消遣性建筑。这表达了王府主人的意志，是外人所难以想象的，也迥异于世俗的小说推理。下面择其扼要简述如下，将来还待有志之士继续深入研究。

在王府中轴线上除承运殿、圜殿、存心殿等核心建筑外，后宫还有一些核心的殿堂体现了忠孝为本、忠孝为藩的精神。明成祖曾赐献王书曰："惟贤弟抱明达之资，敦忠孝之义，处事循理，秉心有诚，稽古博文，好学不倦，东平、河间无过也。"① 这让献王之后的蜀王皆提倡以古代贤王东平为榜样，在《为善堂》诗作里有"东平为善非常乐，善足应知降百祥"。而展示和提倡孝道的场所，则加入了真切细致的情感，如怀念先辈的《思亲堂》中有"悠悠独系思，膝下久相违，仿佛闻言笑，依稀见表仪"。在《思慕堂》里有"仪容常在羹墙见，声咳如从旦夕闻。孝养久违情不尽，终天抱恨未能伸"。而赡养长辈的《奉萱堂》则有"承颜供玉馔，适意捧霞觞。戏彩春风里，怡愉乐未央"。总体上用怀念和行动来提倡忠孝为本的家风，这里面的代表建筑是"思本堂"。

在这个体系中，偶尔也有女性角色闪光的建筑，如"慈训堂"。惠王就有怀念母亲教育的诗作，这同时也对后世王妃提出了要求。如《慈训堂》中的"训教庭闱荷母慈，去令亲友与隆师。"

五部《明蜀王文集》收录了许多关于理学、朱熹、宋濂的诗文，以惠王为代表的蜀王们常常在诗作里将理学视为乐事。而建筑上，则用《寻乐斋》中的"周程心以道相传，寻乐工夫不尽言……私情净尽炉融雪，天理流行水在川"，来显示蜀府文化的核心所在；再用《心乐斋》中的"揩磨只欲同明鉴，消化何妨若死灰。陋巷清风播千古，性成贤圣许同归"，来显示求成贤圣之心。当然，这些都不是天然形成

---

① （明）《太宗实录》卷四十二，永乐三年五月壬戌条。

的，而是通过蜀王们认真在"静学斋"研读所获得的。

明太祖时常告诫诸王为政之道："身勤政事，心存生民，所以保守天下。"① 要保持这种学习状态，一是靠蜀王的自觉，二是靠朝廷的必要管理和考核，这始终是紧绷在蜀王头上的弦。于是还有专门的"勤政堂"，"多士皆知学，三农尽力田。明年应考绩，补内看乔迁"的诗文即表达了蜀王的职责。而"思政堂"则是展现蜀王执政的理念和工作的状态："勤政字字有所思，东方向曙早朝时。"

蜀王在成都要代表朝廷演礼，包括地方官员定期朝觐，蜀王出面祭拜山川社稷坛、江渎庙，亲自躬耕等。"耕乐轩"是记录躬耕之事的，"郭外躬耕二顷田，藜羹豆粥乐无边。犁锄播种当春雨，蓑笠耘耔带晚烟"。而"耕读轩"则是一种耕读情怀，"南亩日躬耕，西窗暮读经。一犁常用力，数卷足怡情"。

房（屋）主要是用来放书和读书之所，其中"松云书屋"是从献王时期的"松云轩"发展而来，多首诗都显示王府藏书多，生态环境好，同时名声在外。清人彭遵泗称："藏书之富，敝乡之成都，莫比蜀府。成王喜读书，宫中为石楼数十间，藏书数亿万卷，日抄写者数百人。"②《槐荫书舍》中的"槐要盘固近儒林，经史堆窗日讨寻……一理贯通千古事，此时方得圣贤心"，展示了读书明理的重要性。而"云林书屋"是展示蜀王读书抱负的好地方："低低书屋傍云林，林下观书俗不侵。"

精舍大都是与佛教有关的建筑，在蜀府中并不多见，但有一处名为"鹫峰"的精舍，"止水性空因了道，冷灰心定绝无玄"，是展现明蜀王钻研佛理悟空的建筑。

---

① （明）朱元璋：《皇明宝训》卷二《教太子诸王》，载张德信、毛佩奇主编《洪武御制全书》，黄山书社 1995 年版，第 456 页。

② （清）彭遵泗：《蜀故》卷十八《蜀府藏书》，清乾隆刻，补修本，第 52 页。

王府中的楼似乎主要用于赏景，困于王府内的蜀王，也时常想眺望一下城墙以外的世界，以放松心情。成都传统上高楼能望到的极限，据《方舆胜览》所记也仅仅是"西眺雪岭、东望长松"，日常所及，还要更近些。《环翠楼》所记，怀疑所望之山为成都东郊的龙泉山，则环翠楼应该在蜀府东侧的长春苑。

综上所述，王府的建筑，透露着蜀王体系化的治国理念。蜀王本身虽然没有实际执政，但从其建筑看，对成都和西南的文化裨益是不言而喻的。

3. 王府建筑文化中蕴藏的"惠王家法"

由于蜀府地处西南，修建之初就有以壮丽的建筑群向世人、向边疆外族展示威仪的目的。明蜀王府雄壮威武还只是其表面，建筑物的内涵更具文化礼仪之功效。虽然外人很少得见后宫之景，但从王府中传出的睿旨纶音、只言片语以及刊刻发行的书籍，无不让当时的人们感受到王府文化的深厚。惠王所作蜀府家法总结的《家道》卷十，里面引用南宋后期著名理学家真德秀的论断，显示蜀府的理学传承，还有很多更为细致的规定。《家道》："人知所以治家者，必在乎身。身既正，而后家可齐，推之天下，无不治矣。"

综上所述，不难看出，明蜀惠王是继"献王家法"之后，对被"削权"后蜀王一系的发展，高瞻远瞩地制定了一系列规矩，从而形成自己的"惠王家法"。这个提法虽然不见于史籍记载，但其意图是明显的，从之后杨升庵在《祭蜀王文》中所说的"藩屏之良……天下称首"以及明朝皇帝多次褒奖蜀中多贤王来看，其成效也是比较显著的。

牛津大学教授柯律格是西方研究明代历史的知名学者，他曾说："藩王们本身就是以帝国中心为本，作为帝国血脉的复制品，通过文本和图像来接收和传递皇家的权力。"明蜀王有意无意地把齐家治国的文化理念融入王府建筑，体现了地方藩王拱卫中央的权力意志，为国家做出贡献，从而在成都和西南地区达到"京城千里，皇恩咫尺"的效果，为完成国家大一统以及地方和平稳定做出自己的贡献。这是明代蜀藩王一直受到褒扬的根本原因，也是其相对以前和其他藩王的创新之处。在封建时代，蜀府有这种意识十分难得。①

二　明驿故事

在历代明蜀藩王府产生了众多民间流传或史料记载的轶事。这些轶事反映了明代蜀王与百姓的关系，体现了历代蜀王的治国之道，同时也表现了明代尖锐的社会矛盾，具有重要的史料价值。特别是涉及驿站的两则，更是与我们的古驿道主题密切相关。

（一）驿神圣不可侵犯

朱元璋的女婿，通过官邮捎了几袋榛子，被朱元璋勒令如数补上私用驿夫的银两；另一个女婿利用官驿走私茶叶，竟被岳父大人赐死。为了驿站，皇帝可以毁掉女儿的幸福。陆仲亨以侯爵之尊，与唐胜宗擅乘驿车被削爵，罚往雁门缉盗。明初，驿是神圣不可侵犯的，只有很少的军务和钦差人员可以使用驿传系统。

到了明末，驿的管理出了问题。过客需要使用公家的驿传系统，享受驿道待遇是需要朝廷开具马牌（又名关）的。明代后期，马牌管理失控，不仅可借，还可卖，这就出现了大问题。

光是维持驿站机制的正常运转和接待侍候络绎不绝的过往官员、驿使以及不明身份的持牌者，就弄得俸禄极低的沿线当地官员和驿吏捉襟见肘、苦不堪言、官不聊生。接待的内容除了吃、住、夫役和换

---

① 胡开全：《壮丽以示威仪——明蜀王府建筑群的文化内涵》，《文史杂志》2018 年第 2 期。

马，甚至还有上路的盘缠以及为保仕途顺遂而咬牙实施的打赌式的忍痛打点。

海瑞在淳安当知县时，总督胡宗宪的公子及随从路经淳安，穷酸的驿吏招待得没能让公子满意，公子一气之下便把驿吏绑了，头朝下吊了起来。海瑞因此在《督抚条约》中感叹："州县理民事，驿丞管过客，祖宗制也。阿谀作俑，流弊至今，县官真做了一个驿丞，知府之身亦当驿丞之半，殊失初制。"

（二）驿的衰落

当官的不堪自己受苦，又把这苦转移到了民身上。万历年间的《四川总志》里记载了这么一个故事。时任巡抚都御史的罗瑶在上报的一折文书上签批道，多年来上边该拨未拨给简州所属驿站的纹银已近千两，而布政司新近又查出龙泉驿私设了一种叫"碾课银"（按加工米的碾子收税，这种私设税在成都府地盘正大光明地存在）的税种，请示是否要查处，以宽民心。结果心知肚明的上边答复说："某项照旧，不必拘泥成议，惟求官民两便，上下称安，永久可守。"本无公权的徐霞客当年就是凭地方官赠送他的一块马牌，沿驿道在广西游历时，呼役唤轿，狐假虎威了一把。

据《大明会典》记载，当时四川驿站数量达 144 处，是全国驿站最多的省份。

面对驿的失控，崇祯气坏了，忍无可忍，一下裁减驿站三分之一。这样一来，众多驿卒下岗了，其中一位就是李自成。李自成不堪被下岗，于是就揭竿而起了。

三　明蜀王府轶事

（一）献王平叛

蜀献王朱椿，明太祖朱元璋的第十一个儿子，洪武十一年（1378

年）被册封为蜀王，洪武十八年（1385 年）奉命驻扎陕西凤阳县，洪武二十三年（1390 年）到成都正式做藩王。他孝顺父母，对兄弟友爱，博通典籍，举止娴雅，皇帝称之为"蜀秀才"。

他到成都后，聘请大文人方孝孺来做其接班人的老师，并将方孝孺的家题额为"正学"，以此来教化四川人。一次他到郡国的最高学府去讲学，得知学校的各位博士老师生活贫困，就下令从自己的俸禄中拿出些粮食、食物赠送老师们，每月一石，后来这成为蜀王府的定制。他听说前长史陈南宾年老行动不便，就专门造了个舒适的小车送给他。又听说义乌的王绅很有才华，便礼聘来川，待为上宾。王绅要去云南奔父丧并带回遗骸，献王给其提供了大量的资金。

当时各个藩王都在为守边而训练士卒，朱椿却单独以礼教守护西南边陲。后来少数民族想攻打成都，已经烧了黑崖关。朱椿将此事奏请朝廷，朝廷派遣都指挥瞿能随凉国公蓝玉（朱椿的岳父）率领部队出大渡河拦击他们。朱椿分析了前代两川的战乱，都是因内地叛乱的人相互勾结而导致的祸患；还有就是有关部门私自买卖少数民族的货物，有的还趁机敲诈勒索而引起争端。他请求朝廷将蜀锦和川扇作为蜀中藩王府的常贡，其余的都免掉。朝廷答应了这项请求，四川老百姓的负担一下子减轻了许多，从此安居乐业，日益殷富。四川在明朝两百年之中没有发生什么兵乱，都得力于朱椿的努力。①

（二）蜀王殉国

明蜀王自朱椿以下共经四代人七个王，约一百五十年，都很注重自我约束并遵守礼法，且好学能文。明孝宗常称赞蜀中多贤王，并举献王创立的家庭规范为其他诸王学习的宗族典范。朱让栩尤其贤明，

---

① 中共成都市龙泉驿区委党史研究室：《今古龙泉驿》，成都时代出版社 2016 年版，第 94—95 页。

他喜欢儒雅，不迷恋声乐歌伎，还创办义学，兴修水利，振灾抚恤荒民。

嘉靖十五年（1536 年），巡抚都御史吴山、巡按御史金粲将他的事迹报告给皇帝。皇帝下诏予以嘉奖，并赐"忠孝贤良"四个大字于其牌坊上。嘉靖二十年（1541 年）皇帝要建太庙，蜀成王捐献黄金六十斤，白银六百斤，皇帝赐玉带币帛作为酬谢。

嘉靖二十六年（1547 年）成王过世，之后又传六个蜀王。万历四十三年（1615 年），蜀成王朱让栩第三代子孙朱至澍继位。崇祯末年，京师沦陷。不久张献忠攻陷成都，蜀王全家被害，朱至澍率领妃妾投井自杀。

第七章 名人望族临大道

龙泉驿区历史悠久、人杰地灵。数千年来，古驿道诞生了众多著名的历史人物。这些灿若星辰的文人武将在各个历史时期留下了闪光的足迹。他们用勤劳和智慧繁荣了龙泉驿的地方文化，同时也推动了当代龙泉驿旅游经济的发展，为成都文化繁荣发展做出了巨大贡献。

第一节 名人

在漫长的历史进程中，龙泉驿区俊贤辈出，涌现出众多的政治家、文学家、思想家和军事家。如隋末唐初著名隐士朱桃椎、三朝宰相段文昌、著名教育家冯元勋、历史语言学家和校雠名家王叔岷等。真可谓灿若星辰，艳若桃李。彬彬之盛，古今称道。

一 朱桃椎

朱桃椎号朱真人、妙通真人，龙泉驿白女毛村人（今龙泉驿区龙泉街道滨河花园社区），隋末唐初著名隐士。《大唐新语》和《新唐书》的隐逸传都将其列为唐朝隐士的第二位。他有名篇《茅茨赋》传世，事迹在唐、宋、明、清直至民国历代传颂，曾一度达到四川全境

"家有其像，邑有其祠"的地步。

其生卒年代，据南宋名臣王刚中考证，"盖生于周隋之间，历武德贞观，得道仙去，莫知所终"，即大约出生于北周（557—581 年）末年至隋朝（581—618 年）初年之间，主要活动在唐初武德至贞观（627—649 年）年间。

对于他的身份，唐朝地方志《灵池县图经》中界定其为"隐士"，并尊称其为"朱公"，记载有："乡邑祈请焚香祷祝者，颇有灵应。自非得道证品，孰能与于此。"

五代时期编著的《旧唐书》中，他被称为"居士"，意为有德才而隐居不仕的人。宋代编著的《新唐书》中，高士廉称其为"祭酒"（造诣高深的道士）。《新唐书》和《大唐新语》的隐逸传都将其列为 25 位隐士的第二位，称为唐朝隐逸"两蜀钟秀"。宋代曹勋撰《松隐集》中有一首《朱真人赞》："灵泉真人，两蜀钟秀。马溪道成，《茅茨赋》就。历正救物，不迹不有。为师之师，再拜稽首。"

在道教方面，元代浮云山圣寿万年宫道士赵道一撰《历世真仙体道通鉴》卷四十三，称朱桃椎"得道证果，不乐飞升，混迹樵牧，往来城市山林间，以救世度人为念"。近代冷立、范力编著《中国神仙大全》时也为其单独列传，将其归入神仙类。后来随着各种灵异故事的出现，他被传得神乎其神，宋徽宗在崇宁五年（1106 年）赐予其"真人"的封号。重和元年（1118 年），朝廷又下诏为朱真人祠赐名"安静观"。

在医术布气方面，南宋范应元，承皇甫坦所传的唐初朱桃椎真人关于修身养性的说法，且尊其为修炼内丹和辟谷（控制食量）的祖师，一直到现在。

朱桃椎隐居的地点，从《旧唐书》称其为"蜀人"、《新唐书》称其为"成都人"可知就在蜀中。具体到区县级行政区，应该是现在的成都市龙泉驿区。雍正七年版《四川通志》第二十六卷"古迹—成都府简州"条目下有"朱桃椎故里，在州西灵泉故县东一里，今为安静院"。综合而言，现在龙泉驿区第一人民医院儿科楼附近最为符合朱桃椎隐居之地。清代末期和民国时期此处已改为金轮寺，寺内最后一殿仍塑有朱桃椎的塑像，寺外的大黄桷树（今仍存）旁还醒目地立有"朱真人故里"的石碑。这说明清代和民国时期民间都认可其为龙泉驿人的身份。

朱桃椎归隐初期，靠织卖草鞋为生，他卖草鞋时，常将织好的草鞋放在路边，当地人都知道是朱桃椎所织，他们便将米、茶叶等生活必需品放在原处，然后取走草鞋，完全随人自取，财物的得失多寡，他完全不放在心上。据《旧唐书》载，"每为芒履置之于路，人见之者曰：朱居士之履也。为鬻取米，置于本处，桃椎至夕而取之，终不与人相见"。

朱桃椎隐居前是饱学之士，许多好学之士也与他交往，他也常发表高见，这使其声名远扬。唐代窦轨为益州长官时，听说他的事迹后，便派人将他请来，询问他的生活状况，送给他鹿皮头巾、麂靴等高档物品，礼请其出任乡里的里正（相当于现在的乡长）。朱桃椎坚决不从，将赠送的物品弃之于地，逃入山中坚持修道。

他也曾主动出门找人，但却是劝人不当官，改做隐士。初唐四大书法家之一的薛稷出任彭山县令时，朱桃椎听说其苦苦追求仕途，专门为此作了畅谈隐逸之乐的《茅茨赋》送给他。① 下面是《茅茨赋》原文及译文。

　　若夫虚寂之士，不以世务为荣。隐遁之流，乃以闲居为乐。
　　故孔子达士仍遭桀溺之讥，叔夜高人乃被孙登之笑。况复寻山玩

---

① 中共成都市龙泉驿区委党史研究室：《今古龙泉驿》，成都时代出版社2016年版，第39页。

水，散志娱神，隐卧茅茨之间，志想青云之外。逸世上之无为，亦处物之高致。

若乃睹余庵室，终诸陋质。野外孤标，山旁迥出，壁则崩剥而通风，檐则摧颓而写日。是故闲居晚思，景媚青春，逃斯涧谷，委此心神。削野藜而作杖，卷竹叶而为巾。不以声名为贵，不以珠玉为珍。风前引啸，月下高眠。庭惟三径，琴置一弦。散诞池台之上，逍遥岩谷之间。逍遥兮无所托，志意兮还自乐。枕明月而弹琴，对清风而缓酌。望岭上之青松，听云间之白鹤。用山水而为心，玩琴书而取乐。谷里偏觉鸟声高，鸟声高韵尽相调。见许毛衣真乱锦，听渠声韵宛如歌。调弦乍缓急，向我茅茨集。时逢双燕来，屡值游蜂入。冰开绿水更应流，草长阶前还复湿。吾意不欲世人交，我意不欲功名立。功名立也不须高，总知世事尽徒劳。未会昔时三个士，无故将身殒二桃。

译文：我这种追求空虚寂静的人，不会以忙于尘世俗务为荣。归隐遁迹的人，是以清闲生活为乐的。以前像孔子这样的名人在问路时仍然遭到像桀溺之类的隐士的讥讽，嵇康这种高人还会被隐士孙登嘲笑。何不去游山玩水，放弃俗世的志向而使自己心神愉悦呢？隐卧于陋室之中，遥想于青云之外。对世间抱着逃逸和无为的心态，也是一种高雅的情致和格调。

再回头看我所居住的房子，总的来说是一处野外的陋室，孤单地立在龙泉山脚延伸出来的地方。墙壁已开始崩剥而能通风，屋檐已被风吹得光秃秃的，且有破洞，阳光能直接透射进来，这些都是年久失修所致。但在这里悠闲地住着，晚上积极地思考些问题，因为景色是如此妩媚且具有青春活力。我逃避到这个河谷来，就是想寄托这种心神。随意地削根野藜来作为拐杖，卷起竹叶来作为头巾。不去追求什么声名和财富，只在风前引颈长啸，卧在月光下高枕无忧。

这就是我这个隐者的家园，琴上也只有一根弦了，随意地放在池台之上，自由自在地生活在岩谷之间。无所牵挂，自得其乐。在明月下弹琴，伴着清风品酒。望着岭上的青松，听着云中的鹤鸣，将身心融入山水之中，从弹琴看书中寻求乐趣。河谷里能听见许多鸟声，声调和韵律都很高亢协调。见到少许的毛料衣物就如见锦衣一样让人眼花缭乱，反倒是河渠的声韵听起来像歌一样舒服。我也跟着或缓或急地弹着琴，让这些美妙的声音都向我的茅草屋汇集。这时燕子双双而来，游蜂也群群而聚。河里冰雪融化，绿水长流，阶前小草长出，青翠欲滴。

我的本意是不想与世人交往。更不想立什么功名。就是立了功名也不要太高，因为我知道这些世事到头总是徒劳。难道忘了春秋时期齐国公孙接、田开疆、古冶子那三个立了大功的勇士，因争吃两个桃子纷纷自杀身亡，无故殒命的故事吗？

当薛稷结束任期回京城时，专程到朱桃椎的住处拜谒他时，可惜已找不到他了。薛稷到乡里寻访，乡里人说朱桃椎有时出来，有时静居，有时隐藏起来，有时又会现身，显然已是修道有所成就了。薛稷便在其居所的石壁上题下"先生知足，离居盘桓。口无二价，日惟一餐。筑土为室，卷叶为冠。斫轮之妙，齐扁同观"的赞叹之词而返。

唐朝初年，名臣高士廉任益州大都督府长史期间，曾备礼亲自来请朱桃椎，并降低身份与其交谈，岂料朱桃椎竟不说一个字，只是瞪着高士廉看了一会儿，便转身离去。高士廉领会了朱桃椎想表达的意思，对他拜谢道："祭酒其使我以无事治蜀耶！"从此高士廉在为政方面"简条目，薄赋敛"，果然益州大治。高士廉每每谈到朱桃椎都大加赞扬，称他为奇士异人。随后，高士廉又多次遣使看望他，然而每次见到使者，他均躲入林中，有意避开世间之事以专心修道。蜀人都以朱桃椎这样的人而自豪。

朱桃椎不断地现身民间扶危济困，创造了众多的奇迹，得到民众、地方政府和朝廷的称颂。北宋徽宗皇帝就曾赐朱桃椎"妙通真人"的封号。地方官吏和百姓将朱桃椎与其北面不远处位于洛带的信相圣母一起作为神灵来供奉祈雨。

朱桃椎还传授医术，有修身养性理论："内外安静，则神定气和；

神定气和，则元气自正；元气自正，则五脏流通；五脏流通，则精液上应；精液上应，则不思五味；五味已绝，则饥渴不生；饥渴不生，三田自盛，则髓坚骨实，返老还元。如此修养，则真道成矣！"这也是现代人传承的养生之道。据雍正版《江西通志》载，宋代名医皇甫坦所学医术，俱得传于朱桃椎。南宋绍兴年间（1131—1162 年），皇甫坦为太后治好眼病后，请求皇家为朱桃椎重修安静观。

后人反复为朱桃椎修建纪念场所，最初他从白女毛村搬出来独居时的地方，后人称为"朱真人洞"。五代时期，后人又修建了朱真人祠，宋代朝廷赐名"安静观"。尔后断断续续有民间人士或官府进行修缮，北宋宣和元年（1119 年），蒲叔豹出任灵泉县令时，将朱真人洞美化成理想中的隐居之地。最大的一次扩建是南宋绍兴二十九年（1159 年），时任四川兼成都行政长官的王刚中奉太后旨意，亲自主持此次扩建工程。到宋末元初，蒙古军入蜀，战乱使人口大量减少，安静观也毁于战乱。清初改为"安静院"，但并不兴盛，反倒是安静观旁的兴福寺被恢复，改名为"金轮寺"，并一直延续到民国时期。

朱桃椎有着特立独行、高标绝俗的人格和智慧，他用自己的品行践行着一个真正的山林隐士的风范，有高论以济民，有妙行以示官，有名赋以劝世，有奇迹以助人，却决不用之媚官、追名逐利，给后人许多智慧和启迪。

二　段文昌（773—835 年）

段文昌，字墨卿，西河（今山西汾阳）人，唐初名将襄国公段志玄的玄孙，武则天曾侄孙，晚唐著名诗人武元衡的女婿，唐代后期名臣，也是有名的诗人和文人。[1]

---

① 中共成都市龙泉驿区委党史研究室：《今古龙泉驿》，成都时代出版社 2016 年版，第44 页。

段文昌是龙泉驿历史上从本地基层官职做起，一步一步升职至朝廷做宰相的成功典范，曾在唐宪宗、唐穆宗、唐文宗三朝做宰相，并深受皇上恩宠和百姓爱戴，是龙泉驿历史上最著名的人物之一。段文昌自幼客居荆州，为人豁达豪爽，不拘小节，荆州节度使裴度虽知道其很有才能，却不加以任用。

贞元十七年（801年），段文昌入蜀，被西川节度使（相当于现省长）韦皋聘为幕僚，授校书郎（校典书籍的文官），因与同僚刘辟不和，遭其进谗言，被贬到灵池县任县尉（分管治安的县官），这也是段文昌仕途的起点。

在灵池县期间，他为人豁达豪爽，治政宽仁，深受灵池县百姓敬服。因他信仰佛教，熟诵《金刚经》，曾到洛带圣母院（燃灯寺）一游，并手植四株松树。据石刻记载："乾坤毁则无以见寺，寺不可毁。四松其远乎，松至天福。"

段文昌在灵泉县和荆南做县尉时，还发生过一些奇异的故事，如"龙天护佑平安""祷雨赶雨"等，这都被其子段成式（即著名笔记小说《酉阳杂俎》的作者）记录了下来。民间也有"旱不苦，祷而雨；雨不愁，公出游"之谚语。

长庆元年（821年），段文昌上奏朝廷，请求辞去相位。唐穆宗遂任命段文昌为西川节度使（剑南西川简称"西川"，主要指四川中西部，治所益州，今成都）、同中书门下平章事。段文昌深知蜀地民情，到任后治政宽仁，法纪严明，蛮夷畏服。据《旧唐书·段文昌传》记载："长庆元年，拜章请退。朝廷以文昌少在西蜀，诏授西川节度使、同中书门下平章事。文昌素洽蜀人之情，至是以宽政为治，严静有断，蛮夷畏服。"

长庆二年（822年），云南蛮族侵入黔中。朝廷接到黔中观察使崔元略的奏报，非常担忧，下诏令段文昌严加防备。段文昌派使者前往谈判，蛮族退兵而去。

长庆四年（824年），唐敬宗继位，段文昌被征拜为刑部尚书，后改任兵部尚书，并代理尚书左丞。宝历二年（826年），唐文宗继位，段文昌升任御史大夫，进封邹平郡公，再次出任西川节度使，后又出镇淮南，授检校尚书右仆射、同平章事、淮南节度使。

太和六年（832年），段文昌再次出任西川节度使。太和九年（835年），唐文宗派宦官到西川赏赐其春衣，因兴奋过度，刚刚受宣完毕便突然去世，时年63岁，被追赠为太尉。

段文昌任灵池县县尉后，历任登封县尉、集贤校理、监察御史、祠部员外郎、翰林学士、祠部郎中等职，死后被追赠为太尉。

五代时期政治家、史学家，后唐太常博士、翰林学士刘昫对段文昌的评价："文昌布素之时，所向不偶。及其达也，扬历显重，出入将相，泊二十年。其服饰玩好、歌童妓女，苟悦于心，无所爱惜，乃至奢侈过度，物议贬之。"

段文昌是历史上的名臣，史书《旧唐书·卷一百六十七·列传第一百一十七》《新唐书·卷八十九·列传第十四》《资治通鉴·卷二百三十七·唐纪五十三》《资治通鉴·卷二百四十一·唐纪五十七》《资治通鉴·卷二百四十四·唐纪六十》等对其生平事迹都有记载。

段文昌在历史上不仅是名臣、政治家，也是唐朝晚期有名的诗人、文人和美食家，著有文集30卷、《诏谐》20卷，还曾自编《食经》50卷，很多四川、陕西的名小吃都是他发明的，并流传至今。《全唐文》收录其文章4篇，即《修仙都观记》《菩提寺置立记》《诸葛武侯庙古柏文》《平淮西碑》。《全唐诗》收录其诗作4首，即《享太庙乐章》《题武担寺西台》《晚夏登张仪楼呈院中诸公》《还别业寻龙华山寺广宣上人》。段文昌之子段成式年轻时随父亲辗转各地，了解各地风土人情和逸闻趣事，开拓了生活视野，加之他精研苦学，博览了包括官府秘籍在内的大量图书，在诗坛上与李商隐、温庭筠齐名。代表作有志怪小说集《酉阳杂俎》，《全唐诗》中还收入他的诗词三十多首，《全唐文》中收入他的文章 11 篇。

三　方孝孺（1357—1402 年）

方孝孺乃明初大儒宋濂之门生，字希直，又字希古，浙江宁海人。曾以逊志名其书斋，后蜀献王将该书斋易名为"正学"，故世称"正学先生"。其著作今存《逊志斋集》及《方正学先生集》等。① 据明朝蜀王朱椿的《献园睿制集》显示，蜀王朱椿非常尊敬方孝孺，两人的交往极为愉快。朱椿延请方孝孺担任朱悦燫的老师，并把方孝孺居住地的书斋改名为"正学"，两人经常在一起谈经论道。方孝孺死后，成都官民在蜀王府的授意下，将方孝孺所居住的那条街改名为方正街。

《明史·方孝孺传》记载，方孝孺出生官宦家庭，其父方克勤是江南有名的神童，拒绝做元朝的官，投靠朱元璋，为人清廉方正，被《明史》列入循吏中。很不幸，方克勤卷入了空印案遇害，那一年方孝孺不到二十岁。

史书称方孝孺"幼警敏，双眸炯炯，读书日盈寸，乡人目为'小韩子'"。方孝孺少年时拜入同乡文章大家宋濂门下，进步神速。号称明朝文臣之首的宋濂弟子极多，太子朱标、皇子朱椿等都是他的学生，唯独方孝孺在学问上极受宋濂器重，评价他："百鸟之中见此孤凤。"所以，方孝孺的文名在青少年时期就脱颖而出，与太子朱标、皇子朱椿很早就有交集。

没多久，宋濂受长孙宋慎牵连，卷入胡惟庸的风波中，全赖马皇后和太子朱标求情，年过七旬的宋濂一家被贬官流放四川茂州（今茂

---

① 汪正章：《方孝孺文学思想初探》，《渤海学刊》1989 年第 3 期。

县、汶川一带），途经夔州（今重庆奉节）病故。

　　方孝孺内心一直以老师宋濂为榜样，他积极上进，并不想单纯做一个文人学者，想要成为大明文臣的楷模。洪武十五年（1382年），方孝孺见朱元璋，朱元璋很明白地对太子朱标说："此庄士也，当老其才，以辅汝。"这一细节可能属实，也可能是后人虚构。但毫无疑问朱元璋很了解方孝孺。几年后，方孝孺再次受大臣推荐，后来任陕西汉中府教授。正是这一机缘，在成都的蜀王朱椿向方孝孺发出邀请，要他顺便到王府供职，教导王子。

　　洪武二十三年（1390年），富丽堂皇的蜀王府建成以后，朱椿才离开南京到成都就藩，这时长子朱悦熑已经两岁了。朱椿对儿子入学十分郑重，为此想到被老师宋濂夸赞的方孝孺，恰好他如今在汉中，就向他发去邀请："公西州士之冠冕，有识者无不心悦诚服，而新学、晚生亦有所依归也。"洪武二十七年（1394年），方孝孺从汉中到成都，朱椿为他专门修建一座寓所，就在今天的方正街。

　　论年纪朱椿比方孝孺要小十多岁，但从地位来说，两人几乎天壤之别。朱椿并没有凭着金枝玉叶的身份大摆架子，而是言必称"先生""尊以殊礼"，对方孝孺敬重有加。

　　虽然多年以前，两人就算相识，但来到成都以后，两人才真正有了比较深入的交往。方孝孺每次见朱椿，一起谈经论道时，"必以仁义道德之言陈于前"。这正符合朱椿的心意，让朱椿非常高兴，颇有"一日不见，有如三秋"的知己感觉，可见朱椿见到的方孝孺的这种真情流露，并不是一种矫情做作。

　　但方孝孺当时并没有长久居住在成都，事实上，他正式的职务是汉中府府学教授，到蜀王府教王子只是一份兼职，每年来成都一两月或两三月，相当于寒暑假授课。

　　第二年到成都，蜀王朱椿就给他的寓所书斋题字"正学"。因此，一些仰慕他的人都尊称方孝孺为"正学先生"。在成都期间，通过朱椿帮忙，方孝孺还去茂州探望老师宋濂的家人。回来向朱椿请求，希望能资助宋濂家人，宋濂也教过朱椿，他自然爽快答应了，安排"时赐粟帛，赒其家"。方孝孺死后的永乐十一年（1413年），朱椿还将宋濂墓从夔州迁葬到成都华阳县安养乡。

洪武三十年（1397年），方孝孺第三次入川。方孝孺遵朱椿要求写了《蜀道易序》《蜀鉴》《蜀汉本末》《仕学规范》等儒学、历史和教育方面的一些文章。方孝孺前后一共给朱椿写了14篇文章，其中虽有一些歌功颂德的语句，称朱椿为贤王，但大体还是肯定朱椿希圣求贤、读经明理之言。

方孝孺的死尽管不像后来的野史那么夸大其词，但在永乐时期毕竟非常忌讳，朝廷曾经下令"藏方孝孺诗文者，罪至死"。《明通鉴》记载，永乐三年（1405年），庶吉士章朴家藏方孝孺诗文被杀，事实上章朴就是方孝孺同乡学生，其同学孔克聪还是方孝孺的亲戚。原本他只是希望搜集和整理方孝孺的文章，防止散失，结果因为回答审讯时忍不住表达对老师的敬仰，被加油添醋成一项十分重大的罪名，遭到极刑。当时，宋濂的诗集中有"送方生还宁海"等篇章，全被删节涂墨。朱椿在成都却保留了数篇与方孝孺交往的诗文，收录进《献园睿制集》中。但为了避嫌，他在目录和正文中涉及方孝孺时，都把"方"字写作了"万"字。

虽然方孝孺引来了偌大的风波，不管今天的人对他的评价是褒是贬，在明代初期的文人士子心目中，他的影响确实深远。因方孝孺和蜀王朱椿的渊源，四川"当时蜀治依于礼乐，公（方孝孺）之功"。方孝孺死后，成都官民在蜀王府的授意下，将方孝孺曾经居住的街道改名为方正街作为纪念，方孝孺也被称为"方正学"。只不过久而久之，由于带着一点隐晦的色彩，后来就很少有人知道方孝孺和成都有过一段特殊的渊源了。

四　宋育仁（1857—1931 年）

中国早期资产阶级改良主义思想家，被誉为四川历史上"睁眼看世界"的第一人，重庆维新运动倡导者。字芸子，晚年号道复，四川富顺人，光绪十二年（1886 年）进士，授翰林院庶吉士，改任检讨。1894 年任出使英法意比四国公使参赞，着意考察西方社会、经济、政治制度，积极策划维新变法。"戊戌变法"失败后，思想趋于消沉。晚年隐居成都东郊狮子山"东山草堂"内，一心修志著书，不问世事，编撰完成了《四川通志》初稿与《富顺县志》。宋育仁逝世于 1931 年12 月 5 日，葬于"东山草堂"对面的竹林之中。此前他自印《借筹记》若干，临终时嘱托将此书赠予前来吊唁之人。2006 年，三圣乡政府在今"幸福梅林"一带择地重修"东山草堂"，并立宋育仁石刻像，为这个著名的休闲之处增添了历史文化氛围。2008 年 9 月，"东山草堂"毁于雷击引起的大火，所幸宋育仁墓亭无恙。其晚年活动范围多属于传统龙泉驿区域，且从家乡富顺到成都必经龙泉驿，亦为奔走于古驿道上的文化名人，故在此略加论述。

五　吴雪琴（1872—1952 年）

学名桂馨，清同治十一年（1872 年）七月出生，四川简州人（今四川简阳市）。1948 年，从简阳县民众教育馆馆长任上辞职回石经寺（原贾家石经乡，今龙泉驿区的茶店乡石经村）家中闲居，1952 年病逝于乡间寓所，享年 80 岁。著有《雪庐诗草》2 卷。

吴雪琴出生在一个书香门第，其父鸿典，字从五，是清光绪元年（1875 年）的乙亥恩科副榜。3 岁时母亲谢氏因病去世，刚满 12 岁时父亲又病故，全家不得不靠大伯维持生活。继母高氏尽管生有二女，不过待雪琴仍如同亲生。吴雪琴少时学习勤奋，常闭户读书。面对一贫如洗的家庭，他感到前途渺茫，欲别母投江。继母闻讯，急忙寻至江边，顿时母子俩抱头大哭一场。

青少年时代，吴雪琴能受教育，多蒙他的好友曾华臣、徐星垣等先生关照。曾华臣先生见雪琴的诗文习作后感慨地说："此子诗学当有成，可来我处寄读。"于是收下雪琴免费随馆就读。曾华臣是清末简州的文化名人，擅长诗歌、楹联，著有《橘园诗抄》《橘园联语》。后来，雪琴终于学有所成，于清光绪二十一年（1895 年）八月考中秀才。不久与罗英贤之长女结婚。

清光绪二十九年（1903 年），经曾华臣先生举荐，雪琴被清政府选派赴日本东京留学，入宏文学院速成班，攻读教育行政。同行人有刘存厚。求学期间，曾参加孙中山先生在日本组织的同盟会。

清光绪三十一年（1905 年），雪琴学成归国，接任简州（今简阳市）学务局副董，筹办学校事宜。同年高等小学校改为官立中学校，雪琴兼任官立中学校监督（校长），为办学经费、校舍等问题奔忙。

清光绪三十三年（1907 年）雪琴任简州劝学所视学，为创办简州女子高等小学校尽心尽力。同时，动员石经寺方丈圣友法师创办石经寺私立小学，为乡村民众子弟入学创造条件。

1912 年春，雪琴辞去劝学所视学职务。7 月，任临时四川省议会议员，并先后任四川省立第一中学、国立成都高等师范、四川优级师范学校、四川国学专门学校学监。两度在四川省师范学校遂宁第三师范学校任教。

吴雪琴在四川国学专门学校任学监时，与校长骆成骧（清末四川状元）交谊甚厚。1924 年，骆成骧曾至石经寺雪琴家相访，留有石经寺同吴雪琴、林百熙、演明游长松寺诗。诗曰："蓂蒿满地九重高，独立沧溟踏巨鳌。乘兴似随云雨去，长风万里听波涛。"

1931 年 3 月，雪琴奉命回简阳县任教育局局长。其间，主张男、女生分校。1938 年调任简阳县民众教育馆馆长。1948 年辞职回石经寺家中闲居。1952 年 7 月，吴雪琴因患"背瘩"病（背上长恶疮），接连几个月卧床不起。时值初秋，他强忍着剧痛，在床上为外甥赖高翔复信和写贺诗——《祝寿诗》。这年深秋的一天，吴雪琴不幸病逝，享年 80 岁。

吴雪琴生活俭朴，对人和善，颇受乡人敬慕。一生淡薄功名利禄，出任公职多受朋友敦请。同时，他也重视乡村教育，积极开展乡村教育实验，主张"农忙时少学，农闲时多学"。学习的内容有疏通河道、淘修沟渠、修桥铺路、栽桑育蚕、水果栽培、织棉纺布。[1]

六　冯元勋（1880—1943 年）

20 世纪初，革命形势风起云涌。清政府为适应"新政"，从 1901 年起，陆续派遣优秀学生赴欧洲或日本留学，争取早日与世界先进文化接轨。龙泉驿区境凭借消息灵通和文风浓郁，先后有大面的冯元勋被选派到比利时，茶店石经寺附近的吴雪琴被选派到日本，洛带的张氏兄弟被选派到德国留学。[2]

其中，来自龙泉驿大面镇陶家湾的冯元勋，字一披，1903 年被清政府选派留学欧洲。先到法国学习法文及高中课程，后从比利时列日大学矿冶系及蒙斯工学院毕业，前后共留学 10 年。1915 年，冯元勋留学归来，努力用自己所学的知识服务社会，其中最值得一提的是办赴法留学班。在他的促使下，蜀中大批青年得以留学，他们中的许多人日后成为影响中国历史走向的风云人物，包括革命家陈毅、天文学博

---

① 参见百度百科吴雪琴词条，http：//baike. baidu. com 吴雪琴/1105182？fr = aladin。
② 中共成都市龙泉驿区委党史研究室：《今古龙泉驿》，成都时代出版社 2016 年版，第 157 页。

士刘子华等。

1912 年，吴玉章、蔡元培、李石曾等在北京发起成立留法勤工俭学会，提倡青年学生自费赴法，学习西方的科学技术和文化知识。1915 年 6 月，他们又在法国成立留法勤工俭学会，以"改良社会、首重教育。欲输世界文明于国内，必以学求泰西（西方国家）为要图。惟西国学费宿称耗大，其事至难普及。曾经同志筹思，拟兴苦学之风，广辟留欧学界。今共和初立，欲造成新社会、新国民、更非留法莫济，而尤以民气先进之国为最宜"为宗旨。

1918 年，中国留法勤工俭学总会在成都设立分会，成立留法勤工俭学预备学校，校址在爵版街（现锦江区红星中路二段附近）成都志成法政专门学校内，先后招收两届学生，吴玉章担任名誉校长，聘请刚从法国归来不久的冯元勋任教务长。冯元勋将自己所掌握的法语基础及亲身经历以及西方的法律法规、长期居住所需要的工作和生活技巧等倾囊相授，为这些从未出过远门的有志青年打好留学基础。

1918 年 3 月，陈毅和哥哥陈孟熙，还有洛带人刘子华一同考进了中国留法勤工俭学总会成都分会预备学校。

四川督军熊克武、省长杨庶堪对这届学生非常器重。指示学校："凡经毕业考试名列前 30 名者，由政府给每人旅费津贴 400 元，以资鼓励。"其余学生能自筹三四百元者，亦可赴法勤工俭学。

当时陈毅怀疑考试的公正性，兄弟二人相约前往冯元勋私宅，陈毅开门见山问道："冯先生，这次毕业考试是真考还是假考？"冯元勋郑重回答："我办教育就是为了教育救国，选拔国家栋梁之材，振兴中华，使列强知道我华夏有人，不敢再欺侮我们，这回考试当然是真考，我决不会同意舞弊的，你们放心好了。"就因冯元勋这种秉公执教、严格选才的态度，使这个赴法留学班涌现出一大批影响中国近代史进程的著名人物。

1919 年 4 月，经过考试，陈毅考了第 13 名，哥哥考了第 14 名，兄弟俩双双考入前 30 名，刘子华也取得四川省政府旅费津贴 400 元赴法的资格。5 月，陈毅、陈孟熙、刘子华等 60 名赴法勤工俭学学生，经法国军医官体格检查合格，缴足费用，由四川省公署发给证明书及法国驻成都领事馆签发护照各一张，出国手续完备。6 月 1 日，学生们在沙河堡集合出发，经龙泉驿，夜宿茶店，再乘船途经重庆、上海，历时 4 个多月抵达法国巴黎。同一时期赴法留学的还有 1919 年从重庆留法预科学校毕业的川籍学生聂荣臻、1920 年从重庆留法预科学校毕业的邓小平等。

在法国期间，陈毅接触了很多进步人士，思想发生革命转变。这一时期，是陈毅立志用马克思主义改造中国、投身于反帝反封建革命洪流的开端。刘子华与李维汉关系较为密切，但他较少从事革命活动，主要精力放在学习天文知识上。

冯元勋在担任赴法留学班教务长之后，先后代理四川省政府建设厅厅长、实业厅厅长、省长公署教育科科长、教育厅主任秘书、重庆国民政府经济部采金局工务科长、四川外国语专门学校校长等职务。

冯元勋秉性仁厚，外刚内和。重实际，摒虚文。晚年犹致力古今学术演变之研究。1943 年冬，患脑出血辞世，时年 63 岁。

七　夏之时（1887—1950 年）

1911 年 11 月 5 日，这是一个让龙泉驿人民不能忘记的日子，因为夏之时在龙泉驿区域内打响了辛亥革命四川第一枪，发动了起义，让龙泉驿载入了辛亥革命史册。

夏之时，字亮工，四川合江人，1904 年东渡日本，考入东斌军事学堂，专攻军事。1905 年 8 月，在日本加入孙中山先生创建的中国同盟会。学成归国，回川参加新军，成为四川新军十七镇步兵排长。

1911 年奉命随部队进驻龙泉驿，暗中从事革命活动。

宣统三年（1911 年），四川保路运动兴起。10 月初，四川总督赵尔丰为了扑灭声势日烈的保路运动，组建东路卫戍司令部，调部队驻守龙泉驿，防范四川保路运动成员从简阳来攻打成都。其指挥中心设在上街武庙（俗称"关帝庙"，现中街区商务和投资促进局内）。当时武庙由大门万年台、大殿及两边厢房构成四合庙院，坐南朝北，占地约 1500 平方米。院内石板铺地，光洁平滑，庙额竖写"武庙"二字。10 月 22 日，夏之时率步兵一队随东路卫戍司令驻防成都市龙泉驿，暗中策动革命。

1911 年 11 月 5 日夜，夏之时先派人控制了武庙院内左侧那座高七八米的石砌字库，然后带人直奔卫戍司令魏楚藩巢穴。在内应的帮助下，两个站岗士兵还没明白是怎么回事就被缴了械，魏楚藩的两个死党也在糊里糊涂中被处死。厢房里间中正呼呼大睡的魏司令还未清醒过来，就被夏之时一枪击毙。

这一枪，就是武昌起义后在四川境内，以革命党身份为推翻清政府而打的第一枪。

夏之时等人紧接着以迅雷不及掩耳之势，扶持了一身好武艺的教官林经泉，革命党人对新军齐呼："魏楚藩毙啦！我们起义吧！"新军群龙无首，自然听从，易帜顺利完成。武庙也因此被区文管所确定为辛亥革命四川首义旧址，为区级文物保护单位。

龙泉驿兵变的消息传到省城，四川总督赵尔丰急令十七镇统制管朱庆澜派兵镇压。于是朱庆澜派管带龙光率领一营新军迅速向龙泉驿开来。①

为迎战四川总督赵尔丰在成都的重兵和即将到来的清廷大员端方

---

① 中共成都市龙泉驿区委党史研究室：《今古龙泉驿》，成都时代出版社 2016 年版，第141 页。

的军队，第二天早晨，夏之时带着起义军二百三十余人，在龙泉镇东场口黄树下的空坝（今区一医院大门左侧）举行誓师大会，这里现存的那棵枝繁叶茂的黄桷树见证了具有历史意义的一幕。誓师后，夏之时把队伍悄悄拉走，随后东进重庆与张培爵等人会合，建立蜀军政府，为辛亥革命的胜利做出了贡献。

之后，王孟兰建议夏之时继续往东去重庆，因为那里的革命党人已经做好起义准备，并策反了巡防营、水道巡警。只要夏之时部队一到，重庆立即就可以反正。夏之时采纳这一建议，于是王孟兰修书一封，派王诚火速送到重庆。重庆同盟会领导人张培爵、杨庶堪等接到来信，大喜过望。当即决定与夏之时部里应外合。3 日后，兵抵潼南，乘舟而下，直抵江北黄桷树。夏军来到，重庆革命党人有了武装凭借，精神为之振奋。1911 年 11 月 21 日，派朱之洪前往与夏之时会商独立事宜。于是夏军兼程而进，抵达佛图关。

1911 年 11 月 22 日上午，他率师举着上书"中华民国""复汉灭满"和"保教安民"的旗帜，整队入城。当夏之时率领一千多名军容整齐的革命军风尘仆仆向城里开进时，全城已经挂出了白旗；而革命党人也领着敢死队员，别着炸弹，威风凛凛地向朝天观走去。此时的清廷官吏川东道朱有基、重庆知府纽传善、巴县知县段荣嘉等早已吓得魂不附体。当天，重庆宣布独立。革命党宣布成立蜀军政府，推张培爵为都督，夏之时为副都督，通电全国，宣告重庆独立。

重庆独立对全川产生了巨大影响。1911 年 11 月 27 日，驻资州鄂军捕杀了端方两兄弟。川北、川南相继独立。

1919 年年初，夏之时率部到成都大面铺，被四川靖国军总司令熊克武收编。1921 年，见军阀无义之战，纷争不止，夏之时心灰意冷，遂解甲归田，在成都创办锦江公学，任董事长。

1939 年年底，夏之时回老家合江定居。1950 年，夏之时被误杀于合江县城关镇，时年 63 岁。1987 年，人民政府为其平反昭雪。

八　董朗（1894—1932 年）

董朗，原名嘉智，号仲明，1894 年 4 月 24 日出生于四川省简阳县平安乡董家河村（现龙泉驿区龙泉街道保安村）的董家老房子，著名红军将领。

1919 年，董朗为寻求救国真理，变卖了父亲临终前分给他的四亩土地作为路费，准备去法国勤工俭学。途经上海，被上海工人阶级的斗争热情所感动，放弃了出国的念头，进入上海大中华纱厂做工，投身工人阶级斗争的行列。

1924 年 3 月，董朗由上海赴广州，考取黄埔军校第一期学员。在校期间，他勤奋学习，曾先后参加过"火星社""青年军人联合会"等进步组织，并加入了中国共产党。1924 年，董朗参加了平定商团叛乱。1925 年参加第一次东征，讨伐盘踞在广东东江地区的军阀陈炯明。同年 6 月，参加了省港大罢工，负责组织训练武装工人纠察队。[①]

1925 年 11 月，中国共产党在广东肇庆成立了以共产党员和黄埔军校学生为骨干的独立团，叶挺任团长，董朗任该团参谋，并兼任党支部的组织干事。

1926 年 5 月，董朗随独立团北伐。1927 年春，独立团在武汉进行整编，组成 24 师，董朗任该师第 70 团第 1 营营长。随后部队进军河南，准备歼灭军阀张作霖部。1927 年 5 月 14 日，第 70 团在上蔡西南与敌张作霖部富双英旅接战。战斗非常激烈，几天下来，第 70 团伤亡很大，董朗也中弹负伤。但他仍坚持指挥战士奋力反击，誓与敌人血战到底。在最危急的时刻，援军第 73 团赶到，两团协同作战，勇猛冲

---

① 中共成都市龙泉驿区委党史研究室：《今古龙泉驿》，成都时代出版社 2016 年版，第146 页。

杀，最终富双英投降。6 月初，北伐军回师武汉，董朗被提升为第 70 团团长。

1927 年 8 月 1 日，南昌起义的枪声打响了。董朗在起义军总指挥部的指挥下，率第 70 团战士猛攻贡院和天主堂，全歼贡院和天主堂守敌。为南昌起义的胜利做出了重要贡献，是我军创始骨干成员。

南昌起义后，董朗任工农革命军第 2 师第 4 团团长，后升任师长兼团长，中共东江特委军委委员，前往广东海丰、陆丰等地开展党的武装斗争，与党的其他武装力量一起建立和发展了海陆丰革命根据地。1928 年冬，海陆丰斗争失利后，到湘鄂西武装根据地，任中共湘鄂西前委委员，湘鄂西红军军政训练班教员兼班主任，红四军参谋长，湘鄂边教导一师参谋长，独立团参谋长，参与指挥湘鄂边反围剿作战。

1932 年 10 月，中央湘鄂西分局书记夏曦推行王明的"左"倾冒险主义，在党内和军内进行"肃反"和"清党"运动。他们采取逼、供、信等手段，任意严刑拷打和审讯同志，并用无限上纲、纵横株连、罗织罪名的办法，杀害了一大批党、政、军的优秀干部。1932 年 10 月，董朗被夏曦定为"改组派"而杀害。

1946 年 3 月，重庆八路军办事处刘昂根据周恩来、董必武的指示，给董朗之子董万仞写信："你父亲之为革命牺牲，是很光荣的事，他为了全国人民的生存而奋斗而牺牲，与天地共存、日月同光！"董朗牺牲的消息传来，董夫人在悲痛之余，仍然教育子女矢志追求进步。后来其儿子董万仞于新中国成立前夕在罗天友的带领下参加了迎接解放军进成都的工作。

1954 年 5 月，中华人民共和国中央人民政府给其家属颁发了由毛泽东主席签署的《革命牺牲军人家属光荣纪念证》，董朗被追认为"革命烈士"。为了纪念董朗，区内建立了董朗塑像。

1991 年 2 月，九十多岁高龄的聂荣臻元帅亲笔为董朗烈士题词"董朗烈士永垂不朽"。

九 王叔岷（1914—2008 年）

名邦濬，字叔岷，号慕庐，谥字行，是台海华人圈广受推崇的历史语言学家、校雠名家，研究方向主要为先秦诸子、校雠学。王叔岷1914 年出生于简阳县（今成都市东郊洛带镇下街）。1933 年，他考入由国立成都大学、国立成都高等师范大学、公立四川大学合并的"国立四川大学"中文系，后又考取北大文科研究所就读硕士，师从傅斯年、汤用彤等，毕业后留在"中央研究院"历史语言研究所工作。后因 1948 年随史语所迁入中国台湾，国共两党分治，其在中国大陆的知名度并不高。20 世纪 60 年代后，他先后在新加坡大学、中国台湾大学、马来西亚大学、新加坡南洋大学等校教书，课余勤于著述，前后用 17 年完成巨著《史记斠证》，退休后完成集大成之作《庄子校诠》。

王叔岷曾在 1992 年后几次往返中国大陆旅游，并于 2000 年获中国台湾行政主管部门文化奖后开始长住大陆，2007 年中华书局引进出版了《王叔岷著作集》共 15 本。2008 年 8 月，王叔岷于成都龙泉驿区其长子家中去世。

王叔岷家境书香小康，世居于龙泉山西麓的洛带镇，父讳增荣（1876—1950 年），字耀卿，号槐斋，晚清秀才，四川绅法班法政别科卒业，曾任四川高等法院书记官长，后任教于成都南薰中学，再与人合办并任教于成都私立协和女子师范学校，晚年回乡。太夫人张氏，讳厚坤。祖父讳泽银（1851—1923 年），字松茂，一生慷慨好义，教子女以读书为贵，清末至 1921 年被公推为洛带镇保正。1914 年 4 月 29日，王叔岷生于洛带下街。当时川、滇、黔三省军阀在成都至龙泉山一带混战，兵燹四起，每过乡境，一夕数惊。三四岁时，耀卿公授以唐诗；七岁入私塾；十一岁入镇上的高级小学（前身为凤梧书院）；十三岁随父至成都，耀卿公亲授《诗经》《左传》《史记》、左太冲、陶渊明、李太白、杜工部诸家诗；暇时喜读《庄子》《史记》《陶渊明集》，尤好《庄子》，王叔岷学兼四部，盖植基于此；暇则习七弦古琴，耀卿公重金购得明代连珠式古琴一张，请南北名师教他弹奏，这也成为王叔岷一生的雅趣。十四岁，王叔岷考入成都华阳中学，在校好读书，亦好运动，曾入选校篮球、足球队。十七岁入联合中学高中部（石室中学），与同侪结为"梅花五子"，别号孤鹤，其一生孤傲之性始现端倪。十九岁时以第一名考进国立四川大学中文系，受教于朱光潜、刘大杰、林山腴等诸名师。1937 年与潼南县双江镇望族杨姓女公子尚淑结为伉俪，川大校长张真如证婚，张校长之子即"梅花"好友张文达任傧相，朱光潜、林山腴等诸师长撰赠喜联。

王叔岷报考北大文科研究所，初审顺利通过。因战事拖累了笔试，遂应邀任教于长寿县的重庆联合高级中学，假期再回成都应考。1940 年 9 月得到时在昆明的傅斯年先生的亲笔录取通知。

王叔岷得傅斯年亲炙，蒙指点治学门径，遂自校勘、训诂入手，博览群书，广辑资料，渐入学术之境。王叔岷一生为人、治学、处世，皆深受斯年之影响，故将傅斯年作为自己的第三任老师，兼及所敬仰的胡适之和蔡元培。王叔岷 1943 年获硕士学位，留所任助理研究员；1944 年 8 月完成《庄子校释》，凡二十余万言。抗战胜利后的 1946 年王叔岷随史语所复员南京，是年发表《庄子通论》刊载于徐复观创办的《学原》学报，深受学界好评。

1948 年，傅斯年出任"国立"台湾大学校长，王叔岷受"国立"台湾大学中文系合聘任教，授《大一国文》与《斠雠学》。共事论学者有台静农、洪炎秋、戴君仁、郑骞、许世瑛、伍俶（叔党）、毛子水、屈万里、何定生。1951 年王叔岷开始教授《庄子》，既以《庄》

解《庄》，又旁及相通之诸子百家，并引汉魏六朝唐宋各大家诗作为证，一时杏坛轰动，慕名旁听者甚众。王叔岷在勤于著述和专于教学之外，不带助手、不加入或形成任何学术团体，不担任任何行政职务（唯有一次短暂例外），甚至拒绝参选院士，因此稍显"默默无闻"。1959 年以访问学人赴美国哈佛大学远东语文系一年，与洪业（煨莲）先生论学甚欢，后得其推荐，于 1963 年受邀赴新加坡大学中文系任客座教授两年。1967 年赴吉隆坡马来西亚大学汉学系任客座教授。1972 年转赴新加坡南洋大学任讲座教授，其间先生数度婉拒任何行政职务。1980 年南洋大学（中文为主）与新加坡大学（英语为主）合并为国立新加坡大学，重组中文系时需要一位令两校师生都信服的系主任，当局力请，王叔岷逼不得已，短暂出任新的中文系主任，并创办博士班。

1981 年王叔岷自新加坡大学退休返台，寓居"中央研究院"蔡元培馆，并于同年九月回中国台湾大学中文研究所任教。1984 年自史语所退休，前后共在《"中央研究院"历史语言研究所集刊》发表论文近百篇；翌年起仍在中国台湾大学研究所任课，开授《斠雠学》《先秦道法思想》《刘子研究》《诗品文心比较研究》等课，并获聘为"中央研究院"中国文哲研究所筹备处咨询委员。1987 年新加坡东亚哲学研究所成立，函聘先生为荣誉讲座，做两次学术演讲。这期间完成集大成之作《庄子校诠》。后来研究庄子的学者大都绕不开《庄子校诠》，王叔岷也被学界称作 20 世纪在《庄子》字义训诂方面最权威的学者。

2008 年 8 月 30 日，台湾大学文学院"王叔岷教授追思会筹备委员会"所撰《王叔岷先生行述》中这样写道："先生一生不慕名利，与世无争，偏爱老庄自然之道，长保恬静自得之性，后虽年届耄耋，而视未茫，发未苍，齿牙未尝动摇，门人咸引为美谈。先生之学术，兼及四部，著述丰宏，而皆渊博精深，成一家言；古籍之斠雠笺证，尤为当世推重。七十年来，遍校先秦两汉魏晋群籍，撰有专书近三十种，论文二百余篇。其中《庄子校释》《斠雠学》《史记斠证》《诸子斠证》《庄子校诠》《列子补正》《刘子集证》《世说新语补正》《颜氏家训斠补》《列仙传校笺》等书，皆以斠雠学方法董理古籍之传世名作。《史记斠证》《庄子校诠》《陶渊明诗笺证稿》《锺嵘诗品笺证稿》《先秦道法思想讲稿》《左传考校》等，更融校勘、训释、义理为一体，开启"由实入虚"的治学途径。尝有《好学》诗自述：'由实入虚救破碎，虚由实得非空虚。谁能虚实为一体，鱼跃鸢飞乐愉愉。'先生学博思深，晚尤圆融通达，渊冲醇粹，其引导沾溉之功，可谓大矣。"

1992年6月30日王叔岷回到成都市郊故乡洛带镇，却发现旧家房园已分属不相识之三家矣。1993年6月12日，由台湾大学中文系编纂出版《王叔岷先生八十寿庆论文集》为先生寿，计集稿四十九篇，八十余万言；1998年5月6日，王叔岷应邀参加北京大学100周年校庆，并在"汉学研究国际会议"闭幕致辞；2000年先生荣获中国台湾的"文化奖"，他将奖金六十万元捐给台湾大学中文系作奖学金，以鼓励后进；次年6月28—29日文建会与台湾大学中文系合办"王叔岷先生学术成就与薪传研讨会"，中外学者发表论文凡二十一篇，同年8月台湾大学中文系出版《王叔岷先生学术成就与薪传研讨会论文集》。

故乡情难改，骨肉再难离。2002年后，王叔岷决意每隔半年轮流到龙泉驿长子家和台北女儿家居住。此时王叔岷的学术成就也引起学界、文化界的关注，2007年中华书局陆续出版《王叔岷著作集》，共十九种三十册，另有回忆录《幕庐忆往》单独发行。王叔岷的学术影响惠及大陆学界，其学术著作已成为先秦诸子、校雠学的经典（成都龙泉驿区档案馆收藏有一本先生晚年翻玩的中华书局版《列仙传校笺》)。王叔岷自 2006 年后长住龙泉驿故乡，2008 年 8 月 21 日于睡梦中去世，享年 95 岁，其长子国简将其安葬于故乡洛带镇外的燃灯寺公墓。

2014 年 11 月 28 日，为弘扬王叔岷先生传承国学、教育为本、热爱桑梓、维护祖国两岸和平统一的人生风范与美德，在国学大师、四川大学杰出校友王叔岷先生诞辰 100 周年之际，由四川大学、四川师范大学、龙泉驿区委宣传部、龙泉驿区档案局等单位共同组织，召开了"国学大师，中华情怀——王叔岷先生纪念与宣传工作研讨会和恳谈会。"

王叔岷长期居住于中国台湾，闻名于台海及东南亚，经 40 载与家人分离，但爱国之情浓烈，晚年回归宁静的洛带小镇，落叶归根，他的肉身安埋在洛带的乡土里，精神长存于人们的心中，将永远成为龙泉驿的一座文化丰碑。①

第二节　文化世家

在成都龙泉驿区，拥有着许多人才辈出、成果丰硕、以文化传承为职志的文化世家。怎么样才算得上是文化世家呢？吴江薛凤昌《吴江叶氏诗录序》云："一世其官，二世其科，三世其学。"这比较准确地把握了文化世家的特征，即仕宦、科举、学术，这正是所谓文化世家的核心要素。龙泉驿区丰厚的文化底蕴，使这里的文化世家具有一种特殊的历史承担、文化面貌和家族文化内涵。

---

① 中共成都市龙泉驿区委党史研究室：《今古龙泉驿》，成都时代出版社 2016 年版，第 165 页。

一　冯氏（元勋）家族

如今老成渝路骡子坡北侧的龙泉驿区大面街道分水村一带，就是曾经的陶家湾，陶家湾向西隔一道土梁子，就是有的土地契约中提到的柳树湾，现在的大面街道柳树村即得名于此。那里原有东大路上著名的院落冯家老瓦房，冯氏家族所在地。

1922年重修的《冯氏族谱》中记载说："第十四世祖其焕公，原居广东嘉应长乐县砖斗寨……雍正初年……由粤来川，在成都府华阳县东柳树湾觅一宅场，田地一大段，命仲昌公、叔昌公伙买，以为基业，奠立家室。"据冯氏家族后人冯思章回忆，上述地契中的"冯五和"不是一个具体的人名，而是冯家蒸尝会（管理家族祭祀先祖的组织）的集合名称，也就是一处公产。

冯叔昌的儿子冯恭达，在定亲后，还没结婚就去世了。但这个没过门的女子仍然来到冯家守节，并抱养其长叔之子抚养。此子后来取得功名，为养母申请节孝牌坊，立在陶家湾东面的成都东大路上。这个牌坊是成都东大路上的第一座牌坊，高大气派。牌坊朝东（龙泉山方向）刻有御赐"秋竹有节、古井无波"8个大字；朝西（成都方向）刻有冯家自题的"贞比介石、洁齐春冰"。光绪十四年（1888年），冯氏家族中的冯炉光，因需要用钱，把位于柳树湾附近的两亩一分水田卖给亲哥哥冯致光。

冯致光是医生，在成都牛市口行医，家境富庶，后来还接手了冯氏家族在成都城里桂王桥西街的冯氏祠堂。

二　田氏家族

田颂尧（1888—1975年），又名见龙、光祥，四川简阳县龙泉驿（现龙泉驿区龙泉街道）人。曾任国民革命军第29军军长，上将军衔。新中国成立后任四川省人民政府参事，1975 年 10 月 15 日在成都病逝。

1910 年，田颂尧加入同盟会，曾入保定陆军军官学校第一期学习，不久离校参加苏浙学生军，任军事部部长兼营长。后加入川军。

1912 年 4 月任川军第 4 师参谋，1915 年 2 月任川军第 2 师清乡独立支队长。1916 年 1 月任护国川军第 3 支队支队长，6 月任川军第 1 军 2 师骑兵团长兼成都城防司令。1918 年 7 月任北京政府第 21 师 41 旅旅长，8 月被北京政府授少将，12 月任第 21 师师长。1923 年 9 月被北京政府授中将。1924 年 2 月被北京政府加授章威将军，5 月被北京政府授上将。1925 年任四川军务帮办。1926 年 5 月任川西北屯垦使，12 月任国民革命军第 29 军军长。

1927 年 2 月任国民政府军事委员会委员并响应国民革命军北伐。1928 年 11 月任四川省政府委员兼民政厅长。1933 年 1 月任川陕边区剿匪督办，10 月任四川剿匪总部第 2 路总指挥，为四川防区时代的"四巨头"（刘湘、刘文辉、邓锡侯、田颂尧）之一。

1935 年因围剿红军失利被撤职查办。1936 年 9 月任军事参议院上将参议，从此寓居成都。1948 年 3 月当选为国民大会代表。1949 年冬拒赴中国台湾，12 月 9 日在四川彭县参加起义。解甲归田后的田颂尧为远离市井喧嚣，适逢夏日，便驱车前往唯仁山庄避暑。当年上山仅小径一条，便将轿车泊于山泉铺，改乘坐滑竿由随从抬上山去，田颂尧虽行伍出身，然酷爱诗词书画，每日里吟诗作赋，写字作画。

在田颂尧的带动下，民国时期龙泉镇最具代表性的家族就属田家了。田氏同辈四兄弟都是当时叱咤风云的人物，老大田寿之当过县长和医生；老二田问馀当过县长，后为龙泉镇捐阅报室；老三田颂尧当过军长；老四田泽夫当过川北的司令。他们在龙泉镇都是很有声望的人。

传统社会是乡绅自治形式的，一个地方的面貌很多时候由当地的大家族所展现。龙泉驿的游家、洛带的刘家、大面铺的薛家、山泉的曾家、茶店的方家等都曾经是龙泉驿区域内显赫一时的家族。民间有种说法："龙泉的油打不得、洛带的牛牵不得、大面的雪踩不得、山泉的臀搬不得、茶店的杭抬不得。"

但家族势力也有兴衰更替的时候，到了民国时期，随着龙泉镇的田家崛起，田家取代了原来的游、晋、蔡三大家族。当地民间又有了新的俗语，如"尽菜油，倒到田里头"和场口大黄桶树的树干突起象征"三狮向田"等。

田家后代田宪臣（后改为田显成）和田亮熙先后出任龙泉镇镇长。当年龙泉驿较出名的围鼓（民间文艺形式）有田亮熙、田显成负责的"众志友集社"和"无闲会"。

1930年3月，田颂尧成立了龙泉驿运输公司，并自任总经理，开通了龙泉驿至简阳的客运汽车，极大地方便了当地老百姓出行。田亮熙依靠堂兄田颂尧的势力发家后，也积极投身公益事业。先自费创办了龙山小学（今教育局处，属私立小学），接着设立"龙山奖学金"。1942年7月，田亮熙邀约龙泉镇上的士绅共同创办了"简阳县立龙泉镇初级中学校"（现龙泉中学前身）。1944年，办成后交给政府，再拿出两间铺面作为图书室，不谋一毫私利。田家是当时地方富户乡绅的代表，尽管其家族一些人在当地做过不少恶事，群众也愤恨，但后来还是为当时龙泉驿的经济社会发展和文化建设做出了重要贡献。[1]

---

[1] 中共成都市龙泉驿区委党史研究室：《今古龙泉驿》，成都时代出版社2016年版，第150页。

第三节　古驿道过客

从龙泉镇到山泉镇再到茶店镇的东大路，是成都往东翻越龙泉山的最便捷的道路，历来有"蜀巴官道"之称。龙泉镇处在这条古道龙泉山的起点，所以古往今来，这条古驿道见证了众多历史沧桑，也留存在众多名人过客的诗中，如现代文豪郭沫若、诗人吴芳吉等。

一　郭沫若

郭沫若（1892—1978 年），四川省乐山县沙湾镇人。中国现代著名文学家、史学家、古文字学家和社会活动家。

青少年时代的郭沫若大多数时间是在风景秀丽的乐山县度过的。他天资聪颖，不到 5 岁就开始读书识字，少年时代勤奋好学，为他后来在文学、史学等方面取得的突出成就打下了坚实基础。1913 年，郭沫若东渡日本求学，想学医"作为对于国家社会的切实贡献"。后来受十月革命和"五四运动"的鼓舞，使他弃医从文。他积极筹建进步文学团体，是创造社的主要发起人之一。他也积极进行文艺创作，诗集《女神》和《星空》就反映了他在"五四"前后希望与失望交织的情感。

1912 年，郭沫若从日本帝国大学医科毕业回国，投身创造社的活动。国内革命形势的发展以及对马克思的《社会组织与社会革命》一书的翻译，使他的思想产生了巨大的转变，这种转变在其《前茅》《水平线下》《塔》等集中都有反映。1926 年，郭沫若参加了北伐战争，任原国民革命军总政治部副主任。1927 年，当反动派叛变革命、大肆屠杀革命群众的时候，他给予了坚决的回击，他的《恢复》被誉为无产阶级的第一部诗集。

1928 年旅居日本，在日本度过了十年流亡生活，十年中他潜心于中国古代史的研究，写出了《中国古代社会研究》《甲骨文字研究》《两周金文辞大系》《卜辞通纂》等十几种专著，为中国史学做出了巨大贡献。此间，他还写了《我的童年》等自叙传及历史小说集《豕蹄》。抗日战争爆发后，郭沫若回到国内，在共产党的直接领导下从事抗日救亡运动。抗战胜利后他坚持反内战争民主的斗争，成为国统区共产党领导下的民主运动的一面旗帜。在这一时期除了诗集《战声》《蜩螗集》外，郭沫若还创作了配合现实斗争的六部大型历史剧《棠棣之花》《屈原》《虎符》《高渐离》《孔雀胆》《南冠》。

郭沫若曾经从成都出发，晚上住宿的地方就是成都东门第一栈茶店子。唐明中编著的《樱花书简》收录有郭沫若的家信《初出夔门三封》，信中写道："父母亲大人膝下：由成都首途前之一日，曾肃禀归报，不识达慈鉴否。男第八号由成都出发，同行有五哥、王祚堂诸人，是日即宿茶店子。九号由小东路进行，宿龙泉寺。"因为这封信，大文豪郭沫若成为茶店客栈的最佳代言人。

在成都市龙泉驿区有个驿马河畔，四川省郭沫若艺术院就坐落于此，它成立于 2005 年年初，占地面积达 20 亩，建筑面积约 5000 平方米，是省政府投资的全省重点文化工程项目。这座川西民居风格的文化标志性建筑，集展览、演艺、创作、培训、学术、交流、会务、餐饮、住宿于一体，功能齐全、环境优美，作为一所以"沫若"命名的艺术院，文化气息浓郁，是面向社会开放的重要文化艺术场所，也是西部地区为数较少的综合性文化艺术服务机构。

二　吴芳吉（1896—1932 年）

1896 年吴芳吉出生在重庆杨柳街碧柳院。8 岁时他随父迁回江津，10 岁入重庆白沙镇聚奎小学，吴芳吉 13 岁时在 2 小时的作文课上写出以诗论文、豪放严谨、名噪全川的《读外交失败史书》，被老师赏识，印发全县，被誉为神童。

吴芳吉少年生活的地方环境不好，盗娼赌博者多，父亲吴传姜就用石灰将墙门刷白并写"白屋吴宅"字牌，意为清白之家，吴芳吉遂自名曰"白屋吴生"。1910 年考入北京清华园留美预科学校。1912 年因他声援、抗议被美籍教师无理辱骂的中国同学，并张贴《讨校长檄》，被迫离校，流浪回家。在校期间，吴芳吉结识吴宓，并成莫逆之交。吴宓是吴芳吉新作的第一个读者，吴芳吉得益吴宓之处甚多。

后任嘉州（今乐山）中学英文教师，1919 年秋赴上海，任上海右文社《章氏丛书》校对，永宁（今叙永）中学（今叙永一中）教师，上海《新群》诗歌编辑（其间发表了《婉容词》《两父女》等诗作），先后担任上海中国公学、湖南长沙明德中学教师，西安西北大学教师，辽宁沈阳东北大学教师，1927 年受聘为成都大学中文系教授兼系主任，四川大学教授，江津中学校长等。1929 年参与创办重庆大学，任文科预科主任。1931 年受聘为江津中学校长，"九·一八事变"后，他创作了抗日诗作《巴人歌》并多次到重庆等地朗诵演讲。朗诵演讲时，他慷慨激昂、声泪俱下，晕倒在讲台上，因医治无效，于 1932 年 5 月 9 日在江津故居白屋与世长辞，时年 36 岁。

吴芳吉与龙泉驿区的渊源始于龙泉山。他曾爬上龙泉山顶，登高远望，写下了《龙泉山顶远望》。

> 风雨上龙泉，绝顶瞰诸天。
> 益州平如掌，青城几点烟。
> 田亩相稠叠，明镜纷万千。
> 茸茸散村树，秋色正澄鲜。

恍若临灞岸，回首望樊川。

如何此形胜，只逐潮流迁？

蜀女甜于酒，蜀士软如绵。

丰功缅神禹，疏凿何时旋？

龙泉山位于成都平原东部，为成都平原与川中丘陵分界线，古代也称分东岭、分栋山。山脊海拔600—1000米，中段山势高大险峻，为成都东面屏障，自古乃兵家必争之地。最高峰长松山海拔1059米，山中树木茂密，有长松八景。此诗乃1927年9月诗人由故乡江津赴成都后所作。最早刊于《学衡》第六十二期（1928年3月出版），题为"赴成都"，且有自注云："杜子美诗'得归茅屋赴成都，直为文翁再剖符'题本此。"将组诗分为两大段，各段首题曰："第一段自江津至内江（共10首）""第二段自内江至成都（共14首）"，两大段中各诗自然分段。《赴成都》组诗写诗人由江津至成都沿途所见所感，犹如一幅幅写实的风俗画，蜀中山川草木、城郭人民、风俗百态皆历历在目，酷肖杜甫《秦州杂诗》诸作，亦可名为"诗史"。

此诗描写了诗人由江津一路西行到达龙泉，登龙泉山远望成都平原的景象，抒发了对成都的由衷喜爱之情。其中对成都的建设与发展从众随俗、缺乏个性，不能彰显自身的特色也深致不满。现在看来，诗人的担忧是有预见性的。中国发展到今天，千城一面、千村一面已成为城镇建设中难以克服的顽疾。如何接续传统文脉，彰显独特的城市品格（包括建筑风格），增强城市的辨识度，成了必须认真研究解决的重大课题。诗为古体，可分三层。

第一、第二两句分为第一层。写登高望远，可谓入首点题。诗人于1927年9月17日薄暮抵成都（据《赴成都》组诗最后一首自注），故登龙泉山眺远或为9月16日。时值秋天，而成都一带秋天多雨，故"风雨"乃为实写。"绝顶"即最高顶，山顶上可以鸟瞰成都全景。

"益州平如掌"以下八句为第二层。写龙泉山顶鸟瞰成都平原所见。诗意谓但见肥沃富饶的成都平原如手掌般平旷，青城山渺如云烟。田畴层叠，阡陌纵横，大大小小的河池犹如明镜般闪光。树木葱茏丰茸，一派秋天的清新明净之景。仿佛是在灞陵回望长安，千古锦城尽收眼底。在此诗人用白描的手法，勾勒出成都平原的美好秋色，表达了自己深深的热爱喜悦之情。在诗人三十六年的短暂生涯中，成都对他具有非同寻常的意义。他曾数次往返于成都，并留下一系列歌颂成都历史文化和风物景致的作品。其中《成都》最为人传诵，其他如《浣花曲（十二首）》等都不愧为佳作。

最后六句为第三层，写诗人登高远望后之所感所想。"如何此形胜，只逐潮流迁"，乃是对成都在发展建设和政治形势中随流从众深致不满。细玩诗意，此二句应有其本事，针对具体人事而发，但是具体情形已不可详考。"甜于酒"，乃言蜀女之美艳温柔；"软如绵"，乃言蜀地之肥沃。"丰功"二句则是见蜀地之丰饶而追本思源，缅怀大禹之丰功，念其"三过家门而不入"的"腓无毛""手足胼胝"的辛劳，言外之意则是希望有如大禹那样的英雄出现，能够重振天府之国之雄风，重现锦城丽都之繁盛。换言之，诗人对当时四川成都之主政者亦深致惋惜与不满。联系诗人在四川大学等校时的不愉快经历，这样的感慨可谓"良有以也"。

另外，民国时期，现当代著名作家行列里，张恨水、朱自清、叶圣陶等人数次由东大路翻越龙泉山。朱自清于1944年7月14日、1946年6月17日、1946年8月19日三次经过龙泉山；1944年9月28日，由于遭到日寇飞机扰袭，加之汽车不断抛锚熄火，叶圣陶更有徒步登临龙泉山的珍贵记录：……行至龙泉驿下，司机命男客下车，步行登山，以免危险。此自当遵从，余遂随众人登山。山颇高，上升复上升，余喘不可止，汗出如流。忽而云起雨至，霎时全身淋漓。足穿皮鞋，山路滑不易走，更费气力。行一时许，到山顶，据言有十华里矣。重复登车，缓缓下坡，而雨势亦杀。天气突冷，风来如刺，余知殆将受病矣。抵龙泉驿站，受宪兵之检查，又停车一时许。于是直驶牛市口，到站时已四点半……①这些文人墨客在龙泉驿的停留虽然是短暂的，但他们作为巨擘的文化身份以及用文学书写龙泉驿的诗心，为龙泉驿历史文化增添了光彩的一页。

一般来说，古人和近人前往成都、川东，通常会途径龙泉驿，陈毅、谢无量、李宗吾、朱德作为川东一代名流，也因此与龙泉驿有千丝万缕的联系，比如著名现代京剧《陈毅回川》讲述了陈毅元帅与夫人张茜于1959年冬在乐至、成都反对浮夸风、倡导实事求是的故事。另外在护国战争期间，以朱德为旅长的滇军第三混成旅也推进到成都市郊龙泉驿一带，在这里，他和孙炳文商定共同出国学习、研究外国的政治和军事，以便寻找救国救民的新路子，后来朱德在龙泉驿战败，在昭觉寺得到庇护。

---

① 叶圣陶：《我与四川》，四川人民出版社1984年版，第289页。

第八章　往昔繁盛说茶店

在很久以前，茶店子四野荒凉，每年清明节扫墓人络绎不绝，年深日久便踏出一条小路，可通骡马，亦为驿道。在这条路旁有一刘姓穷家小户，借此搭茅草棚数间，为扫墓歇脚之人提供香蜡纸钱和便宜茶水。所以，来往行人便称此茶棚子为茶店子。《成都县志》载："清同治十二年（1873 年）成都有地名茶店子。"至今已有一百二十余年。

第一节　茶铺

四川是我国茶叶的起源地之一，茶叶种植历史悠久，饮茶十分普遍，故四川也是茶馆的发源地，《茶经》中有"蜀妪做茶粥卖"的记载，可见一千多年前的四川就已经有茶馆和茶摊。四川茶馆可以说是中国茶馆文化的杰出代表之一。其中成渝古驿道上的茶店子老街，古代的官商上成都或下川东，都要在这里歇个脚。明清时期，东大路道上行旅辐辏、日夜不绝，茶店子距成都大约 45 公里，正是普通人行走一天的路程，旅客们便在这里歇一晚，第二天再走。因此，茶店子的茶铺迅速发展起来。

西晋时期，四川有挑茶粥担沿街叫卖者，至唐代，茶馆应运而生，

《封氏见闻记》说："自邹、齐、沧、棣，渐至京邑城市，多开店铺，煮茶卖之，不问俗，投钱取饮。"繁华冠九州的锦城（成都）自然也不例外，那里早就有卖茶兼卖药的茶楼。明清以后，四川茶馆遍及城乡，茶馆是人们消闲、打盹儿、掏耳修脚、斗雀买猫、打牌算命的自由天地和评书、扬琴、清音、杂耍的表演场所；茶馆又是拉皮条、说买卖的民间交易所，也是讲道理、赔礼信、断公道的民间公堂。

陈锦的《四川茶铺》中提到，四川现代型的茶馆始于清末，直到1912年才向全境推广。四川茶馆遍及城乡，茶叶的消费数量十分庞大。据《成都通览》载，1909年，成都有街巷514条，茶馆454家。有一则民间谚语说成都人"要么在茶馆里，要么在来茶馆的路上"，可见茶馆在成都的普及和在市民生活中的重要性。据《新新新闻》1935年9月统计，成都街巷67条，茶馆59家。每天都来坐茶馆的茶客占成都人口总数的五分之一（约十二万人）。成都茶馆的名字也新奇典雅，各有特色，如"芙蓉亭""槐园""竹园""掬春楼""停月居""映江亭""诗清阁""青草亭"等。有突出临江位置的，如"枕流""三洞桥""攀桂楼"等。有标榜方便顾客的，如"各说各""忙里闲"等。有招徕士林学子的，如"一品轩""凌烟阁""儒林"等。有供宗教界人士休憩交往的，如"妙高楼""蓬莱""禅鸣""十二楼"等。有方便商贸聚会的，如"荣盛""鸿头""安乐寺""庆徐"等，形形色色，各具个性，真正是"一去二三里，茶馆四五家，楼台六七座，八九十枝花"。[1]

成都传统茶馆的最大特色在于它的简朴随意，极具民俗风情。无论是风景名胜，禅寺道观，还是公园市井，寻常巷陌，总可见到茶馆的身影。成都盛产竹子，传统茶馆的椅子多用竹椅，禅寺道观或公路

---

① 王镇恒、王云、朱世英：《四川名茶与四川茶馆文化》，《农业考古》2000年第2期。

沿线的茶馆周围也种植着许多竹子，炎炎夏日，在竹林中喝茶闲谈也别有一番风味。茶馆多以建筑形式命名，"园""楼""亭""阁""驿"等，如具有西洋风味的"华华茶厅"，借古驿站地址开设命名的"包馆驿"……除命名外，茶馆的内部陈设也十分惬意，方桌竹凳，随地一摆；铜壶盖碗，茶香四溢，这才叫"茶香不怕巷子深"。讲究些的，进门是假山，墙角摆上盆景，花木透香，清幽又显高雅。有的利用剧场绿化地带开设茶座，几张或方或圆的桌子依次排着，四周放着藤椅，顶上一半遮着天一半葡萄架。在影剧正式开始前找个座位，来上一碗茶，忙里偷闲，亦是一乐。

成都传统茶馆的第二个特点便是对泡茶水十分讲究。成都传统茶馆为了说明好水泡好茶，把"河水香茶"四个字写在纱灯上，红黑相间，挂在门上招揽客人。为了获得像泉水一样的水，他们创造了"砂钢滤水法"，即在茶馆的阴凉处，从低到高错落有序地排列着数口水缸，缸内有干净的细砂和卵石，缸面上盖着白帛，缸下部有特制的小孔，一只竹筒贯入孔内，取来的水倒入最上面的缸内，通过竹筒依次流入最后一个缸，这样层层过滤，水变得清澈透明。

成都传统茶馆的第三大特点便是雅俗兼具，它不仅是人们"摆龙门阵"，旧社会"袍哥们"谈公事，乡绅、保长断纠纷，来往商人进行经济贸易的地方，更是传统文化交流和传播的胜地。有不少文人作家专到茶馆中寻找写作灵感，也有许多学生在茶馆里聚会，吟诗、作画、谈心，成立一些文学交友社等，除此之外还可以观赏到传统茶艺、川剧、金钱板、扬琴、评书还有木偶戏等精彩的四川传统民间艺术，各种风雅之气在这里交汇。[1]

在古代，龙泉驿古驿道上茶店子的茶铺是四川茶馆的一种，但因

---

① 彭俊：《成都传统茶馆文化及麻将文化》，《商场现代化》2016年第9期。

其处于古驿道上，其功能主要是供来往的羁旅驿客休息、歇脚、解渴的场所，所以相比较成都市内的茶馆，其茶水与服务就稍显逊色，其布置也会较简陋，疲累的行人们也不会过于讲求茶水的好坏和布置的精致与否。行人旅客只是需要一个歇脚止渴的场所，与市内茶馆提供市民休闲、消遣、娱乐的文化功能具有一定的差异。因此，茶店子茶铺的一杯茶水和一些桌椅即可满足他们的需求，以即时性、实用性为主要特征。

第二节　十大栈房

支撑成都东门第一栈的基础是茶店镇经营百年的"十大栈房"。"十大栈房每天可住五百人左右"，茶店老街居民毛绍成（1923—　）还清楚地记得当年的盛况。以十大栈房为代表的众多栈房旅馆沿着街道从场口一直发展到五里班，具体名字有义全店、狮子店、洪胜店、永胜店、云胜店、维新店、长顺店、半铜村、寄脚舍、鸡毛店。前四家店经营门类齐全，包含了旅馆、饭馆、茶馆，故又被称为"三馆"。其余均以栈房为主，兼顾餐食，称有"二馆"，一馆则只提供住宿，由客人自行生火做饭，俗语里"茶店的堰塘关不满，白天夜晚有人担"，就是描述晚上住宿的客人挑水做饭的场景。栈房通常用长方形灯笼作店招，灯笼写上"某某寄宿舍"的字样。门上和墙上店招多写上"未晚先投宿，鸡鸣早看天；宾至如归；衣物自管，失落不赔；生意兴隆通四海，财源茂盛达三江"等字样。栈房楼上住上宾，楼下多住挑夫、轿夫等下力人。古驿道从茶店街上经过，各色客商根据自身条件和任务选择投宿十大客栈。

李义全，民国初年时茶店子首富，经营着最好的三馆——义全店。"楼高三层，有一百多床铺盖，五六名幺师"（相当于现代旅馆服务员）。入住者多为往来脚夫苦力，偶有达官贵人，所以义全店以及其他栈房多为通铺，一床篙帘子往地上一扔，200 文钱一宿，偶尔有达官贵人则住"一撑铺"（单间）或者"两撑铺"双人间，大致要两吊至四吊钱（一吊钱约五个铜圆，一个铜圆约 200 文钱）。

那时候栈房饮食非常简单，普通人以"帽儿头"为主，一碗白米饭，顶上盖一点小菜，类似今天的盖浇饭。普通人吃二两，脚夫挑夫则要吃六至八两饭，饭钱 400 文。由于茶店子处在山区，不产米粮，往来客商的粮食供给主要来自龙泉驿，每到龙泉驿逢场，空返的挑夫就会挑一担米回来供给各大栈房或者粮店，街上有陈本初和严玉斋开的米粮铺，主要卖粮食和清油。还有一钟姓爪手（女，手部残疾）在下场开一小铺，售卖筒筒米，"600 钱一筒，够一家人煮一顿"（毛绍成语），而肉、菜一类副食则来源于本地农民的生产。

义全店生意颇好，往来人员繁杂，不免生一些故事。据毛绍成讲，义全店曾经发生过一次"打兵"事件。一个营级军官，携带两便兵，途经茶店子，落脚义全店。可能是露了财，遭到一群本地烂账的（地痞流氓）围攻，最后将营长俘至老黄果树下（今茶店幼儿园附近）打死，劫走钱财。之后各栈房为保住自己的生意，开始有了治安联防队，用于维护镇上治安，保障来往旅客安全，再未出现类似的恶性事件，从而维持了"成都东门第一栈"的声誉。

除了义全店，第二大的狮子店能住 70—100 人。洪胜店（位于现在的镇政府）能住 50 人。还有云胜店、半铜村（在坎下）、寄脚舍等，然后是更小的鸡毛店，大概在今天的五里班，远离街道，主要供携带牲畜的旅客投宿，专门设有牲畜圈，可以关耕牛、马匹、小猪、肥羊。总体来讲，栈房的条件很一般，蚊虫较多，歇后语叫作"栈房头的蚊子——吃客"。

茶店子老街上有几个标志性建筑，如东场口的魁星楼，两旁对联大致内容为"万家灯火、四海桑麻"之类，其背后是火神庙、铁瓶寺，供销社位置是关帝庙，学校位置是禹王宫，砖厂位置是字库塔（上书"惜字得福"四字）。

坐商在茶店子开客栈为过往商旅提供食宿，为四周居民提供商品。没有本钱的居民，则下力参与货物挑运。本地小行商（贩运商）历来较多，多属农兼商，小本经营，亲自参与劳动。如贩运棉花、土纱、土布、烤烟、叶烟、棕麻、家畜家禽、粮食、糖、盐、酒等。做生意时答话讲究察言观色，注重顺着（尊重）客人。如饭馆跑堂的问客人吃什么菜时，有的客人会说："你看老子的背！"跑堂的就会说："东二靠上长年的背——烧腊一份。"客人又说"再点一个'放牛娃的衣裳'，一碗洗锅水"，跑堂的则会说："来一个放牛娃的衣服——'牛皮菜'，再来一碗素汤。"在热情接待客人的背后，从事餐饮业人员（包括幺师，跑堂的）因收入微薄，生活条件差，常自嘲说："有儿甭学饮食行，吃了多少万仙阵（剩菜剩饭），睡了多少八角床（用两条高板凳拼拢当床）。"

东大路是成都与川东联系的主要陆路交通要道，货物运输、人员往来、消息传递都相当频繁，各路商人、脚夫、挑担抬轿的、背包拿（四川话发"老"）伞者络绎不绝。货物以向西运为主，民间有"搬（四川话发音'盘'）不完的重庆城，填不满的成都府"之说，指的是川东的糖、酒、盐、土布、鸡蛋、陶罐、桼（做蜡烛的原料）油、肥猪、耕牛、铁、铜等货物，主要卸在简阳的石桥、石盘等几个沱江码头，再经陆路运往成都。在成渝公路通车前，运送货物翻山全靠"肩挑背磨"，挑夫称之为"硬担30里山路"，由挑夫挑抬着或骡马驮着翻过龙泉山，大部分在龙泉驿或洛带中转后，再运往成都。向东运的货物数量相对较少，主要是川西坝子出产的大米、菜油、油枯、布匹等。日常人员往来以商队为主，茶店人印象深刻的成群结队的商旅主要是布帮、皮头帮、马帮等。据1997年10月版《成都市龙泉驿区交通志》载，新中国成立前山区有上千挑夫、二百多匹骡马，坝区有几百辆鸡公车揽活儿。此外偶有换防、征战、驻守的军队通过，并发生了1911年11月5日、被称作"四川辛亥革命第一枪"的夏之时起义；1923年主要由刘伯承在山泉镇柳沟铺指挥川军击退黔军的"龙泉山大捷"；1949年年底，驻守龙泉驿、大面铺一带的李振兵团，于南山铺到山泉铺沿线修建了许多战壕和碉堡等工事，一时大战的阴影笼罩茶店子，人们纷纷躲避。好在大势所趋，李振兵团最终通电宣布起义，解放军和平地通过茶店子。

第三节　诗说茶店

茶店镇旧称茶店子，因其与成都西门的茶店子重名，现在统称茶店。茶店子在东大路位置特殊，是成都向东步行一天的标准路途，即第一栈。因公事出门无论向东或是向西，都要在此住宿。经过茶店古镇的东大路是条官道，两千多年来，见证了许许多多行人的身影，其中不乏高官显贵和巨贾名流，只因来去匆匆，大都只留下了脚印，而未见诸文字和实物。现在流传下来的文字记载，最有名的当属明朝大学士赵贞吉（详见石经寺）和当代文豪郭沫若。当年郭沫若由成都东行出川宿茶店子等掌故已如前述，实际上当时奔走在古驿道上的名人轶事还有很多。很多人住宿于茶店子，兴之所至，偶尔在栈房题壁留下诗文，或乘天气尚早而下山游石经寺写下诗篇。因栈房之人并未刻意保留，仅有少数被后人修地方志时收集起来，下面聊举几首。

一　茶店子题壁诗

蕙纕是一位传奇女子，雍正五年（1727年），其父查嗣庭因诽谤朝廷获罪，后在狱中自杀。她路过茶店子时，曾留下题壁诗。

> 山风纳纳晓云残，淡月疏星绕竹栏。
>
> 惊起香闺春恨远，梨花春店十分寒。

这首诗展现了古代女子一种非常另类的出门风范，不仅不害怕，反而对"山风""晓云""淡月""疏星"持欣赏的态度，同时也告诉后人，茶店的客栈是仰望星空的好地方。同时，这首清朝初年的诗还显示出现在所知的茶店客栈至少经营了200年。

二　苏启元《茶店诗》《由茶店至山顶诗》

苏启元（1857—1935年），清末诗人，他留下了一系列描写龙泉驿风景名胜及风土人情的作品，是历代龙泉诗中的重要诗人，我们将在第九章做重点论述。在此，仅对他的两首描写茶店的诗（诗摘自《苏山诗草》，1927年版《简阳县志》）略加评析。

茶店诗

薄暮来投宿，如归安乐窝。途穷天地窄，兵杂乱离多。
美酒争豪饮，佳人唱艳歌。开轩聊举目，风景自山河。

头两句凸显了茶店作为成都东门第一栈房的特点，即旅客走了一天的路（90—100里），傍晚走到茶店，差不多达到普通人的生理极限了。而茶店栈房的出现，让客人有投入安乐窝的感觉。豪饮美酒来解乏，旁边还有佳人唱曲，顿时让人忘却一天的疲惫，重拾欣赏风景的愉悦心情。"佳人唱艳歌"一句，透露出这还是一个能唱"荤歌"、颇具风情的浪漫之所，可以让人联想到茶店应该是一个有故事的地方。

由茶店至山顶诗

人从山上行，云从山下起，依依若有情，随人上山十余里。山顶之高高接天，横览八极凌紫烟。四山回合不知数，蜿蜒奋飞入云去，云飞上天自卷舒。人苦年年走道路，恸哭穷途岂达理。歌行路难行不已，乌兔东西亦如此。

这是一首描写从茶店上山行路难的诗，在古人眼里，在茶店休息，就是为翻越龙泉山"这座大山"做准备。与苏启元的前一首诗相比，前诗的惬意与此诗的艰难困苦形成鲜明的对比，"佳人美酒"与"恸哭穷途"的反差，更突出了古驿道的艰难险阻。

三　茶店子乱葬坟歌

王增祺，字师曾，一字也樵，号蜀西樵也，四川华阳人。禀贡生，官陕西韩城、石泉、洋县等县知县。晚岁还蜀。有《聊园词存》一卷，附于同名诗存及续，光绪十七年韩城刻本（诗摘自《聊园诗存》，1927年版《简阳县志》）。

茶店子乱葬坟歌（在简州治）

君不见龙泉驿南廿五里，茶店子埋干麂子（俗称乞儿名，死了的乞丐或孤寡穷人，新中国成立前区境各场镇外均有埋穷人的义冢）。生无一饭充饥肠，殁无片板覆遗体。山头碎掷如乱柴，往来惊见悲中怀。居人笑指向客说，是肉饱犬余残骸。呜呼，男儿身七尺，盖棺抷土成安宅。马革无须定裹尸，岂尽沙场忠义魄。芦中穷士志不穷，尔胡落拓甘长终。王孙裸葬固高致，狐狸未揾黄耳逢。皮囊脱却无烦恼，天地水葬靡弗好。喂鹰饲虎伊何人，死欲速朽见犹小。姑为若辈陈一词，汉唐陵墓存者谁。赤眉偏掘温韬继，冢中枯骨初无知。官道即今多义冢，旋复平夷争下种。崇高且羡生王头，樵采难禁死士垅。

这首诗表达了作者对茶店子居民平整义冢来耕种，导致那些穷人的尸骨如乱柴一样被随意处置的不满。同时，根据诗人所处的时代大致对应"太平天国"期间，当时有大批入川避难的"下江人"，也显示出茶店地处交通要道，来往的人群极多，才导致死亡于此的贫苦路人甚多。

四　刘书晋茶店子和壁间韵

民国刘书晋的《壁间诗》（诗摘自《老来红精舍诗钞》，见 1927 年版《简阳县志》）云：

> 壶中仙药橘中棋，承足莲花任所之。
> 一笑儒童空著述，三生佛子妙慈悲。
> 胡来汉现伊谁似，行远登高道在斯。
> 遮莫秋风怜宋玉，放翁聊和壁间诗。
> 小果人天一局棋，轮回苦海意安之。
> 偶因及第思庞蕴，辄唱高歌警孺悲。
> 风雨难鸣时若此，烟云蜃现世如斯。
> 谪仙游戏坡仙老，输与虚堂隐几诗。

这首诗显示出客人在茶店食宿是一件很惬意的事，山区风景尚好，山下又有石经寺大庙，僧人都会讲经论道。望着墙壁上的诗，有才情的人多会诗兴大发，依壁间之诗合作。全诗表达了一种尚友古人、随意而安的心情。

五　吴芳吉诗中的茶店子

在 20 世纪的二、三十年代，四川是兵匪横行的重灾区之一。1927 年 9 月，吴芳吉受成都大学之聘，从江津出发赶赴成都，沿途所见，官府残民，民不聊生，社会问题成堆，吴芳吉用诗一一记下，汇成《赴成都纪行》组诗，共 187 行。《赴成都纪行》写吴芳吉从江津出发去成都，沿途的耳闻目睹，有许多风物掌故、山川景物的描写，还有兵匪横行，民不聊生的叙述，非常生动。如行至永川，"路死谁家儿/半身滥泥浣/云是远行客/疾发无人管"。在隆昌碰上杀人，"破狱出囚徒"之后，"官兵前捕剿/良莠并行搜/君看城边路/累累挂人头"。百姓无辜遭戮，到处都是悲惨之景，令人恐怖。究其原因，乃是"一年三预征/年复兵戈创"。"一程复一驿"段记土匪抢劫杀人，"暮投赤水镇"段记黑店，店主谋财害命。这些诗篇既有高度概括的叙述，更有精到的细节描写，还有典型的场面展示。在资阳雇的"鬓发已斑白"的老轿夫拼命揽活赶路："袒褐首无遮，不顾秋阳烈，毛汗腻如膏，瘦肌红复黑。"在茶店子吃早餐时，"前方围乞丐，后席列娼僚，颜开或目送，意中各有操，吾食甫云毕，捷足甚猿揉，一一伸污手，取盎肆狂饕"，等等，都给我们留下一幅幅特定历史时代的特定场合的生动画面，充分展示了当时四川境内人民生活水深火热、朝不保夕的严酷现实。

第四节　其他古集镇场（柏合镇磨盘街）

史载柏合镇唐宋时期为成都东南方向外出到仁寿、简州（简阳）以及渝州（重庆）的官道南支线上的驿站，位于清水河与鹿溪河相夹之处，地理位置优越。清乾隆四十二年（1777 年）建场，时称柏合寺，因镇中延寿寺内生长有龙凤双柏连理而得名。加之周边茂林多有白鹤（一说乡人误认白鹭为白鹤）栖息，人们亦称其为白鹤寺。

在高处俯瞰场镇，古街的形状如一轮闭合的磨盘，人称"磨盘街"。街道绵延两里，两侧还保留着鳞次栉比的传统民居，辅以上、下场口延伸的道路，整体看去犹如一只振翅的白鹤。说来道去，似乎总和白鹤有着渊源。

清朝中期，龙泉驿、甑子场（洛带）、大面铺、西河场、柏合寺等五个大场镇，在商业、手工业方面已具相当规模，商贸发达，由于它们坐落在境内东大路各支路（东郊）上，人称"东山五场"（这与前言客家人较集中的"东山五场"不同）。

明末清初战乱停息，外省移民从各处迁至"东山"一带，垦荒定居。他们多来自湖广（湖北湖南等地）、广东、福建、江西、陕西等省，多是同宗同乡举家一并迁来，在这里繁衍发展，最终形成聚落。随着人口增多，集市规模也日益扩大。乾隆中期，柏合寺场成为远近闻名的集市、简州境北最大的乡场。

柏合镇当年庙宇林立，除了延寿寺（始建于明代）外，磨盘街上陆续建起了禹王宫（湖广会馆）、南华宫（广东会馆）、关帝庙和川主庙，值得一提的是其上场口与下场口外侧各有一座南华宫，在四川境内可谓罕见。

南华宫是岭南客家人在巴蜀境内修建的聚会活动场所，这从侧面说明柏合镇旧日便是一座客家人汇聚的移民场镇，与相距其十余公里的洛带客家古镇（甑子场）颇为相似。

只是同为旧日"东山五场"，洛带近年经过开发重建，规模已扩大数倍，各地游客也络绎不绝，近年还引来华侨城扩建古镇的文旅项目；而柏合镇却日渐衰落，无人问津，仅有一条冷清的老街成为那段辉煌历史的记忆。

由于磨盘街所围之地仅约0.2平方公里，清代中期便形成了多座寺庙毗邻而建的格局，每日里人来人往，香火不绝。人聚则财聚，后来人们环绕寺庙建起了各式商铺与民居，入场顺时针方向外圈有叶家祠堂、水巷子、鳅鱼巷，巷外有酱园和川主庙。街道上开设有茶馆、药铺、当铺、绸缎铺、酒店、染坊、烟铺、铁匠铺、理发店、饭馆等，成为此地区的一处经贸中心。

但是很多寺庙在新中国成立后的各种运动中或拆除或改建，上南华宫在 20 世纪 60 年代被拆除后改为粮库，下南华宫也在多年前被毁。最为气派的禹王宫原有的戏台及几座大殿，现已无存。还有南岳庙、白衣庵、字库和灯杆等建筑，亦消逝在岁月的长河中。

唯有一座关帝庙，残存部分建筑今日仍为民居所用，依稀可以辨认出曾是过往的前堂和戏台，其余皆变为乌有。这几座庙宇故地，曾是小学校园所在，如今小学也已迁走，现被街道社区和老人文化活动中心使用，取而代之的是几幢现代的多层水泥建筑和一个宽广的院坝。几株粗壮的老黄葛树（榕树）挺立在院落之中，应是旧日所植，成为那个时代的见证。

场镇各道口过去设有三道主栅子和两道小栅子门，这些具备防御功能的设施早已消失无踪，而街头巷尾种植的八棵黄葛树，有些已有300 年树龄，虽然历经风雨沧桑，今日尚枝繁叶茂，仍旧是场镇的重要地标。遥想当年，这些大树旁边便是一座座宏伟华丽的宫庙，每日无数善男信女出入大殿祈福拜佛，累了便在树下聊天休憩，人来车往，好不热闹。

北高南低的磨盘老街宽约 5 米，两侧房屋依街就势而建，多为清代至民国建筑，已有上百年历史，基本为一楼一底、砖木架构小青瓦屋面的穿斗民居。采用上宅下商、前店后宅式结构，后宅多有院落、天井。20 世纪中叶后老街开始衰败，现时除了几家经营日杂的店铺外，大多房屋已是大门紧锁，人去楼空。二楼的木地板和木门窗也因无人打理维护而日渐腐朽，沿途不时有精致的雕花栏杆与撑拱映入眼帘，可惜多已摇摇欲坠，危如累卵。

旧时这里逢单赶场，周边乡民是日纷纷从两处场口进入场镇，沿街店铺开门迎客，小摊小贩一字摆开，经营蔬果肉菜、日杂百货。街头人头攒动，买卖声此起彼伏，洋溢着浓郁的市井气息。禹王宫和关帝庙常年会事不断，吸引着不少乡邻前来看戏。

时过境迁，农贸市场后来移至场外，镇内商户也纷纷迁离。正所谓物是人非，如大戏谢幕后的空空舞台，曾经的声色犬马皆化作过眼云烟，最终归于平静。

距磨盘街一公里外有座"钟家大瓦房"，是一座典型的客家建筑。房屋坐北朝南，前有院坝，后有竹林。东西约 70 米，南北约 30 米，主体为土坯墙和小青瓦建成的平房。中央祖屋为二进制祠堂，中轴线两侧分别建有六套既相连又独立的建筑单元，其间由三个天井分隔，故有"九天十八井"之称。内中有一百多间房屋，可容纳三百余人居住。2001 年"钟家大瓦房"被公布为成都市文物建筑，后来亦成为四川省"客家保护民居"，相比广东省内的这类建筑，可算是较高的级别了。据说"大瓦房"由清乾隆年间钟家始祖荣昌公始建。当年他由广东率族人入川，主要以编织草帽为生，因生意红火逐步发家致富，并于乾隆三十三年（1769 年）在这里修建起钟家祖屋。得六子后，依客家人聚族而居的习俗，在祖堂外两侧规划设计了六个并列的建筑单元，渐成大宅，目前已经传承了十二代。整体看上去这座宅子朴实无华，甚少装饰，宅院讲究实用性和功能性，才有今日模样。

说到特产，柏合镇中有百余家草编专业户，草编闻名遐迩，产品美观耐用，可算一绝。其历史可追溯到 400 年前，据说由一位被称为"景氏"的农妇发明（一说由客家人引入）。有传柏合草帽曾作为供品呈给光绪皇帝，20 世纪 50 年代还以供销社名义献给伟人使用——这些说法真实与否，无从考证。但 1937 年刘湘率十万川军出川抗日，这柏合的草帽和草鞋成为将士们的标配，虽说装备有点寒碜，却让柏合草编实实在在地风光了一回。

　　柏合豆腐皮在龙泉驿也可谓家喻户晓，远近闻名。它是将蚕豆豆浆制成薄如画纸的皮，再切成犹如银针的细丝，加入佐料煮制而成。红色豆腐皮麻、辣、烫，美味可口；白色豆腐皮润、滑、腻，清爽宜人。柏合豆腐皮的制作工艺已有上百年的历史。

　　相传清朝末期，柏合的黄豆豆腐皮已经闻名乡野，但只有麻辣，没有红白两味。有一天，一个成都的将军路过此地，叫菜下酒，点名要吃麻辣豆腐皮。可是豆腐皮已经卖完了，厨师难为无米之炊。将军对老板说："老子来一趟不容易，你无论如何也要给老子弄盘豆腐皮来吃吃。"店老板想了想，现推黄豆已经来不及了。一个店小二说："不如将蚕豆豆浆弄来试试。"老板一想："对呀！"于是就将蚕豆豆浆制成了薄如画纸的豆腐皮。为了体现正宗黄豆香味，压制蚕豆异味，老板又让厨师在调料上下功夫，待锅内油开后放入豆豉炸酥，放豆瓣、酱油、花椒，最后放入切得如线般粗细的豆腐皮，掺汤煮沸，再放海椒或红油辣椒、蒜、葱等调味料做成。将军吃了满满两大碗，连说"好吃好吃"，最后吃得满头大汗，高兴地走了。老板心想真有那么好吃吗？就拿筷子去尝，他像捞面一样捞起豆腐皮，放进嘴里，"哎呀"一声被烫得叫出声来，但过后一回味，老板连说："味道鲜美极了！"

　　从此以后，柏合豆腐皮远近闻名，四乡八镇的人们都慕名前来品尝。现在每天从成都驾车赶来小镇品尝的食客更是络绎不绝。①

---

　　①　中共成都市龙泉驿区委党史研究室：《今古龙泉驿》，成都时代出版社 2016 年版，第276 页。

第九章　驿道诗篇传千载

　　四时花不断，八节佳果香。龙泉古驿道青山依旧，行经此处的历代诗人已不复存在，却留下了无数传颂千载的诗篇，熠熠生辉，流芳百世，成为龙泉古驿道悠久厚重历史文化的生动记录。东大路上的龙泉古驿道，一直是衔接成渝两地的行走和休歇走廊，是打通巴文化和蜀文化的时光隧道。尤其是经隋末名士朱桃椎落居龙泉山以及唐代诗人段文昌、宋代诗人李流谦任过龙泉驿县尉后的历代积淀，其诗性气质，已然成为锦城东山地区最古老而又浓厚的文化基底。

　　根据《全唐诗》可知，李德裕、吴融、郑谷等人皆为龙泉驿写过诗，其中大多与龙泉山脉主峰长松山之长松寺有关。《全唐诗》还告诉我们，时任西川节度使、后升为宰相的河北赞皇人李德裕，是给龙泉驿写诗又留下诗的第一人，这首诗就是《赠圆明上人》。

　　画栋西蜀，山川秀美，千年古驿，人杰地灵。昔日的龙泉古驿站演变成今日的成都龙泉驿区。几千年风云变化，几千年沧海桑田，殊不知，来来往往的行人步履匆匆，或是羁旅此地，或是落居此地，或是上任为官，或只为游山玩水，然而他们在龙泉古驿道留下来的诗文却流传千古。千年前的场景虽未能亲临其中，但可以通过古人留下的诗文而得其仿佛、见其风采。

第一节　唐宋时期驿道诗词

　　一个时代文化的繁荣发展与当时的社会背景密不可分。唐朝是我国历史上最为强盛的一个时期，统治者思想开明，社会安定，经济繁荣，人口增多，文化发达，科举制度正式成型实施，行政管辖得以强化，龙泉驿区域正式设立县的建制，产生了很多历史名人。如隐居的朱桃椎，来做县尉的段文昌，来洛带求雨的白敏中，他们二位后来都升任宰相；驻锡长松寺的马祖道一、圆昉，驻锡燃灯寺的悟达国师等高僧；慕名而来的李淳风、袁天罡、李德裕、郑谷等。① 宋朝是古代经济社会发展的鼎盛时期，成都诞生了世界上最早的纸币"交子"。灵池县因交通发达，人口增多，经济繁荣，人文荟萃，被称为小县中的"上县"。苏辙曾专门建议推广灵池县的经济发展经验。苏轼也对朱桃椎、长松寺给予了很高的赞誉。唐宋时期是中国诗歌的鼎盛时期。龙泉驿的诗歌也在此时期达到了前所未有之高峰，出现了众多著名诗人，如名臣李德裕、王刚中、胡元质，文人魏了翁、文同、李流谦、潘洞等②，他们用优美的诗词，描绘龙泉驿的民情风物，为我们留下了宝贵的文化遗产。

一　李德裕

　　李德裕（787—849 年），字文饶，唐代赵郡（今河北赵县）人，李吉甫之子。曾任剑南西川节度使，武宗时任宰相。作《赠圆明上人》

---

　　① 中共成都市龙泉驿区委党史研究室：《今古龙泉驿》，成都时代出版社 2016 年版，第 33 页。

　　② 中共成都市龙泉驿区委党史研究室：《今古龙泉驿》，成都时代出版社 2016 年版，第 63 页。

这首诗时，李德裕正在剑南西川节度使任上。他是中唐一位著名的政治家和文学家，在文宗、武宗朝两次入相，政绩斐然。击退扰边回鹘、平定藩镇叛乱、改革科举弊端……使武宗朝几近中兴，并开启大中之政。

李德裕和中晚唐其他诗人一样几乎每时每刻都处在一种矛盾的状态中，既无法实现抱负，又不能痛快退隐江湖。这是李德裕的矛盾，也是整个封建时代文人的矛盾。他失意时敏感孤独、自伤仕途困顿，对隐逸生活充满向往，但同时又对官场抱有幻想，不敢越雷池半步，所以他的人生理想中交杂着太多的情绪，在诗赋中便表现为感叹人生际遇，感叹岁月蹉跎，这不但是作为特殊的政治人物的进退两难，也是中晚唐士人的普遍心态。

赠圆明上人

远公说易长松下，龙树双经海藏中。
今日导师闻佛慧，始知前路化成空。[①]

诗中两处化用佛家故事。"远公"即晋朝庐山东林寺的慧远和尚。慧远法师创建的我国佛教莲宗的祖庙东林寺，位于庐山香炉峰下，靠近著名诗人陶渊明的家。陶渊明的名句："采菊东篱下，悠然见南山"，这南山指的就是庐山的香炉峰；李白的诗中"日照香炉生紫烟"，也指的是香炉峰。他俗姓贾，幼习儒，通六经及老庄之学；弱冠从道安大师出家，达大乘奥旨，后世奉为莲宗初祖。慧远以东林寺为教化中心，除传播佛学之外，也注重儒学的传授，如雷次宗、周续之等入庐山师事慧远，并随其学习《三礼》《诗》等儒家典籍。慧远以开放的胸怀

---

① （唐）李德裕：《赠圆明上人》，载《全唐诗》卷475，中华书局1960年版，第389页。

促进儒、释、道的交融，全面塑造了庐山的文化品格，这对庐山文化特色的形成和发展具有重要的意义。他和当时的文士陶渊明、道士陆静修等交好，经常谈玄论道。郎士元诗有"石林精舍虎溪东，夜叩禅扉谒远公"。

李德裕把圆明和尚比作远公，犹言今日之圆明上人来长松寺说法，宛若当年莲宗初祖远公讲经传道一般。龙树，可以译作"龙猛、龙胜"，佛教尊之为龙树菩萨。他曾入灵山跟从老比丘（和尚）受大乘经典，诵持爱乐。虽通实义，然未得通利，周游诸国，更求余经。此处是比喻圆明和尚在长松寺传经弘扬佛法之盛举。可见诗人李德裕对圆明上人的评价之高，心中敬仰之情不言自明。

诗中有注："圆公，佛顶之最。"① 可知圆明上人即一位佛法高深的僧人。在此诗中，李德裕先叙圆明上人于长松下说《易》，此处所说之《易》，指的是高深的佛理。"龙树双经海藏中"是佛家故事，讲佛教中的大乘经收藏于海内的龙宫之中，龙树菩萨曾求此经，受到大龙菩萨的接见，并让其于龙宫之中精研佛法，提升其佛学修养的故事。

诗中所提到的"长松山"位于龙泉山脉的凉风村，是龙泉山脉中名副其实的文化之山。其实，在龙泉山脉最高峰有一棵上千年的银杏树，还有一个古老的寺庙。长松山在唐代已建有寺庙，"安史之乱"时，唐玄宗入蜀避难并在此焚香祈福，并赐名"长松衍庆寺"，长松寺可谓历史悠久，声名显赫。新中国成立后这里只有几间房屋，60年代被拆除，现在仅可见一些房屋基础构建，周围是一片茂盛的森林。

全诗以圆明上人与慧远、龙树等高僧大德相比，并以自己听法闻道后的大彻大悟，强调了圆明上人高深的佛学造诣，抒发了自己对他的钦佩仰慕之情。

---

① （唐）李德裕：《赠圆明上人》，载《全唐诗》卷475，中华书局1960年版，第5389页。

清彭定求等编的《全唐诗》中载李德裕诗 135 首，另有散句若干，多为交游之作，以奉和、奉进、寄、赠、呈、送等为名的交游诗，竟达到 28 首之多，而这首《赠圆明上人》正是他众多交游诗歌中的一首。李德裕的交游诗歌不仅展现了他深沉、细腻的一面，而且丰富了龙泉古驿道的诗书文化。

二 郑谷

郑谷，字守愚，宜春（今属江西）人，光启三年（887 年）举进士第，授京兆鄠县尉，迁右拾遗补阙。乾符六年（879 年）任都官郎中，人称郑都官。避乱入蜀，在西蜀精舍寓居 6 年余，与圆昉过从甚密。郑谷一生曾多次入蜀，并曾漂流至荆楚、吴越一带，交游颇广。天佑元年（904 年）之后，乃弃官归至宜春，卒于家乡。每当论及晚唐诗坛，人们很少提及郑谷。若有人谈到，也多限于"一字师"的故事及因其咏鹧鸪而得名"郑鹧鸪"的名篇《鹧鸪》。其实，作为"晚唐之巨擘"的诗人郑谷，现流传下来的诗歌达三百余首，数量可观，而蜀中诗歌可达四十余首，其诗歌创作在晚唐诗坛也颇具特色。

赠圆昉公

天阶让紫衣，冷格鹤犹卑。

道胜嫌名出，身闲觉老迟。

晚香延宿火，寒磬度高枝。

每说长松寺，他年与我期。

本诗的开头提到圆昉和尚[1]坚持拒绝僖宗赏赐紫色袈裟之事，意在

---

① 注：圆昉，蜀僧，居柏合镇长松山，《全唐诗》第 1694 页。中和元年（881 年）正月，僖宗避黄巢起义之乱逃到成都，史称"僖宗幸蜀"。

赞美他品行高尚，进一步体现了佛家弟子不贪名利的清高品格；接着回顾和尚甘心终老于古寺，在"晚香"和"寒磬"中修持道行；结尾提到当年在长松寺相约之言。"每说"表明言之再三，相约不忘。"他年与我期"更表明了"长松寺"之难忘。由此可见，圆昉和尚与郑谷交往颇深，情谊深厚。

郑谷自乱离之后，在西蜀半纪之余，多次来到精舍与圆昉上人交游。昉公于长松山旧斋尝约他日访会，然劳生多故，游宦数年的郑谷忽闻圆昉示寂，因痛失重晤之期写了一首五言律诗《吊长松山圆昉上人》（或题《怀长松山旧斋圆昉上人》）。诗云：

> 每思闻净话，雨夜对禅床。
> 未得重相见，秋灯照影堂。
> 孤云终负约，薄宦转堪伤。
> 梦绕长松塔，遥焚一炷香。

吊诗从忆旧"每思"开始，写净侣净居净话。"雨夜""禅床"描写了清净空灵的情景。颔联表达别后思念之情。"影堂"则说明相见无由，因上人灭度也。颈联重申有失前约，皆因"薄宦"羁系，不禁为之神伤。尾联则寄哀思于神游长松寺，绕上人之浮屠相晤，焚一炷心香以寄吊喑方外之友。可谓字字含情，句句寄思。寺以僧传，僧以诗传。长松古寺乃吾蜀名山宝刹；圆明、道一、圆昉皆是长松寺一代高僧。

圆昉就是继圆明和尚主持长松寺的高僧。现据郑谷诗作的长题得知，郑谷与圆昉交游甚密。诗题云："谷自乱离之后，在西蜀半纪之余，多寓止精舍与圆上人为净侣。昉公于长松山旧斋尝约他日访会。劳生多故，游宦数年，曩契未谐，忽闻谢世，怆吟四韵以吊之。""乱离"似指黄巢大军攻入长安，李唐皇室仓皇入蜀之事。郑谷或于881

年随僖宗大队入蜀。郑谷举进士第，则在僖宗返京师后之 887 年。其间正好"半纪之余"。可以肯定郑谷与圆昉和尚相处甚久，感情颇深，因而先有赠诗，后有吊诗。

唐代诗人参禅成风，他们援禅入诗，在诗中表述自己的禅悟感受。唐代诗人的佛禅体证不仅丰富了唐诗创作的内容，开拓了诗歌的体裁形式，还提高了诗歌的哲思理趣，赋予了诗歌空灵透脱的审美境界，在鹊噪鸦鸣、庭前柏树上感悟到平凡而真实的生命情调。

郑谷好与僧交往，亦好以"僧"字入诗。他自己就曾说过"诗无僧字格还卑"。在蜀中所作的十首僧禅诗中，"僧"字就出现了六次，其他或以"师"字、或以"禅"字代替。由此看来，僧禅意识对郑谷的影响是不容忽视的。不过，诗人对佛教的靠拢并不仅仅停留在生活情趣方面，同时还多了一份理性的思索与感悟。

在郑谷的僧禅诗里，我们游历于宁静清幽的寺院，耳边回荡的是钟磬之响及僧者们袅袅的佛音，躁动的心似乎一下子平静了下来，心境亦格外超然。我们同诗人一道在僧禅的境界里去感知去体悟，在最平常的生活中学会解脱与释然。他的这些僧禅诗所能给予我们的不仅仅是艺术境界的心灵净化，使人以超脱的胸襟体味宇宙的深境，同时又给予我们龙泉驿古驿道丰富厚重的诗歌文化遗产。

三　吴融

吴融，字子华，越州山阴人，晚唐著名诗人，《新唐书》有传。吴融一生较为坎坷，多年考取功名不得，于龙纪（889 年，龙纪仅一年）进士及第，曾任侍御史、左补阙、翰林学士、中书舍人、户部侍郎等官职。进士及第后随韦昭度讨蜀，历经流寓荆南、随驾华州、去客阆乡等事。吴融为官十四年左右，与许多官员、诗人、僧人有交往，官员如韦昭度等；诗人如韩偓、方干、卢延让、黄滔、陆龟蒙等；僧人如贯休、尚颜等，吴融诗集中有许多与这些名人相关的酬赠诗。吴融在未当官之前就已声名鹊起，很多人去拜访他，将他视为德行高、学问深的前辈，据此可知吴融在他所处的时代是很有名望的。吴融的诗歌数量在唐代诗人中相当可观，其诗歌流传下来的有三百余首，其中不乏佳作。

吴融沉浮科场二十余年，游历塞北为己谋官的经历很好地佐证了他身上蕴藏着的传统文人"修身、齐家、治国、平天下"的积极入世的儒家思想是何等强烈。综观吴融的诗，其诗集中有不少以战争为题材，或涉及战争内容的作品，这原是唐末社会状况的真实记录。

灵池县见早梅

小园晴日见寒梅，一寸乡心万里回。

春日暖时抛笠泽，战尘飞处上琴台。

栖身未识登龙地，落笔无非倚马才。

待勒燕然归未得，雪枝南畔少徘徊。

诗题中所提到的"灵池县"，也就是今日的龙泉驿区。龙泉驿，历来是"蜀巴大道"的重要节点，有"川东首驿"之称。龙泉古驿不仅承载了色彩纷呈的移民文化，而且也是政治、经济、军事、方言、饮食等在此交汇的锁钥。明清时期，政府在龙泉驿设置巡检司，是成都东门重要的军事关卡，对成都的防卫至关重要。龙泉驿由于地理位置，加上龙泉山地势险要，便成了兵家必争之地。故此，龙泉驿能够成为历史上文人骚客吟咏的对象也就不足为奇了。

从诗中我们可以了解到诗人入蜀之时正是蜀中战火纷飞之际。公元888年，唐昭宗任命宰相韦昭度为西川节度使，吴融跟随韦昭度入蜀。当时，战争连年不断，遍及全国，交战的有政府军对藩镇，藩镇对藩镇，政府军对农民起义军等。吴融随韦昭度入蜀讨伐拥兵拒命的西川节度使陈敬瑄。此役乃是唐昭宗为了重振朝廷威令而采取的重要战略行动。战争从龙纪元年（889 年）至大顺二年（891 年）持续三年之久，这期间，吴融写下《简州归降贺京兆公》《灵池县早梅》《太保中书令军前新楼》《登汉州城楼》《坤维军前寄江南弟兄》等纪实作品。作品所反映的内容，和唐末中央政权与地方割据势力的矛盾冲突有直接的联系。

由诗句"春日暖时抛笠泽，战尘飞处上琴台"可知吴融在春暖时离开笠泽，即太湖。"战尘飞处上琴台"一句可知吴融抵达成都时已战火纷飞，诗人此刻刚入仕不久，且参与此次战事，其致君尧舜、边陲立功的壮志溢于言表，将自己此行比作"勒（铭）燕然"之功，借用东汉窦宪大破北单于军队，去塞三千余里登燕然山勒石记功这一典故表达自己建功立业的雄心。

这是一首与战争有关的诗歌。对功名的追求是战争诗的重要内容，除了直接歌颂，诗人们把"人生意气"放在首位，希望能够在战场上实现自己的人生价值和报国热忱。诗歌的尾联"待勒燕然归未得，雪枝南畔少徘徊。"诗人借"勒燕然"之典故表达自己的报国热忱以及建功立业的决心，抒发诗人心中的人生意气。但诗歌首联"小园晴日见寒梅，一寸乡心万里回"借景抒情，表达了诗人的思乡之情。放晴的日子，诗人在灵池县所居住的园子里见到不畏严寒的梅花，不禁思念自己的故乡，然而故土却在万里之外。可见此诗除了表达自己渴望建功立业的人生意气外，也表达了自己背井离乡见到早梅后的思乡之情。再来看吴融的另一首诗。

简州归降贺京兆公

分栋山前曙色开，三千铁骑简州回。

云间堕箭飞书去，风里攀竿露布来。

古谓伐谋为上策，今看静胜自中台。

功名一似淮西事，只是元臣不姓裴。

　　此诗作于僖宗时，诗题中的"简州"就是今日"简阳"，"京兆公"就是韦昭度，此时吴融为掌书记，随之入蜀讨伐节度使陈敬瑄。韦昭度为晚唐名人，于文德元年（888年），充西川节度使，兼两川招抚制置等使。在吴融及第前，韦昭度已经征蜀。《灵池县见早梅》一诗正是吴融刚入蜀时所作。《简州归降贺京兆公》主要庆贺简州归降一事。据《资治通鉴》记载："大顺正月辛亥简州将杜有迁执刺史员虔崇降于建，建以有迁知州事。"此时韦昭度为行营招讨使，王建充行营军都指挥使，是韦昭度的部下，根据史实此诗应作于大顺正月时。

　　首联中的"分栋山"即今日成都东南之龙泉山。"曙色"意指拂晓时的天色。首联的意思是诗人随韦昭度征讨简州，三千铁骑在拂晓时分经过龙泉山归来。颔联中的"飞书"与"露布"均为军中传递发表信息的公文。其中，露布是一种写有文字并用以通报四方的帛制旗子，多用来传递军事捷报。颔联的意思是指军中将简州归降、战争胜利的好消息写在纸上和旗子上，通过射箭和挂露布的方式传递出去。从"坠箭飞书""擎竿露布"等语可见诗人写作此诗时的喜悦之情。古代兵法里有云："上兵伐其谋，次之伐交，次之伐兵，下兵攻城"，意思是说最上乘的兵法是不费一兵一卒，不大动干戈却可以大获全胜，而颈联中提到的"古谓伐谋为上策"正是此意，具体应该是指简州将领杜有迁抓获刺史员虔崇。诗人认为战争胜利最上乘的方式不是"伐其谋"而是"静中取胜"。

　　此诗尾联"功名一似淮西事，只是元臣不姓裴"中的"淮西事"则是指唐宪宗元和年间，唐朝廷出兵讨伐跋扈不朝的淮西吴元济，各道方镇出兵围合攻打，先后达四年。吴元济外连山东跋扈方镇，内结朝臣中的主和大臣以阻止用兵。又联结叛镇遣刺客在京城中刺杀宰相武元衡，刺伤当时的御史中丞裴度。军兴四年之间，战事迁延未决，主和派又起。大臣钱徽、萧俛及宰相李逢吉、王涯等皆以"饷亿烦匮"建言罢兵。宪宗力排众人的姑息论调，任用主战的裴度为宰相。裴度支持宪宗，力主决战，并向宪宗表示，愿亲自到前线督战，不胜不归。于是，宪宗元和十二年（817 年）七月，裴度以淮西宣慰处置使的身份督师讨伐淮西（吴元济）。裴度与李光颜等诸将会师于偃师，十月，叛军相继归降，生擒吴元济。至此，40 年不服王化的淮西悍镇得以收复，归于中央。可以说，收复淮西，裴度功不可没，所以尾句中的"裴"自然是指裴度。从尾联中"一似""只是"四字可见诗人认为韦昭度居功甚伟，他的功劳堪比"裴度收复淮西"一事，对其赞赏有加。与此同时，也可以看出诗人对裴度功绩的肯定，实际上流露出诗人对于建功立业的一种渴望之情。

四　苏轼

苏轼是宋代成就卓著的文人学者，既是诗人、政治家、作家、书法家和画家，也是美学理论家。苏轼被誉为散文"唐宋八大家"及书法"宋四家"之一，其佳作《念奴娇·赤壁怀古》《水调歌头·明月几时有》等脍炙人口、影响深远，其书法作品更成为临摹、研究和收藏的佳品。

1037 年，苏轼出生于一家书香门第，19 岁通过殿试（科举考试的最高级别）成为进士，成为政坛的后起之秀，并得到宋仁宗（1010—1063 年）的赏识。然而才华横溢的苏轼仕途并不顺畅，不幸地沦为党争牺牲品，他被先后贬到杭州、密州、徐州及湖州。1079 年，苏轼被捕入狱，这次牢狱之灾及其后被流放的遭遇，全因他私下撰写诗词暗讽当时主持朝政的王安石变法。苏轼被流放到黄州，生活颇为贫困。

他在后称"东坡"的山麓开垦田地,自号"东坡居士"。他在流放期间历尽苦难,却写出了最脍炙人口的诗词。

1086年,苏轼奉召回京。他被流放期间,皇太后掌权,垂帘听政,她支持保守旧派,而苏轼为当时最资深且尚在世的保守派代表。到了1094年,苏轼再次被贬谪到广东省惠州及儋州(海南岛),当地疟疾横行,地区偏远,被流放此处犹如被判死刑,但苏轼却熬过去了,并于1100年获赦免,奉旨出知常州,翌年在前往接任新职途中逝世。苏轼对枯木怪石情有独钟。在中国传统寓意中,枯木拥有多重意义,其中之一是绝处逢生,就如苏轼身处的境况,虽艰辛而依然苗壮屹立。

以屏山赠欧阳叔弼

漫郎天骨清,生与世俗异。

学道新有得,为贫聊复仕。

每于红尘中,常起青霞志。

屏山辍赠子,莫遣污簪珥。

寓目紫翠间,安眠本非睡。

梦中化为鹤,飞入长松寺。

首句中的"漫郎"本指唐代诗人元结,他自号漫郎。后借指放浪形骸、不守世俗约束的文人,这里指欧阳叔弼。时值公元1067年秋天,苏轼30岁,才华横溢却屡屡被贬,难免感慨自己"生与世俗异"。是年他送父亲灵柩回老家四川眉山。之前他的母亲程氏、贤妻王氏先后离世,苏轼痛苦不已。在成都故里服丧时,他接到了时任安岳县令好友的邀请,请他到安岳散心,并就贾岛诗的几个不解之处请教于他。苏轼磨不过情面,决定前往。他自锦官驿始,东出锦城,经牛市口、沙河堡、黉门铺,沿东大路南支路行走。过高店子、柏合寺、宝狮口、元堡摩崖造像后,苏轼听见了长松山顶的钟声。

迎着暮霭中的寺钟，苏轼走进了银杏掩映、楠木遍山、薄雾锁峰的长松寺。举头看了看唐代玄宗皇帝题写的"长松衍庆寺"匾额，苏轼这才知道自己偶遇了郑谷、李德裕等前朝诗人写过的、两个皇帝来过的仙山名寺。[①]

苏轼很高兴此番的机缘，所以写下了"屏山缀赠子，莫遣污簪珥"的句子，意思是将自己身上携带的小屏风赠给大师，希望大师不要觉得它玷污发簪耳饰而丢掉。苏轼当夜留宿寺中，并与住持大师通宵达旦研讨佛学、禅思凡人生死。"寓目紫翠间，安眠本非睡"一句是写苏轼在长松寺内留宿，在翠绿景色间张望，闭着眼睛却并不是沉睡。这里的眠与睡不同，"寓目"是观看的意思。可见诗人在这潜心静气的古刹中仍有不可言说的心事。苏轼盘桓在此两日，游览了千年银杏、西寨斜晖、普铭大篆、长脚仙踪、鲁班智井、万顷松涛等"长松山景"后，向主持辞行，继续向安岳走去。

诗中尾句的"梦中化为鹤，飞入长松寺"，是化用了侯道华松树飞升的传说，这在《历世真仙体道通鉴》有记载，其飞升时"松上有云鹤盘旋，箫笙响亮，道华突飞在松顶坐……俄顷，云中音乐声幢幡隐隐，凌空而去"。苏轼化用这个传说正是表现他对当时长松寺的向往。诗题为《路遇长松寺》，又名《以屏山赠欧阳叔弼》，记叙了诗人苏轼路过长松寺的所感所思。苏轼的思想融儒、释、道为一体，他虽然有佛老超世脱俗、追求长生久视的愿望，更有修身、齐家、治国、平天下的儒家理想。"每于红尘中，常起青云志"一句正是表达了苏轼虽然处于世俗红尘之中却依旧渴望建功立业的鸿鹄之志。

苏轼被贬到黄州时，不由想到了四川家乡的朱桃椎。在《自题金山画像》里有"心似已灰之木，身如不系之舟。问汝平生功业，黄州

① 《苏东坡走出来的"文道"》，四川新闻网《成都晚报》，2007 年 3 月 27 日第四版。

惠州儋州”等诗句。

张先生（并序）

先生不知其名，黄州故县人，本姓卢，为张氏所养。佯狂垢污，寒暑不能侵，常独行市中，夜或不知其所止。往来者欲见之，多不能致，余试使人召之，欣然而来。既至，立而不言，与之言不应，使之坐不可，但俯仰熟视传舍堂中，久之而去。夫孰非传舍者，是中竟何有乎？然余有思惟心追蹑其意，盖未得也。

熟视空堂竟不言，故应知我未天全。

肯来传舍人皆说，能致先生子亦贤。

脱屣不妨眠粪屋，流澌争看浴冰川。

士廉岂识桃椎妙，妄意称量未必然。①

这首诗的序言交代了苏东坡想结交的张先生的神态，与《新唐书·隐逸传》里所描绘的朱桃椎的形象，有几分神似。故诗人就联想到了朱桃椎，而且诗人当时的处境是被贬黄州，心中正是别有滋味之时，因而就有序言中的“然余以有思惟心追摄其意，盖未得也”。希望找到心灵的解脱，并由此贬低高士廉当年想追随朱桃椎“其使我以无事治蜀”的名言，推测当年朱桃椎对高士廉可能还有更为高妙的启发。

五　文同

文同（1018—1079 年），字与可，号笑笑居士、笑笑先生，人称石室先生。梓州永泰（今四川盐亭）人。苏轼表兄，擅诗文书画。宋仁宗皇祐六年（1049 年）进士，任太常博士、集贤校理。历任邛州

---

① 中共成都市龙泉驿区委党史研究室：《今古龙泉驿》，成都时代出版社 2016 年版，第 76 页。

（今四川邛崃）军事判官、大邑（今属成都市）知县及陵州、洋州知州。神宗元丰元年（1078 年），改任湖州（今浙江吴兴）知州。世称"文湖州"，有《丹渊集》。

龙泉镇在宋代称为"王店镇"，它是当时灵泉县三大重镇之一，处于最繁忙的东大路交通要道上，是历代成都东门重要的交通运输和信息通道。虽然这条驿道古已有之，但现有的文献中正式写明王店通邮，却是北宋时期著名画家、诗人文同在公元 1050 年左右写的《和提刑度支王店鸡诗》，收录在《丹渊集》。

和提刑度支王店鸡诗

王店有邮吏，养鸡殊可笑。昂然处高襟，不肯以时晬，
官有宿此者，西征待初晓。鸡竟不一鸣，问吏吏已告。
云此最荒绝，左右悉蓬蒿。狐狸占为宅，恣横不可道。
前此三四鸡，一一道其暴。寻声即知处，尽获爪牙吊。
自后始得此，其若有人教。东方或未明，群丑尚腾趫。
此鸡但钳结，直伺太阳耀。虽然谓失旦，似得保身要。
官曰此何用，不然则宜巢。不见不鸣雁，先死盖自召。
天下已明白，岂假更喧闹。徒尔费稻粱，曾莫知所报。
吏云官言是，且愿勿嘲诮。知是本在人，此物何足校。

诗中"王店有邮吏，养鸡殊可笑"，这是最早记录龙泉驿作为驿站的历史资料。诗人以诙谐的笔调描写了龙泉镇邮吏所养的一只"明哲保身"的鸡，同时诗中还记录了一个事实，就是龙泉山多狐狸，经常偷食家禽。当地人称狐狸为"毛狗"，体味很臭。本地猎人根据鸟兽的生活习惯还编有口诀："兔食青草地，野鸡荆棘间；斑鸠栖小树，鹰落高树巅；毛狗走石道，水鸭湖塘边。"从古诗和猎人口诀中可以想象，

当年的龙泉山有狐狸，有野鸡、野兔、斑鸠、老鹰、水鸭，这些动物能和谐共生，说明当时的龙泉山树林葱郁、水源丰美，生态良好，故此引来各类生灵。①

六　潘洞

据宋代苏恽的《灵泉县圣母堂记》载，从灵泉县向北直走，马车在大道上刚好走一舍，即三十里，就到了洛带镇的街道。又从街道往东走半里，挺拔秀美的山峦环形排列，高高的山峰和回环的岩岭，俯视如同城墙。城角高岭环绕，耸立于天空，高达云层之外。在半山腰，有一突出的平地，厚实的地基之上围墙坚固、城垛硕大，于千步之中构造佛殿，领起约百间佛舍，古时的褚氏圣母祠堂就在这里。②

宋仁宗赵祯宝元（1039 年）到皇祐初年（1049 年）间，大灾降临，蜀地遭殃，蜀府枢密直学士张逸、杨日、严相国、文彦博、端明殿学士杨察等，敲钟诵经，焚化献祭祈求下雨。结果非常灵验，而且雨降于百里之内，农田里的庄稼繁育生长，预示秋天丰收。官员们因此撰文作诗，记录其灵异之事。当时灵池县的县令潘洞专门作了一首《圣母山祈雨诗》（并序）以记其事。

灵池县东山下有朱真人洞，洞北岗岭连属，逾二十里得褚圣女祠，化迹尤异，民咸事之。予出宰之次月，邑中苦旱，于是洁诚荐祷，希恩于二像之前，曾未三日甘雨大澍，民欣其应，式歌且忭。仰荷明灵之垂佑，作诗以纪之。

---

① 中共成都市龙泉驿区委党史研究室：《今古龙泉驿》，成都时代出版社 2016 年版，第68 页。

② 中共成都市龙泉驿区委党史研究室：《今古龙泉驿》，成都时代出版社 2016 年版，第36 页。

锦里城东邑，高原十六乡。江流分不到，天雨降为常。

节及三春后，晴逾两月强。龙乖寻穴蛰，鱼困入泥藏。

树影全亏绿，苗姿半吐黄。耕夫皆惨戚，市户亦苍忙。

潜虑冤无雪，深疑政有伤。推恩惭睿主，引咎谢虚皇。

磬折真人宇，星奔圣女堂。先时馈玉馔，隔夜浴兰汤。

洞口焚香远，山椒作梵长。幽诚期必达，玄元果旋彰。

雷震南峰下，云飞北岭旁。声稠喧竹坞，势迫泻银潢。

飘洒连三昼，滂沱遍一方。稻畦烟漠漠，莲沼水泱泱。

物态涵优渥，民情遂乐康。洪施周庶品，余润浃他疆。

稔岁还堪待，阴功讵可忘。明灵何以报，奋藻纪遗芳。

　　灵泉县的东山脚下有一个朱真人洞，洞北面山岭绵延，连成一片。从这里出发大概二十多里就到了圣母祠堂，褚圣女祠常显异象，非常灵验。诗人由京官外出来此地任县官的第二个月，县城中就出现了大旱的情况，当地官员竭尽诚意向上天祷告，希望可以施恩降雨。不到三日，天降大雨。百姓都很高兴。诗人感念天上神灵的庇佑，写下这首诗歌以作纪念。

　　唐朝末年，唐室衰微，连年战乱和天灾使得民不聊生，又逢大旱，人们都争相到圣母院求雨。祈雨后，往往不久就会降下甘霖，缓解了旱情，拯救了百姓。圣母院的灵验也为人津津乐道，神奇的求雨故事屡屡在民间传颂。

　　"锦里城东邑，高原十六乡"一句可见灵泉县地域面积较为广阔。"江流分不到，天雨降为常"是指当地没有江河可以灌溉，农作物的生长主要依靠上天降雨。由"节及三春后，晴逾两月强"和"树影全亏绿，苗姿半吐黄"两句可见当时旱情严重。"耕夫皆惨切，市户亦苍忙"一句则写出了当时百姓的焦虑。为了缓解百姓焦虑，当地官员前往朱真人祠和褚圣女祠虔诚求雨，由"磬折真人宇，星奔圣女堂"可见。终于皇天不负有心人，"飘洒连三昼，滂沱遍一方"写出了当时大雨连下三天，农作物得到滋养，百姓个个笑逐颜开。"明灵何以报，奋藻纪遗芳"，两句则是诗人以百姓的口吻感念朱真人和圣女的话语，即不敢忘却降雨等恩情，只能尽其所能记录圣女和真人的恩德。

七　宋京

宋京，宋时成都双流人，自号迂翁，出身于诗书礼仪大家，崇宁五年（1106 年）进士，存诗十九首。曾任户部员外郎，后以太尉府少卿出知邠州。宋京八世祖徙居成都双流，后成为蜀地望族。墓志中亦说其"至祖考朝议登第者联三世，人共荣焉"。

北周文王庙石刻

征西将军念君王，刻石巴山事渺茫。

万载衣冠付冥寞，路人无语莫椒浆。

典章文物一时完，有子何忧霸业难。

谁使阿坚生肉角，至今遗恨碧峰寒。

从诗歌题目可以看出，这首诗是诗人宋京对北周文王庙石刻的有感而发。北周文王碑正位于东大路上的龙泉驿。东大路是成都沟通川东方向的必经之路，早在蜀汉时期已经成型，史称蜀巴大道。魏晋南北朝时期，驻防武康郡（今简阳）的车骑大将军强独乐等 11 位将帅为称颂北周文王宇文泰平定南方，使此道得以重新开通，特意在龙泉驿区山泉铺东面的显益之岗大佛寺为其建记功碑。

此诗吟咏了北周文王宇文泰在西魏时期征伐取蜀以及宇文氏取代西魏建立北周，而后被杨坚取代建立隋朝的事迹。位于龙泉驿山泉镇有一千四百多年历史的北周文王碑，正是这一历史大变动时期的实物见证，具有独特的历史价值。

首联中的"君王"就是指北周文王宇文泰，"征西将军"则是指车骑大将军强独乐等 11 位将帅。西魏之初，局势尚不稳定，而宇文泰却果断地下手毒死了魏孝武帝元修，遂立南阳王宝炬为帝，定都长安。宇文泰任大丞相，实权在握，专制西魏朝政长达 20 年。公元 556 年，宇文泰北巡，至宁夏、甘肃一带时，不幸染疾身亡。其子宇文觉嗣位并于次年建立北周，追尊宇文泰为文王，史称"北周文王"。

颔联"万载衣冠付冥寞，路人无语奠椒浆"可见诗人对北周文王的赏识赞扬之情。"椒浆"本是指以椒浸制的酒浆，古代多用以祭神，屈原在《九歌》里也曾写道："蕙肴蒸兮兰藉，奠桂酒兮椒浆。"诗意谓路过北周文王庙的人都不言语以示尊敬，并且默默献上用来祭神的酒浆，可见北周文王声望颇高，其品行皆有值得称道的地方。

颈联"典章文物一时完，有子何忧霸业难"则是指宇文泰没有完成霸业，但是他的儿子宇文觉却建立了北周王朝。北周是由宇文泰奠定了基础，由他的儿子宇文觉正式建立的。北周经历了 5 位皇帝，历经 25 年（557—581 年）。在公元 577 年的时候，北周灭掉了北齐，统一华北。公元 581 年，掌权的外戚杨坚篡夺了北周政权，改国号隋，隋朝因此诞生。从北周的疆域图看，大约包括了今天的甘肃、陕西、四川、云南东部、重庆和贵州等地，那么在龙泉山脉东麓出现一块北周文王碑也就不足为怪了。

尾联中的"阿坚"是指代隋文帝"杨坚"，"肉角"则是指古代传说中的麒麟头生肉角，因亦作为麒麟的代称。杨坚灭北周，结束中国历史南北朝时期，统一天下，建立了隋朝。尾联的意思是说杨坚废北周而称帝，如宇文泰地下有知，面对着青山绿水也许会感到遗恨痛心，可见诗人对历史上朝代更迭变迁的感慨之情。

八　杨甲

杨甲,字鼎卿,南宋昌州(今大足)人,南宋乾道二年(1166年)进士,任职蜀中。后因事被谪,寓居龙泉山中,因而诗有"微官也谪居"之句,他留下了一些描写龙泉山光水色及史事风物之作,曾作成都修学记。他的《灵泉山中》五首诗,描绘了当时龙泉驿一带的情况。

灵泉山中

小县相笼合,蒙蒙数百家。果蔬争晚市,樵牧乱晴沙。
落日平江迥,青山细路赊。偶居无事在,随意问桑麻。

野色山围尽,风烟更可怜。客情牛铎外,农事藕花前。
聚汲松根井,宽愁石底泉。云安须斗水,诗兴亦超然。

胜地仙灵宅,微官也谪居。焚香他日梦,隐几向来书。
小睡便山雨,长斋称野蔬。逢人问无恙,满意说樵渔。

日一溪林薄,芊芊肃晚晖。闭门成石隐,小水亦生肥。
醉着溪藤杖,归来木叶衣。狂歌有虎兕,吾道只应非。

何处长松寺,雨花云外台。山从百曲转,路入九关回。
老桧成龙尽,残柯借鹤来。人间斤斧乱,风壑夜声衰。

这是杨甲寓居龙泉古驿时所写的一组五律,诗题中提到的"灵泉山"就是今日的龙泉山。诗中提到的"长松寺"即是千年古刹——长松寺。灵泉山上峰峦耸秀,古木参天,历朝文人墨客多有登临寄兴之作。

　　这组诗中的内容真实地再现了八百多年前龙泉古城的生活面貌。"小县相笼合，蒙蒙数百家"，指的是当时的王店镇（即今龙泉镇）住着数百户居民，竹林掩映，宁静淳朴，犹如一幅淡雅的水墨画。"果蔬争晚市，樵牧乱晴沙"是指在这个有几百户人家的小县城，傍晚时卖水果、蔬菜、柴禾、猪羊的市场非常热闹，夕阳顺着江面落下，渐渐远去，完全再现了灵泉古城的繁华与热闹。值得一提的是，唐宋时期写龙泉驿的诗句大多会提到灵池（或灵泉）和长松寺，这两处胜地也是当时文人墨客到龙泉驿后的必游之所。

　　杨甲题咏龙泉驿风景名胜的作品中，还有一首《游瑞应院》（并序），摘录于此，以见其七言歌行诗作之一斑。

　　游山上废寺，有段文昌种松石，刻云：乾坤毁则无以见寺，寺不可毁。四松其远乎。寺今废，木亦亡矣。感而赋之。
木落石出荒山台，上有佛寺孤崔嵬。断椽坼瓦无四壁，古佛已倒何人推。
野蜂占窠挟肩背，山鼠出穴衔髯颐。老僧见我欲愁哭，野葛蔽路官能来。
文昌种松有断刻，石柱半裂荒莓苔。老翁鼻祖无一在，独树晚出非耆鲐。
乾坤未变已先灭，几见贼火翻狂雷。至今野叟凿山破，石窟尚有龙筋骸。
当时手种意已远，欲与草木为渠魁。

第二节　元明时期驿道诗词

　　经过宋末元初的战乱，四川人口锐减，灵泉县也一下萧条了，县制被撤销，区境荒凉，文化凋敝。明朝建立后，朱元璋封第十一子朱椿为蜀王，并开始大规模的"湖广填四川"移民运动以促进四川经济恢复与发展。明朝初年，成都局势稳定后，朝廷开始在周围设置驿站，并加强了军事防守，龙泉驿区境也设置驿站，并作为成都东部重要的军事要塞。龙泉驿的名称也是在明朝正式出现，这个名称与之前的东阳县、灵池县、灵泉县是一脉相承的，因在龙泉镇设置驿站而更名为"龙泉驿"。经明初的移民运动和两百多年的休养生息，社会经济得到恢复发展。一代名臣赵贞吉与楚山禅师都为当时的龙泉写下诗篇，记录着当时经济社会文化生活的诸多内容。

一　赵贞吉

赵贞吉，字孟静，号大洲，四川内江桐梓坝（今四川省内江市内）人。先祖赵雄曾于宋淳熙年间（1174—1189 年）官居要职，淳熙二年（1175 年）拜右丞相，后又历任中书舍人、知枢密院事等职。祖父赵文杰，曾中举人，授武功训导。父亲赵勋，万历五年赠资政大夫、礼部尚书。嘉靖十四年（1535 年），赵贞吉进士及第，授翰林院编修，迁国子司业。"庚戌之变"时，俺答包围京师，赵贞吉力言不可订城下之盟，应督促诸将力战。明世宗擢其为左谕德、监察御史，奉旨宣谕诸军。后两次遭权臣严嵩中伤，被夺职。明穆宗时复出，官至礼部尚书兼文渊阁大学士、掌都察院事、太子太保，参与促成"俺答封贡"。因与高拱不合，于隆庆五年（1571 年）致仕归乡，居家闭门著述。万历四年（1576 年）逝世，年六十九。获赠少保，谥号"文肃"。

赵贞吉既是一位忠直大臣，又是一位文学家，工诗文，文章雄快，与杨慎、任翰、熊过并称"蜀中四大家"。他自幼聪颖，青年时期，深受王守仁的影响，成年后汲取百家之长，形成自己的诗文特色。他的诗文的主要特色是善用典故，文辞气势雄伟、联想丰富，以古论今、说理透辟，朗朗上口、押韵自然，意境独特高妙。遗著有《赵文肃公文集》《赵太史诗抄》等。他曾夜宿龙泉山脉中段之天成山中的石经寺，为龙泉山优美景色打动，写下了《题楚山和尚石经寺》一诗。

百道寒泉万木中，半天凝紫晚鸦东。

道人旅泊游三界，犹滞重关印不空。

　　龙泉山脉中段的天成山有一座寺庙，即石经寺。石经寺乃是川西五大佛教丛林之一，寺门前即是老成渝公路，整座庙宇坐西朝东，所有建筑由东向西依山势逐层而建。寺中终年林木苍翠。登上龙泉山驻足远眺，成都平原千里沃野尽收眼底。盛夏时节，漫山的桃树吐露芬芳，景色迷人，凉爽的风扑面而来更是惬意。赵贞吉曾经夜宿石经寺，在傍晚时分，他看到几百道寒泉隐藏在郁郁葱葱的万木丛中，半边天色凝成紫气，寒鸦向东方飞去。不禁感慨修道的人本应该如同旅行一般停泊在三界之中，却滞留在这重关之中，似乎生出了一种无可奈何之感。赵贞吉为石经寺壮丽的景观所动，写下此诗。

　　龙泉山中竹林萧疏，流水潺潺。在葱郁的山林里，不时听到布谷鸟的幽鸣。龙泉群山之中都是古刹禅林，长松寺、古佛寺、石洞寺、金龙寺、石经寺，如同串串菩提佛珠散落在东大路上。这里曲径通幽，万籁俱寂，营造出幽静淡然的氛围，禅房的花木，静谧的山光，空灵的潭影，都孕育着东大路上的诗才文情。

二　楚山

　　楚山是明代石经寺名僧，即楚山绍琦禅师（1404—1473年），明代临济宗的代表人物之一，是临济义玄下21世传人无际明悟禅师的法嗣，对明代中期禅宗中兴有突出贡献，其生平事迹已如前述，但他还是一个成就较高的诗僧。诗僧以彼岸超悟的智慧，融入此岸世俗社会，是以其独特的视觉与心态，来体察世情，妙化自然，感悟人生，明佛证禅。因而诗僧发于诗，虽入空灵，却出乎现实。出世态度是诗僧的美学依托，而入世情怀则是诗僧的价值取向，其诗大多如风行水上，文理自然，所追求的是淡远的心境和瞬刻的永恒，从中常可体会"郁郁黄花，无非般若；清清翠竹，尽是法身"的无尽禅意，从而给人一种审美的愉悦。历代高僧中诗人辈出，楚山绍琦便是其中之一。他八岁便能诗文，一生作诗颇丰，仅《简阳县诗文存续》中便收载其诗偈107首，现选三首略做评析。

山居写怀（一）

老年落魄爱灵泉，不欲区区走市廛。
茅屋竹林聊寓迹，布衣蔬食但随缘。
月明树杪猿声切，日暖花间蝶影翩。
闲对青山开冷眼，劫前风景自昭然。

此诗通过明月、竹林、蔬菜、猿声、日暖、蝶影、青山等自然意象，向读者描述了诗人暮年隐居龙泉山脉、远离市井喧嚣、清贫而闲淡的山居生活。又通过"不欲走市廛""闲对青山"等日常起居活动表达了诗人不慕功名的淡泊志向。整首诗歌写景、叙事、抒情三者紧密结合，借景抒怀，为读者描绘了一幅幽静、淡远的龙泉山风景图，激发读者对龙泉山美好风景的想象，令人无限向往。

山居写怀（二）

落日衔山半掩扉，倚筇闲立看云归。
数行幽鸟投深树，几片残霞映落晖。
得意山林随分住，立身天地与时违。
空王静夜舒长舌，卧听松涛起翠微。

暮色时分，诗人靠在窗前，看着太阳缓缓沉下山去，遮住了自己的一半视线。"筇"是指"拐杖"，多用四川特有的筇竹制成，故又称

"筇竹杖"。诗人悠闲地倚靠着拐杖远望，天上的云彩慢慢散开。诗人观察到，不远处有几行小鸟悄悄地落在深山的树枝上，天边残留的晚霞映衬着落日的余晖。首联和颔联中，诗人对"落日""云彩""幽鸟"几个意象之观察可谓仔细，并将几处意象连缀在一起，构成一幅和谐幽远的龙泉山晚景图。

颈联写到诗人在深山之中怡然自得、随遇而安，在天地之间立身，不论外界如何变化都要保持自己的本色，"得意"二字可见诗人豁达的人生态度，也与上文相互照应。正是一个如此悠闲的人才能把傍晚时分的风光观察得那样仔细。尾联的"卧听松涛起翠微"更是可以看出诗人在这山林中生活之惬意，诗人在睡觉的时候也要听着青山里的松涛声。

山居写怀（三）

袖拂烟云下翠屏，短筇随步一身轻。
踏残片雪寸心冷，看遍千山两眼清。
对镜写怀无作意，逢人出语不藏情。
莫言此事沉空寂，到处风光总现成。

首联诗人写用衣袖拭去山里的烟云，用了夸张的写法，乃极言诗人所处位置海拔之高。"下翠屏"则与前文相照应，"翠屏"是指绿色的屏风，此处指深山里绿色茂密的树林犹如屏障，可见诗人所在位置之高之陡峭。"短筇随步一身轻"写出了诗人凭着拐杖在这深山之中"身轻如燕"。颔联写诗人脚下踩到残雪心中就感到冰冷，看遍千山的双眼清澈无比。可见诗人内心之纯净。颈联"对镜写怀无作意，逢人出语不藏情"写诗人认为做人应当胸怀坦荡，遇到熟人就会向他们倾吐自己真实的想法，从不遮掩。"莫言此事沉空寂，到处风光总现成"一联写不要以为山居生活空寂冷淡，那满眼的大好风光使人惬意安适。

由此可见诗人心胸旷达。再摘录四首，以见其七言绝句水平一斑。

山居述怀（二首）

一

本来一法原无有，但有纤毫是自欺。

叶落林空山骨露，玉梅花吐岁寒枝。

二

遣妄消情没有方，于缘无意自相当。

清风一阵来何处，吹落藤花满地香。

答梦亭先生山居吟（其三、其四）

其三

身似风波浪里舟，等闲眨眼便沉流。

直须撑过菩提岸，莫待霜华两鬓秋。

其四

屋头云去与云来，窗暗窗明竟不猜。

心境两忘机自息，从教花雨落岩台。

第三节　清代及民国时期驿道诗文

明末清初，四川战争连年不断，前后持续了六十多年。城池、房屋、庙宇等各种建筑物被毁，肥沃的土地无人耕种，一片荒芜。作为四川首府成都附近的龙泉驿区域，遭受破坏更为惨烈。随着清朝社会的稳定，经济的繁荣，无数文人墨客又羁旅于此，留下了无数脍炙人口的诗书文化，如李化楠、张问陶等。

清末民初，状元骆成骧有题咏龙泉驿之作，戏剧名家卢前和建筑名家卢绳也创作了不少诗歌。令人欣慰的是，在此时期三位本土诗人开始崭露头角。此三人皆以教书育人为志业，一位是同盟会会员吴雪琴，另两位是甑子场的王氏父子（王耀卿、王叔岷）。此时新诗也已诞生，新诗翘楚郭沫若过境龙泉驿，夜宿茶店铺，留有日记，惜无诗作。亦有人用新诗描绘、歌咏龙泉驿风物，这种传统一直延续到今天。

一　朱孝纯

朱孝纯，清汉军旗人，字子颖，号思堂、海愚。乾隆二十七年举人。由知县历官至两淮盐运使。刘海峰弟子，又承其父副都统龙翰家学，工画能诗，画孤松怪石有逸气，诗豪放自喜。在扬州创设梅花书院，扶植文教。有《海愚诗草》《昆弥拾悟诗草》等作品。

雨中游龙泉投诗潭内

云起神渊石气阴，醉携小队一登临。

罡风旋转浮身世，尘影微茫认古今。

百斛明珠杯底泻，千崖冷翠镜中沉。

我朝念重边氓计，欲借扶天澍雨霖。

此诗刻在石佛寺天落石基南壁，时为乾隆乙酉春三月①。首联"云起神渊石气阴，醉携小队一登临"是环境描写，交代了诗歌的写作背景。"神渊"就是指深渊，"石气"就是环绕山石的雾气，元代四川籍诗人虞集《赋石竹》有诗云："龙嘘石气千年润，鹤过林阴一迳斜。"此诗可能受其影响，意谓云层从深处升起，龙泉山中的雾气环绕着山石，诗人酒醉后同一行人登上龙泉山。颔联"罡风旋转浮身世，尘影微茫认古今"是说高空的风旋转吹在身上像是自己浮动着的身世，光

---

① 成都文联、成都市诗词诗会：《历代诗人咏成都下》，四川文艺出版社1999年版，第518页。

影如尘茫微弱难以看清古今。这里是诗人登临龙泉山有感而发。颈联则是诗人对龙泉山的景物描写，"斛"是计量单位，原为十斗后为五斗，"百斛明珠杯底泻"，应该是写诗人在山中看到的飞泻出的流水似明珠。"千崖冷翠镜中沉"则是指山中的树木翠绿。尾联"我朝念重边氓计，欲借扶天澍雨霖"则表明正是因为统治者重视百姓，所以上苍能够及时降雨以缓解百姓之忧。这里紧扣题目《雨中游龙泉投诗潭内》，表明诗人对民生疾苦的关心与同情。

二 李化楠

李化楠（1713—1769 年），字廷节，号石亭、让斋，四川罗江人，著名诗人李调元之父。乾隆六年中举，乾隆七年连捷进士，历官浙江余姚、秀水知县，嗣权平湖，迁沧州、涿州知州，宣化府、天津北路、顺天府北路同知。任上颇有政声，被誉为浙江第一循良，官顺天时乾隆帝嘉其为强项令，卒于官。工吟咏，喜藏书，邻宗祠造醒园，筑书楼，"以川中书少，多购诸江浙，航来于家贮之"。所著有《醒园录》二卷，《石亭诗集》十卷，《石亭文集》六卷。生平事迹见清嘉庆《罗江县志》、吴省钦《李化楠传》。

游石经寺

自锦官城踏翠回，山斋小荫暂徘徊。苍生怪我卧不起，白眼向人怀未开。
穿洞浑疑无路转，沿江叠见有花开。迩来一洗愁无奈，放眼烟霞亦快哉。

此诗是诗人游历龙泉山石经寺所见所思所感之作。诗人从锦官城中踏青回来，在山斋下的阴凉处踱来踱去。世人皆嗔怪诗人不出仕为官，诗人却因世人不了解自己的抱负而投以白眼。诗人穿过小洞以为无路可走了，沿着江边走来却看见繁花盛开。从而一扫胸中的哀愁阴霾，放眼烟霞游山玩水也觉得快活自在。

三　张问陶

张问陶（1764—1814 年），字仲冶，一字柳门，又字乐祖，号船山，生于山东，祖籍四川遂宁。他是清朝乾嘉时期负有盛名的诗人、诗学理论家、画家、书法家，与李调元、彭端淑并称"蜀中三大诗人"。张问陶是乾嘉诗坛一位杰出的诗人，有自己的独特诗风和审美情趣。现存《船山诗草》二十卷，《补遗》六卷，两书共收诗 3552 首。

张问陶终其一生，早年困居汉阳，入仕之前为了求取功名，南船北马，辗转于京师和故乡。入仕后久居京师，晚年辞官退隐，因故乡无田可归耕，也没能落叶归根。张问陶一生只回过四次故乡遂宁。乾隆五十四年三月，张问陶和兄长参加会试，均落第，因此结伴西归故乡。诗人再一次回到了魂牵梦萦的故乡，但是喜悦的心情早已被伤感掩盖。时间飞逝，家人却仍然不能团聚，诗人不得不辗转于成都、遂宁。回到遂宁后，故园又移居了，但依然是借居，感慨良多。

九月四日将归遂宁发成都龙泉驿道中口占

出郭白云朗，登山红树秋，

马蹄轻熟路，峰影界地州。

去往常无定，赢余苦浪求。

劳人多聚散，归雁识乡愁。

从诗题看，这首诗主要记述了诗人从龙泉驿道出发回遂宁之事。这是过往官员的宦游乡愁。"九月四日"与"红树秋"这两处交代了诗歌的写作时间是秋天。张问陶生于山东，感觉自己是一个浪迹天涯的游子，希望能够早日回到故乡遂宁。诗人对这个祖祖辈辈生长的地方，充满了向往。他早年的诗作中多流露出强烈的怀乡欲归之意，这首诗只是其中的一首。

首联"出郭白云朗，登山红树秋"，写诗人出城的时候天气晴朗，空中飘过些许白云，登上山的时候正赶上树叶变红。诗人骑着马，轻车熟路，根据山峰的位置就可以判断区域的分界。来也好去也罢往往是没有定数的，而人生的成功是有定数的，不可强求。在外生活的人往往聚少离多，就像那归去的大雁一样也知道乡愁。

古人由于道路崎岖难行，交通工具落后，一别动辄多年，再会难期。或久宦在外，或长期流离漂泊，或久戍边关，长久寄居他乡，心有所感，发为歌咏，形诸文辞，形成所谓的"羁旅"文化。在此过程中，他们因眼中所见，耳中所闻，心中所感，触发灵感，写下诗篇，用诗歌的形式反映客居异乡的艰难、漂泊无定的辛苦并引发对亲人的思念。而龙泉驿正是古代东大路上的重要驿站，无数文人墨客路过龙泉，留下了自己的所见所闻、所思所感，共同孕育了东大路上独特的诗词文化。

四　宫思晋

夜过龙泉

其一

一旬三赴龙泉驿，此日更残月更残。

雨后但愁蛇径滑，风高不管雁行单。

差池短梦迷征毂，多少长愁压锦鞍。

莲幕此时无侣伴，诗情应共酒杯宽。

其二

匹马宵征气亦豪，为民了事敢辞劳。

明星耿耿霜风冷，远树蒙蒙夜气高。

傲吏于今贫照骨，乡民休畏贼如毛。

文翁故事终须仿，买犊人人说卖刀。

这是清朝简州知州官思晋夜过龙泉驿的所思所感，是这位地方官员不辞辛劳、鞍马奔波的抒怀感叹。第一首写诗人在一句之内曾经三赴龙泉驿，此次夜里路过龙泉，天上的月亮也是残缺的，诗人形单影只，走着走着就到了五更天。这里刚刚下过雨，诗人担心一路湿滑，迎风而行，就像大雁一样孤单。这一路之上并没有伴侣，诗人将自己的诗情洒在杯酒之间。第二首写匹马宵征，为了民事而不辞劳苦，表现了一位封建官吏尽职为民的高尚情怀。首联写匹马夜行，异常劳苦，但为民做事乃职责所在，故当在所不辞。颔联写夜行所见，境界阔大。颈联写时值乱世，盗贼横行，民贫官亦贫。尾联写当效法西汉文翁故事，兴学劝农，发展经济文化，改变残破落后的面貌。全诗语浅意深，饱含了一个封建官吏对人民苦难的同情，闪耀着人性的光辉。

五 戴澍铭

晓发龙泉驿

为检行装起，天凉趁早征。

危途悭马足，古驿乱鸡声。

年老常多忘，山多不识名。

锦城诸友伴，回首不胜情。

戴澍铭，字朴斋，简阳人。有《松石斋诗钞》。此诗为走亲访友之作。诗意谓人为整理行装早早起床，趁着清晨的天气凉爽踏上征途。从龙泉驿出发的道路并不好走，就算是骑马也很颠簸。出发时正值清晨时分，可以听到龙泉古驿中的鸡鸣声。诗人感慨上了年纪以后常常健忘，路过龙泉这里好多的山峰都已经不记得名字。诗人在锦官城里有很多朋友，在离别之际回头望实在有些不舍。

　　茶店子在东大路位置特殊，是成都向东步行一天的标准路途，即第一栈。因公事出门无论向东或是向西，都要在此住宿。经过茶店古镇的东大路是条官道，两千多年来，见证了许许多多行人的身影，其中不乏高官显贵和巨贾名流，只因来去匆匆，大都只留下了脚印，而未见诸文字和实物。此外，还有很多人住宿于此时，兴之所至，偶尔在栈房题壁留下诗文，或趁天气尚早而下山游石经寺写下诗篇。

登丹景山

群峰争蔽空，一山天外立。苍翠割鸿蒙，阴阳判朝夕。

盘空鸟道悬，壁立人面逼。回环旋螺纹，崎岖越鸡帻。

头触前人尻，足抵后人额。宛转及层巅，兰若露林隙。

我自后院游，缒幽探古迹。老干耸崖端，根进石壁裂。

遥望锦官城，迷离烟雾隔。仰盼云霄间，帝座通呼吸。

引手排天阊，星斗近可摘。怀古意茫茫，感慨盈胸臆。

倚栏自低回，西风吹瑟瑟。

　　丹景山在简州（今简阳）西北 20 里，原名五台山，明朝天启年间改为丹景山，此乃佛道圣地，属龙泉山脉，非今彭州市丹景山。①

　　本诗歌主要写诗人登山而望的所见所闻。此山高耸，诗歌首句就点出了丹景山"高"的特点，而且运用对比的手法写群峰都争着遮蔽天空，只有一座山立于天外，可见其高，也与后文的"星斗近可摘"相互照应。"苍翠割鸿蒙，阴阳判朝夕"则写出了丹景山上嘉木繁荫、山南山北景色各异的特点。

---

① 冯广宏、肖炬主编：《成都诗览》，华夏出版社 2008 年版，第 58 页。

"盘空鸟道悬，壁立人面逼。回环旋螺纹，崎岖越鸡帻"，则交代了此山崎岖的特点；"头触前人尻，足抵后人额"之句表现了此山陡峭高峻，登攀不易。"层巅"是指高耸而重叠的山峰，诗人辗转走到这崎岖的高峰之中，探寻深山古迹，见到了佛寺。

诗人站在山峰之上眺望锦官城，山间朦胧的烟雾缭绕在身旁，仿佛置身于天庭之中，俯仰之间皆可见云霄，天上的星斗似乎近在咫尺可以摘下来。诗人不禁想起古人的意气风发，心中一片感慨，在瑟瑟的山风中独自倚栏远眺。诗人触景生情，看到丹景山的古迹不禁大发思古之幽情。

六　徐嗣昌

宿龙泉驿

奇峰高插暮云间，寒柝声声起抱关。
一线秋风灯影乱，梦中先已到家山。

那时简阳人上成都，或者在石盘铺歇一宿，再翻越龙泉山。而由成都回来，也往往得在龙泉驿住上一宿，再翻越龙泉山。同样的家愁，民国简阳诗人曾国才也有一首《宿龙泉驿》写得言浅意深，耐人寻味："村鸡店月梦迟迟，百里乡关不惯离。睡醒浑忘身是客，呼儿犹似在家时。"

东大路在古代是比较繁华的，既是官府传递文书的重要通道，又是民间货物往来的重要通道。古代成都东门大桥东南侧水津街的锦官驿是东大路上第一座驿站，第二座就是简州龙泉驿了。更早的龙泉驿景况不见记载，清代人吟咏诗文颇多。简阳境内这段二百一十里长的东大路，历代都是成都通往重庆的主要官道——驿道的重要组成部分，也是简阳境内自古至今重要的经济文化命脉。

七 毛鸿猷

山泉铺夜宿

策马上晴峦，崎岖路百盘。

云开山月近，风紧客衣单。

献赋心何壮，行沽兴未阑。

明朝须早起，苍翠扑眉端。

毛鸿猷活动于清末，生卒不详。这首诗是诗人在应乡试时越龙泉山、投宿山泉铺而作。山泉铺在龙泉山东侧。诗人在一个晴天骑马经过龙泉山，这里山路崎岖，诗人绕来绕去才到此。"云开山月近，风紧客衣单"写云彩散开月亮从山中出现，可见诗人到山泉铺的时候已经天黑了。晚上的山泉铺寒风凛冽，诗人身上衣着单薄。"献赋"即"时应乡试"①，这里是指杜甫献"三大礼赋"的故事，意指诗人参加乡试心中有壮志。"行沽兴未阑"写诗人沽酒、兴味盎然，可见诗人心情愉悦，对未来充满期待，对乡试充满信心。最后两句"明朝须早起，苍翠扑眉端"写诗人信心十足，就算是明早早起，也不忘欣赏这山泉铺中苍翠的景色。

八 洪锡爵

洪锡爵（1839—1904 年），字桐云，一字尊彝，四川华阳县人（今成都）。以孝行召为司奏牍，加五品衔。同治癸卯、光绪乙亥两科均入内帘分校，称得士。权庆城县篆，期满回省办牙厘局文案九年，又权兴山县事，期满回省复入牙厘局十五年，榷安陆船局十六年。光

---

① 成都文联、成都市诗词诗会：《历代诗人咏成都下》，四川文艺出版社 1999 年版，第 519 页。

绪二十一年，权广济县事。二十二年，授宣恩县。二十八年调授黄冈县，卒于宜昌旅馆。洪锡爵在任上，多有清匪赈灾之举，有政声。著有《双鬻馆诗存》。

龙泉驿

龙岭势嵯峨，征轺几度过。

天将山水贶，人为名利磨。

京洛衣尘旧，关河墨迹多。

飞鸿前路远，何敢息岩阿。

　　这首诗主要写了诗人经过龙泉驿的所见所闻，所思所想。首联"龙岭势嵯峨"交代了龙泉山的山势高峻，坎坷不平。"征轺几度过"是指远行的车多次经过此处，交代此地是当时的交通要道。"天将山水贶，人为名利磨"，意思是上天赋予此地灵山秀水，消磨了人们对待名利的态度。也就是说，优美的山水能使人忘却世间名利。"京洛衣尘旧，关河墨迹多"一句中的"京洛"是指京城洛阳，代指国都，诗人想去国都，路途还很遥远，衣服已经旧了，这一路上的关塞河流多有前人题咏。"飞鸿前路远，何敢息岩阿"，这句则是诗人直抒胸臆，他想要有所成就但前路依旧遥远，所以自己不敢在这里过多的休息，可见诗人志向高远，而且为人勤勉。

九　苏启元

　　苏启元（1857—1935 年），清代大诗人，泸州"三苏"之"老苏"，清咸丰六年丙辰四月十四日亥时生于四川省泸州市江阳区黄舣镇下军田坝，字乾枢，又字潜孚，晚号苏山，孝友国霖孙也。父正芳早卒，母徐氏守节苦抚启元。启元以孤子勤奋刻苦，弱冠知名于世，以廪生副清甲午科乡试。苏氏一族于明末清初入川，苏启元为第十世，清光绪二十年（1894 年）曾任陕西略阳知县。民国后任四川省议会议员，主编民国《泸县志》。1916 年 9 月，朱德将军在泸组建东华诗社，苏启元为诗社成员，常与朱德及泸州名流艾承休、万慎、温筱泉、王少溪、高树、税西衡、刘航琛、袁石麟、陈铁生、陶开永等三十余人诗酒唱和，有《苏山诗草》十卷传世。

古代成都东门大桥东南侧水津街的锦官驿是东大路上第一座驿站，第二座就是简州龙泉驿了。那时简阳人上成都，或者在石盘铺歇一宿，再翻越龙泉山。而由成都回来，也往往得在龙泉驿住上一宿，再翻越龙泉山。苏启元的《龙泉驿》诗吟唱道："绿榭红亭市语哗，驿楼半被柳荫遮。群鸟结阵归飞急，野旷天低落日斜。"全诗仅短短四句，却犹如一组特写镜头，描绘了龙泉驿花红柳绿、人声喧哗、群鸟归飞、落霞染丹的美好景色。其中还可看到诗人运用"宿鸟归飞急"（李白）"野旷天低树，江清月近人"（孟浩然）等古典（语典）入诗而又融化无痕的高超艺术技巧。

从龙泉驿长长的青石板驿道登上龙泉山就是山泉铺，山泉铺因街中有泉涌出而得名，在清代即是东大路 12 个热闹乡场之一。它位于东大路翻越龙泉山的最高处，地势险要，这一路上苏启元留下许多吟咏篇什，其中就有一首《山泉铺诗》："西来日日上烟环，夹路秋林叶渐斑。立马万峰顶上望，青苍无际好江山。"诗写山泉铺秋景，写得雄浑开阔、气势磅礴。山泉铺两夹道路上的秋叶渐渐斑驳，夕阳渐落，诗人骑马在龙泉山顶眺望，青山苍茫一望无际。而今日山泉铺，幢幢新楼点缀山间，犹如一个松散的山城；公路宽阔、平坦、洁净；民宿一家比一家富有特色。水蜜桃丰收之季，途经山泉铺的 318 国道留下一路蜜桃的清香。诗人还有一首题为《大面铺》的七绝。

衢术风来饼饵香，小车如织往还忙。

停舆试上高楼望，莽莽成都气郁苍。①

"衢"指四通八达的道路。首句指诗人走在大路上，风吹来饼饵的香味，路上的小车来来往往很匆忙。这两句描绘了当地的人文景象，街道上车辆繁多，小商贩在做生意，可见其热闹。"停舆"是停车，诗人停下车来试图登上高楼眺望，成都苍莽的景色尽收眼底，这是写当地的自然风光，树林阴翳，一片绿意。整首诗，诗人从人文与自然两个方面展开，记叙了途经大面铺时的所见所闻，表达了诗人对当地的喜爱之情。

东大路上，山泉铺和石盘铺之间的茶店子地处龙泉山脊之上，以其独特的地理位置，吸引着诗人的眼球。苏启元写有《由茶店至山顶诗》及《茶店诗》，描绘了出民初时期东大路上的龙泉山巅茶店子。灯红酒绿，妓女寻欢，俨然一处世外桃源。前已提及，此处从略。

十　骆成骧

骆成骧（1865—1926 年），字公骕，四川资中人。清光绪二十一年（1895 年），在殿试上被光绪皇帝钦点为状元，由此成为清代状元中唯一的四川人。骆成骧出身寒门，9 岁时，随父亲到成都，就读于锦江书院。戊戌变法前夕，骆成骧与乡人创办蜀学堂于京师，讲习新式学科，身为学生兼职员。1912 年回到故乡四川，被公选为四川省临时议会议长，成为四川历史上第一个民选议长，后来任过国史馆纂修。骆成骧晚年寓居成都，其余生几乎都是在办学和育人中度过的。被尊为成都"五老七贤"之一，位列七贤之首。

---

① 冯广宏、肖炬主编：《成都诗览》，华夏出版社 2008 年版，第 120 页。

同吴雪琴林百熙僧演明游长松寺

想望云梯五十年，忽然身到太微天。

谁知帝座通呼吸，半是如来半谪仙。

万松岗上夏清泠，双桧门前昼窈冥。

僧老云中人不识，一峰天际向谁青。

吴雪琴在四川国学专门学校任学监时，与校长骆成骧交谊甚厚。1924 年，骆成骧曾至石经寺的吴雪琴家相访。留有同吴雪琴、林百熙、僧演明游长松寺诗。

这首诗歌主要记叙了诗人同吴雪琴、林百熙、僧演明一道游览长松寺时的所思所感。首联"想望云梯五十年，忽然身到太微天"是虚写，其中的"云梯"原指古代的攀墙工具，这里是指通往长松寺的道路非常陡峭，需云梯才能上达。"太微天"，天的极高一层，此处指长松寺。颔联"谁知帝座通呼吸，半是如来半谪仙"继续虚写诗人在这里与天帝同呼吸，感觉自己一半像佛一半像仙，可见诗人与友人同游之时的愉悦心情。"谪仙"指李白，他曾写有"危楼高百尺，手可摘星辰。不敢高声语，恐惊天上人"的小诗，此言长松寺之高，身处其间，使人有李太白登危楼而可摘星辰之感。颈联"万松岗上夏清泠，双桧门前昼窈冥"写夏日清凉，白昼也变短。通过写"夏清泠"与"昼窈冥"两个意象，描绘出长松寺夏日清凉、虽白昼而云烟缭绕的神仙境界。尾联"僧老云中人不识，一峰天际向谁青"道出了寺古僧老、无人相识，一峰青翠、伸向天际的带有禅味的境界。

十一　吴雪琴

吴雪琴（1872—1952 年），学名桂馨，出生在书香门第。其父鸿典，字从五，是清光绪元年（1875 年）的乙亥恩科副榜。吴雪琴少时学习勤奋，常闭户读书。1896 年 8 月，已经 25 岁的吴雪琴终于如愿考中了秀才。1904 年，经曾华臣先生极力推荐，年满 32 岁并育有一儿三女的吴雪琴被清政府选派赴日本东京留学，同行有邑人刘存厚、尹昌衡等。1905 年 8 月 20 日，吴雪琴成为首批中国同盟会会员之一。1908—1912 年，吴雪琴任简州劝学所视学（相当于现在的政府教育督导室主任）。其间，他与简州女界硕学邓梅修、劝学员（相当于督导员）邓锦堂于清宣统二年（1910 年）创办了简州官立女子学堂（今贾家中学前身）。宣统三年（1911 年）夏，吴雪琴在贾家场火神庙内创办了官办初等小学（今贾家镇小学前身）。

一

棘地荆天叹道穷，艰难无术挽颓风。

羞夸市井金钱力，苦说乡民血汗功。

几处安危依社鼠，万家生死等沙虫。

茫茫劫运何时已，只在人心转变中。

首联直抒胸臆，感慨世道艰难自己又无法改变这种现状。颔联"羞夸市井金钱力，苦说乡民血汗功"，诗人将"市井金钱力"与"乡民血汗功"进行对比，并且对前者的情感态度是"羞"，对后者的情感态度是"苦"，表达了诗人对市井金钱的不屑与对劳苦百姓的同情。颈联继续进行对比，"万家生死等沙虫"，再次道出世道艰难、百姓生存困难的现状。尾联"茫茫劫运何时已，只在人心转变中"，诗人先是发问这样的世道什么时候可以改变？后半句诗人自己给出了答案，世道的转变在于人心的转变。

二

江城久困愧知己，潦倒名场万事非。

教育敢言新学误，宾朋渐觉故交稀。

政繁赋重人民苦，任大时艰气力微。

此去也知心太忍，公情私谊两依依。

这首诗流露出诗人怅然失意之情。首联诗人感慨自己事业上潦倒没有起色，困顿不堪自觉有愧于知己。颔联继续写在教育方面的成绩与不足，不禁感慨故交半零落。颈联诗人笔锋一转，诉说政务繁重人民困苦，凭一己之力也不能改变现实，由自己一人之苦上升到百姓之苦，可见其"民胞物与"之情。诗人深感自己责任重大，但遗憾自己能为百姓做得实在太少，表达了渴望为教育事业发光发热，为百姓服务的美好愿景，但又感慨心有余而力不足。

三

学界奔驰四十秋，年年都为稻粱谋。

毁家空有储粮券，救国难寻助麦舟。

似我衰龄甘退隐，看谁大力挽狂流。

穷愁徒惹乡人笑，赢得归来已白头。

这首诗歌写于诗人暮年之时，由"四十秋"与"似我衰龄"两处可见。首联"年年都为稻粱谋"写诗人一生为教育事业奔走，不辞辛劳。颔联"毁家空有储粮券，救国难寻助麦舟"，再次体现了诗人忧国忧民的家国情怀，他悔恨家中虽然有储粮券，但是无法为国家做出更大贡献。颈联"似我衰龄甘退隐，看谁大力挽狂流"，诗人说像他这样年纪的人一般都归隐了，可还有谁能力挽狂澜为国效力呢？言下之意是盼望有力挽狂澜的人出现。尾联"穷愁徒惹乡人笑，赢得归来已白头"，诗人感慨时光流逝，年轻时穷困遭到乡间人的嘲笑，有所成就之时已经头发花白。这句再次回应首联，谓诗人一生都在为国家的教育事业奔走。

第四节　现当代龙泉诗歌选析

2005 年桃花盛开的时候，在龙泉山的山泉镇诞生了由流沙河先生题名的中国桃花诗村以及与之配套的桃文化诗歌墙、乡村诗歌广场、诗歌雕塑等。次年，龙泉驿区创立该节一年一届的成都乡村诗歌节。历时千年后，龙泉桃花依旧烂漫。正是诗歌之乡、诗歌活动、文学书刊和专业诗人的共同发力，使龙泉驿再次复活了自己的诗歌春天，让名正言顺的"诗歌龙泉驿"得以成立，也使得自唐宋以来的龙泉驿诗歌再次勃兴，现当代诗人得以把诗意再次镌刻在龙泉驿的千年文化基因中。

每年三月，满山桃花总能勾起人们的浓浓诗意，桃花与诗歌相得益彰，每年诗歌节如约而至，中外诗人名家齐聚洛带，诗歌吟唱不绝于耳。从王叔岷的《思亲》《寻家》，到梁平的《龙泉驿》、李永才的《来来往往甑子场》，再到舒婷时隔多年回归诗坛的第一首诗歌《二十五节气》，将"龙泉驿"的诗歌文化演绎得立体而丰富。

一　卢前

卢前（1905—1951 年）原名正坤，字冀野，自号饮虹、小疏号，江苏南京人，文学和戏剧史论家、散曲作家、剧作家、诗人，曲学大家吴梅先生之得意门生。毕业于东南大学。先后受聘于金陵大学、暨南大学、成都大学、中央大学等学府，讲授文学、戏剧；曾任《中央日报》副刊主编、国立艺术专科学校校长等多职。

历史画卷翻开了新的篇章，正所谓数风流人物，还看今朝。卢前年仅二十五岁便被成都大学聘为教授，何等意气风发。他在巴山蜀水间游历、考察，写有众多反映当时四川百态的诗歌、文章、散曲。其具有划时代意义的学术著作《散曲史》，完成后即交给成都大学排印，1930 年出版。他曾写下一首描述龙泉山的散曲。

中吕醉高歌·龙泉驿东望

到龙泉已近成都，

有万水千山间阻。

关心尽在东边路，

独想望朝朝暮暮。

这首小令里体现的应该是他置身山泉铺一线东望。经历千辛万苦之后，眼看就要到达目的地成都了，卢前按捺不住内心的喜悦。"万水千山"，毫不夸张，凸显出他急切回到成都的心情，可见龙泉山还是一座望乡之山。句末叠音词"朝朝暮暮"的妙用，采用与情人相会的比喻，颇为贴切传神。木秀于林，风必助之。龙泉驿地界上汇聚了众多优秀当代作家，古往今来，诗书文化源远流长。卢前还有一首《别成都》散曲，更是写尽了成都的美丽旖旎、浪漫多情以及别后的恋恋不舍、入骨相思。

忘不了草堂人日，忘不了花市春迟，忘不了浣花溪。武侯祠庙雕鞍系，万里桥边翠袖依，忘不了江楼贳酒埋忧地。从今后，江南有梦，梦到天西。

二 梁平与《龙泉驿》

梁平，四川省作协副主席、成都市文联主席、《青年作家》主编、《草堂》诗刊主编。生活如诗，在梁平眼里，诗意就是成都最独特的生活美学。

龙泉驿

那匹快马是一道闪电，

驿站灯火透彻，与日月同辉。

汉砖上的蹄印复制在唐的青石板路，

把一阙宋词踩踏成元曲，

散落在大明危乎的蜀道上。

龙泉至奉节三千里，

只一个节拍，逗留官府与军机的节奏，

急促与舒缓、平铺与直叙。

清的末，驿路归隐山野，

马蹄声碎，远了，

桃花朵朵开成封面。

历经七朝千年的龙泉驿站，

吃皇粮的驿夫驿丁，

一生只走一条路，不得有闪失。

留守的足不能出户，

查验过往的官府勘合、军机火牌，

以轻重缓急置换坐骑，

再把留下的马瘦毛长的家伙，

喂得结结实实、精神抖擞。

至于哪个县令升任州官，

哪个城池被拿下，

充耳不闻。

灵泉山上的灵泉，

一捧就洗净了杂念。当差就当差，

走卒就走卒，没有非分之想。

清粥小菜果腹，夜伴一火如豆，

即使没有勘合、火牌，

百姓过往家书、商贾的物流，

丝丝入扣，不顺走"一针一线"。

灵泉就是一脉山泉，

驿站一千年的气节与名声，

清冽荡涤污浊，显了灵，

还真是水不在深。

有龙则灵。灵泉在元明古人那里，

已经改叫龙泉，龙的抬头摆尾，

在这里都风调雨顺。

桃花泛滥，房前屋后风情万种，

每一张脸上都可以挂红。

后来诗歌长满了枝丫，

我这一首掉下来，零落成泥，

回到那条逝去的驿路。

"那匹快马是一道闪电，驿站灯火透彻，与日月同辉"，诗歌的首句中提到两个主要意象分别是"快马"与"驿站"，诗人将"快马"比喻成"闪电"，意指时间如梭。而诗人写"驿站与日月同辉"，则是龙泉驿在历史屹立千年，经过了唐、宋、元、明、清、近现代的风雨洗礼。当代诗人梁平的笔下，龙泉驿呈现出穿越古今的梦幻色彩，所以才有了后文的"汉砖上的蹄印复制在唐的青石板路，把一阕宋词踩踏成元曲，散落在大明危乎的蜀道上"，寥寥几句，就把龙泉驿的悠久历史变成了一段可以翻阅的时光。

"只一个节拍，逗留官府与军机的节奏"，写出了龙泉驿在历史上地理位置的重要性。"百姓过往家书、商贾的物流，<u>丝丝入扣</u>，不顺走一针一线"则指出了龙泉驿在历史上是重要的物流中转地。龙泉驿位于成渝驿路成都东门要冲之地，是成都往东翻越龙泉山的最便捷的道路。明朝，古龙泉驿作为"东川之门户，锦城东门第一驿"，成都向南京朝廷和川东有大量出发的官员和派发的文书，龙泉驿站应运而生，东大路也成为最繁忙的古道。龙泉驿因其重要的地理区位为历代所重视，文人墨客行进至此，难免有感而发。

"灵泉就是一脉山泉，驿站一千年的气节与名声，清冽荡涤污浊，显了灵"，这句诗人提到了龙泉驿的山泉，从"风调雨顺"一词可见诗人对灵泉的赞许之情。"桃花泛滥，房前屋后风情万种，每一张脸上都可以挂红"一句则提到了龙泉的桃花烂漫，"风情万种"一词与"脸上挂红"一句可见诗人对它的喜爱之情。此诗处处不乏诗人对龙泉驿的赞美之词，可见诗人对其热爱。

三 舒婷与《二十五节气》

舒婷，中国女诗人，出生于福建龙海市石码镇，祖籍福建省泉州市，居住于厦门鼓浪屿。主要著作有诗集《双桅船》《会唱歌的鸢尾花》《始祖鸟》，散文集《心烟》等。舒婷崛起于20世纪70年代末的中国诗坛，她和同代人北岛、顾城、梁小斌等以迥异于前人的诗风，在中国诗坛上掀起了一股"朦胧诗"大潮。舒婷是朦胧诗派的代表人物，《致橡树》是朦胧诗潮的代表作之一。

二十五节气

春天的形象大使，

在桃源村的 T 型舞台上，

将一件盛唐的薄衫儿，

展示成迷你短裙。

蝴蝶依旧投递古老情人；

蜜蜂四处提高点击率；

闻讯赶来的博客们在花海里沉没。

最先冒出来的是

诗的鼻子，因过敏

发出很多声响。

绽放时无忧，

美丽从来就是全心全意；

凋零时无悔，

借梅雨洗尽铅华泼胭脂一地。

西南小小乡村，因此

超生出一个

高致性爱情流感的节气。

　　这首《二十五节气》是当代著名女诗人舒婷复出后写的第一首诗，写于龙泉驿第 21 届桃花节，并在第九届中韩作家会上通过朗诵的方式与韩国客人们分享。

　　歌颂爱情，是舒婷诗歌中的一个常见的主题。节气只有 24 个，诗歌题目"二十五节气"就体现了一种超越性，爱情是超越时间的，本身也具有一种超越性。诗歌最后一句"西南小小乡村，因此超生出一个高致性爱情流感的节气"之"超生"就是说爱情在时间上的超越性，在任何时间都存在；"流感"，意指爱情范围很广，谁都可能被俘获，在人群中像流感一样传播。诗歌提到的"四处提高点击率，在花海中沉没"大概也是此意。"绽放时无忧，美丽从来就是全心全意；凋零时无悔，借梅雨洗尽铅华泼胭脂一地"一句则写出了对爱情的无怨无悔。

诗歌中出现了许多成对的时间，像春天—梅雨（夏天）；盛唐—现代（迷你裙）；成对的时间是在说时间的流逝，不管时间怎么变，人们对爱情的追求是不变的。"最先冒出来的是诗的鼻子，发出很多声响"，可能是在说诗歌和爱情这种天然的联系，爱情是诗歌中的一个母题，因为诗歌主要是抒情的，很多人在诗歌中歌咏过爱情。还有一个比较重要的意象就是桃源村，意指爱情和大自然的亲近，接近浪漫主义的传统。浪漫主义诗歌中经常歌颂大自然和爱情，舒婷本身虽然被定位为朦胧派诗人，但她的诗歌显然具有浪漫主义风格的特征。

四　况璃与《龙泉汽车城》

况璃，白族，四川安岳县林风镇人。生于 1962 年 8 月，2019 年 9 月 27 日因病去世。曾是军队新闻工作者，现居四川成都，供职于成都市龙泉区委宣传部、龙泉开发报社，主编三家新闻和文学报刊，系中国诗歌学会会员，四川省作家协会会员，成都市微型文学学会会长，多所大学客座教授。代表作有中篇小说《趟过死亡》《胡杨滩》《老山兰》《大漠狼烟》《无形阶层》《昨天的太阳》等。中篇报告文学有《王洛宾走马河西》《科学家失踪之谜》《中国西部大监狱》等八部。人文地理抒情诗集《一秒钟的地球和一生的村庄》。出版有《龙子龙孙》《心海流韵》《半边人影儿》《趟过死亡》《心灵影响》《市场法则主导下的传媒经济》《体验经济及其策划空间研究》等多部文学及学术著作。

龙泉汽车城

老掉牙的驿站翻来覆去唠叨

——天变了，地换了

天的下面是越来越大的一座城

地的上面摆满各色各款的车

全是这座城市的作品

都说二十一世纪龙泉人的生活法则

总驾着速度与时间赛跑

时间最先跑在前面

速度后来追上来，超越了

是四个车轮驭着一群人，一座城

赶在做梦之前，驱动整个地球村

都说城市有城市生活的法则

汽车城的法则就是载着人群自由流通

瞬间穿越古今，在三百里驿道飞驰

比时间跑得更快的汽车，驶进了

千年后的龙泉驿，与未来交谈正酣

龙泉驿，这座古老的城市，自唐代成为东阳县治地以来，已有一千三百多年的悠久历史了。① 历史上经历过无数次战争的摧残，城池（县城）消失后又重建，重建后又消失，几多轮回，历尽沧桑。经过近些年来的快速建设和发展，如今一座现代化国际化的生活品质城正在崛起。

如今的龙泉驿不只是桃花盛开的人间桃源，还是一座工业发达的现代汽车城。在这里，四川诗人况璃看到了如同"天变了，地换了"的巨大变化，这里正抒写着"先进汽车智造区"的新篇章，这里正创作着"美好生活品质城"新的史诗。

龙泉驿区在天府新区总体规划中，又被列入"一带两翼、一城六

---

① 中共成都市龙泉驿区委党史研究室：《今古龙泉驿》，成都时代出版社 2016 年版，第 244 页。

区"空间布局中的高端制造产业功能带和高端制造产业功能区，其核心是以汽车研发制造为重点，发展航空航天、工程机械以及节能环保设备等高端制造产业，目标是成为万亿产值商圈，世界级汽车城正在崛起。[1]

五　印子君与《回龙溪》

印子君，1967 年 7 月生于四川富顺。成都文学院签约作家。诗作见诸《诗刊》《星星》《诗神》《诗潮》《诗歌报》《诗歌月刊》《北京文学》《四川文学》等文学期刊，入选《中国年度最佳诗歌》《中国年度诗歌精选》《中国诗歌排行榜》《中国〈星星〉五十年诗选》等数十种选本，多次获奖。出版诗集《灵魂空间》《夜色复调》《身体里的故乡》。曾受邀参加西昌邛海国际诗歌周，现居成都龙泉驿。

回龙溪

像树木一样回去，像花草一样

回去，像廊桥、亭台，甚至

像蘑菇、苔藓、地衣一样回去

回到龙泉山深处，回到

古驿道客栈，就回到了父亲的

脚窝，就回到了母亲的心坎

云朵落入深潭，蛙声注满古井

谁抱着天高地阔的风声，紧一阵

慢一阵，回到麻条石的隐秘

所有的回，都回到回龙湾

---

① 中共成都市龙泉驿区委党史研究室：《今古龙泉驿》，成都时代出版社 2016 年版，第 243 页。

　　回到一条溪的浅唱低吟，令背弃

　　回心转意，让爱怜细水长流

　　诗人在诗篇的开头就主张"回去"，回哪里去呢？回到龙泉山深处去，怎么回去呢？要像树木一样回去，像花草一样回去，像廊桥、亭台，甚至像蘑菇、苔藓、地衣一样回去。为什么要像这些一样地回去呢？花草、树木、蘑菇、苔藓、地衣本就是深山之中的自然景物，而廊桥、亭台则是人造景观，可见诗人牵挂的不仅是那里清幽的景色，还有那里的人文。

　　诗人接着写"回到龙泉山深处，回到古驿道客栈，就回到了父亲的脚窝，就回到了母亲的心坎"。这里提到了"父亲"与"母亲"，父亲与母亲则是家的代名词，那么回到了龙泉山回到了古驿道，就像回到了家一样，令人感到亲切。诗人印子君本就是四川人，而且现在居住在龙泉驿，想必对于龙泉驿有着独特的情感。"云朵落入深潭，蛙声注满古井"，这句选取了"云朵"与"蛙声"两个令人觉得舒适又可以联想到童年的意象。诗尾则提到"所有的回，都回到回龙湾"，回扣诗题，这里的回龙溪，是龙泉山城市森林公园的一个景点，从而折射出诗人对龙泉驿的喜爱与赞美之情。

六　凸凹与《龙泉驿》

　　凸凹，又名成都凸凹，本名魏平。诗人、小说家、编剧。1962年3月生于都江堰，祖籍湖北孝感。1978年高中毕业进入四川航天系统，2000年调入地方文化部门。1998年6月加入中国作家协会。现为成都市作家协会副主席，居成都龙泉驿。

龙泉驿

随着马啸走远

又折回的，是一截木板

初恋的记忆。从古驿胸旁伸出去的两条驿道

像两条曲线优美的手臂：大面铺是其中一个掌

山泉铺是另一个掌。它们

把锦城东面的泥土、云絮和庄稼

紧紧箍成一个走进《辞海》的词条

鸟儿在龙泉山东坡晒太阳

西坡入梦乡。

上山看望桃花的人，红颜在内心涌动。

南有梨乡柏合，北有客家洛带

往西、往西，一个地名

抄袭十座古陵

外边的人都是打马的人：不说话，分开风声赶路。

妈妈的奶头是他们的一个家呵——唱着

"好男儿志在四方"歌谣

听花儿的粉拳把马鞭轻轻捶打

听一朵一朵的花蕾慢慢张开

铁血在舒缓、温化和补钙

——驿！驿！移动的故乡，一张万里寻亲的温床。

　　诗歌首句"随着马啸走远，又折回的，是一截木板，初恋的记忆"中出现的两个意象分别是"马啸"和"木板"，"木板"可能是代指古代的马车，"马啸"则指马匹的咆哮声。驿站是古代接待传递公文的差役和来访官员途中休息、换马的场所，古代的驿站结合了现如今的酒店和快递的特点。古代的主要交通工具就是马匹和马车，经过驿站时必然要整顿歇息。所以首句写出了历史上龙泉驿来来往往、络绎不绝的过客，自然流露出诗人对龙泉驿的赞赏之情。"初恋的记忆"则是另一重更加直接的赞美。

诗人接着写"从古驿胸旁伸出去的两条驿道，像两条曲线优美的手臂：大面铺是其中一个掌，山泉铺是另一个掌"，这句诗人将山泉铺与大面铺比作古驿道的两条手臂。"把锦城东面的泥土、云絮和庄稼，紧紧箍成一个走进《辞海》的词条"则写出了它们三者之间的紧密联系，一衣带水。此外，本诗中出现了众多地名，古驿道、大面铺、山泉铺、龙泉山、柏合、洛带、十陵等，诗人以诗句勾勒地图，把龙泉驿的秀美山川刻画其中。诗歌尾句"驿！驿！移动的故乡，一张万里寻亲的温床"则写出了千年来路过驿站的行人的思乡之情。

第五节 驿道"桃花诗"选析

中国是桃树的故乡，桃花是中国最常见的花卉之一，桃花是文人笔下描写春色的重要意象。诗人们对此不惜笔墨尽情加以赞美。桃花色若凝霞，灿如锦绣，热烈奔放，象征着春色，是春日胜景的典型写照。如诗圣杜甫在《江畔独步寻花》中写道："桃花一簇开无主，可爱深红爱浅红。"此外，桃花象征着生命力，中国人常常以"寿桃"象征长寿。桃花象征着爱情，所以在民间有着"桃花运"的说法，"桃花源"更是中华民族世世代代向往的精神家园。

文学史上最早咏桃花的诗句当出自两千多年前的《诗经》，如"桃之夭夭，灼灼其华"。在《山海经》所载"夸父追日"的神话中，夸父临死前掷杖化为桃林，给后来寻求光明的人解除饥渴，由此可见桃花的特殊地位。但严格意义上的桃花诗的出现，则在魏晋以后。随着咏物诗的兴盛，晚唐出现了大量咏桃花的佳作。唐代诗人周朴在《桃花》诗中感叹："桃花春色暖先开，明媚谁人不看来。可惜狂风吹落后，红殷片片点莓苔。"宋代诗人刘敞对此也有同感，他在《桃花》诗中写道："小桃西望那人家，出树香梢几树花。只恐东风能作恶，乱红如雨坠窗纱。"而在龙泉驿这片桃花烂漫的沃土上，自然少不了桃花诗。

龙泉驿的"桃缘"可以追溯到秦朝。在已被发掘的北干道秦人墓中，墓穴里找到几颗至十几颗不等的桃核。古人认为桃树为仙木，为百鬼所惧，桃核里面有仙木精魂，具有趋吉避凶的功能。在两千多年前的秦国，人死后下葬时也要在墓穴周围撒上几颗桃核，用于吸煞避邪。龙泉山属于半干旱的低山区，非常适合桃木生长。考古人员推断，当年秦人墓里的桃核产自本地，也就寻到了龙泉桃儿目前最老的根儿。[①]

秦人手中的桃核已经成长为龙泉驿桃花盛景，铸就了当地独特的桃文化，并且绵延两千年，令人联想到唐初朱桃椎的桃符，宋代李流谦咏桃花，明代的桃花寺，近代晋希天种水蜜桃。

城东龙泉，桃花世界，十里缤纷，千里声董。龙泉驿位于成都东郊，是成都的桃花之乡。理想的桃花源今人已难寻，现实中的桃花世界却可在龙泉驿看见。每逢阳春三月，沿着蜿蜒盘旋的龙泉山脉，在山间、湖畔和乡野，一层层、一片片的桃花争妍斗艳，绵延数十公里，如霞光溢彩，蔚为壮观。龙泉驿的桃花故里因此而享誉八方，成为始于 20 世纪 80 年代每年一届的"成都国际桃花节"文化旅游盛会的举办地。自古以来，龙泉驿特殊的交通地位与地理环境，使驿道"桃花诗"成为龙泉驿特有的一道靓丽的文化风景。因此，在此专设一节驿道"桃花诗"，彰显龙泉驿古驿道历史文化的特殊性。

---

① 中共成都市龙泉驿区委党史研究室：《今古龙泉驿》，成都时代出版社 2016 年版，第10 页。

一 李流谦与《桃花》

李流谦（1123—1176 年），字无变，学者型官员，四川绵竹人。他曾在灵泉（今龙泉驿）任武官性质的县尉十六年，是第一个为桃乡龙泉驿写桃花的人。他一生主要活动于蜀地，曾宦游湖南、湖北、浙江、南京、马鞍山、芜湖等地。李流谦幼时敏悟绝人，以诗文显于当世，现存诗 633 首，词 25 首，文 128 篇，其作品记录了诗人在日常生活、为官交游及文学创作的概况。《四库全书总目提要》卷一百五十七曰："其诗文边幅稍狭，间伤浅俚，亦未能尽臻醇粹。然笔力峭劲，不屑以雕琢为工，视后来破碎荼蘼之习，较为胜之。宋代遗集大半散佚，若流谦者，故不妨存备一家矣"，所论颇中肯綮。

李流谦的诗歌兼清浅自然、低沉哀婉之致与笔力峭劲、气势恢宏之风，体现出浓厚的蜀地人文与地域色彩，蜀地独特的自然风光、历史人文都在诗人笔下得到了丰富多彩的展现。

桃花

自然秾脸与深唇，一味繁红也绝伦。

沧海浪传千岁种，武陵应有四时春。

去年崔护诗仍在，前度刘郎意独亲。

亦要清樽相料理，可能但倚笔如神。

桃花是古典诗歌中的一个常见意象。桃花诗有的巧构形似，诉诸人的感官，有的托物言志，直指人的内心。诗人或比拟，或象征，创造了一个内蕴丰厚的特殊意象，历朝吟咏桃花的诗作是绽放于旖旎诗园中的一簇奇葩。

诗人对桃花的吟咏在创作上首先表现为"巧构形似"，力求将桃花的外部形态逼真地摹写出来。首联将桃花比作妙龄少女，描摹了桃花的烂漫可爱，谱写桃花的艳丽与繁茂，用词讲究，生趣盎然。

颈联两句运用两处典故，分别是"崔护诗"和"前度刘郎"。崔护曾经在《题都城南庄》中写道："去年今日此门中，人面桃花相映红。人面不知何处去，桃花依旧笑春风。"后来便演化为"人面桃花"的典故。"前度刘郎"的典故有两种说法，第一种源自刘禹锡的诗歌。刘禹锡因参与王叔文、柳宗元等人的革新活动被贬郎州（今湖南省常德市）司马。10年后，被朝廷"以恩召还"，回到长安。这年春天，他去京郊玄都观赏桃花，写下了《玄都观桃花》："紫陌红尘拂面来，无人不道看花回。玄都观里桃千树，尽是刘郎去后栽！"以桃花隐喻暂时得势的奸佞小人。这样的诗自然有人不满，他因"语涉讥刺"而再度遭贬，一去就是12年。12年后，诗人再游玄都观，写下了《再游玄都观》："百亩庭中半是苔，桃花净尽菜花开。种桃道士归何处？前度刘郎今又来。"依然如故，不改初衷，痛快淋漓地抒发了自己不怕打击、坚持斗争的倔强意志。"前度刘郎今又来"的不懈斗争精神，一直为后人敬佩。后来亦演化为"前度刘郎"的成语。

第二种则是刘义庆《幽明录》所记载的东汉明帝永平年间，剡县人刘晨、阮肇共入天台山采药，到桃源洞遇到仙女结为夫妇。至晋武太康年间，二人又重到天台山的故事。两种说法都有去而复返的意思。两则典故用在诗中皆因与桃花有关，"仍在""独亲"强调了龙泉桃花的超凡绝伦，并且把今日桃花与古时桃花，把龙泉桃花与长安桃花，把自然界中真实的桃花与桃源仙境中想象的桃花做对比联想，大大增强了诗的意蕴张力和历史纵深感、厚重感。尾联则是说面对如此夭夭灼灼的桃花，需要有美酒及高超的诗才，方能描绘其绰约风姿与万种风情，事实上是再次夸赞桃花之美。李流谦亦为宋代川籍有名的词人，存词25首，其中有两篇是描写灵泉（即现在的龙泉）重阳节的。摘录于下，以供观览。

踏莎行 灵泉重阳作

菊露晴黄，枫霜晚翠。重阳气候偏如此。异乡牢落怕登临，吾家落照飞云是。举扇尘低，脱巾风细。灵苗医得人憔悴。灯前点检欠谁人，惟有断鸿知此意。

如梦令 前题

老插黄花不称。节物撩人且任。破帽略遮阑，嫌见星星越甚。不饮。不饮。和取蜂愁蝶恨。①

二 晋希天与《把酒龙泉山畅想桃花遍野》

晋希天，既是出口成章的诗人，又是成都国际桃花节发起人，被龙泉人喻为"龙泉水蜜桃之父"。龙泉山一线的花木繁盛，他为培养园艺高级人才做出了贡献。1942 年，桃花盛开之时，晋希天邀请亲朋好友和华国大学同学到苹果村（今桃花诗村）果园赏花饮酒。桃花令人赏心悦目，宾主尽欢，大家谈笑风生。晋希天即席成诗。

桃树栽上龙泉山，宴请宾客桃花源。

今年请来客两桌，他年宾客万万千。

山泉小学校长王有为吟道：

春天桃花开，不请我自来。

赏花未咏吟，遗憾我未栽。

赏花饮酒间，有人提议做联句诗。第一人开口道："龙泉山中桃花源"，第二人接道："桃树栽满龙泉山"，第三人道："今年赏花人两

---

① 李谊辑校：《历代蜀词全辑》，重庆出版集团·重庆出版社 2007 年版。

桌", 第四人道: "几十年后万倍多"。席间你一句, 我一句, 吟了这首, 吟那首。赏花的日子, 他们吟了很多诗。以这一首最为有名。

把酒龙泉山畅想桃花遍野

龙泉山中桃花源, 桃花堆成龙泉山。

今年赏花人两桌, 半个世纪万倍多。

桃花不仅以其活色生香娱人感官, 更以其兴谢枯荣撩人情思。从诗歌的前两句"龙泉山中桃花源, 桃花堆成龙泉山"中可以看到明代诗人唐寅在《桃花庵歌》提到的"桃花坞里桃花庵, 桃花庵下桃花仙"的影子。诗人说桃花堆成龙泉山, 可见龙泉山桃花之多, 而"桃花源"三个字更是美好的象征, 流露出诗人对桃花源的喜爱之情。

晋希天还在《题东山》中写道: "日映山城水绕村, 晚烟生处树缤纷。伤春况值东山老, 风卷桃花正断魂。"龙泉桃树高大, 树形怪异, 树下一张方桌, 几把竹椅, 三五个伙伴, 或喝茶、或酌酒、或打麻将、或发呆, 将成都人休闲、散淡、安逸的生活表现得淋漓尽致。在龙泉不仅可以看桃花, 梨花、樱花、菜花等都会竞放在山间、沟渠, 点缀于桃红麦绿之间。

龙泉驿的桃花漫山遍野绽放的第二年, 晋希天又邀请乡保长、社会贤达、文人墨客来赏花。洛带的青年才俊王叔岷应邀上山赏花, 诗兴甚佳, 写了一首古风绝句。

幽谷桃

甘藏幽谷厌繁华, 冷淡胭脂逗晚霞。

却怪诗人诗吻恶, 爱将轻薄贬桃花。

以后年年如此, 每逢桃花盛开时, 晋希天都要邀请客人来赏花, 并送客人几株桃树苗, 以资纪念。这就是今天名满天下的"成都国际桃花节"的雏形。2001 年 8 月，国家旅游局（现已更名为国家文化和旅游部）正式批准桃花节为国际桃花节。从此，龙泉驿的桃花节走出国门，走向世界。

今日的龙泉又被称作桃花故里，位于成都市郊区。每年农历二月，是成都居民外出踏青的最好时节。此时的龙泉山，一千七百余万株桃花迎春怒放，漫山遍野，灿若红云，山脚下成片的梨花如白雪铺撒大地。加上其他各种时令花卉，整个龙泉山春意盎然，姹紫嫣红。缤纷的花朵，如织的游人，使桃花盛会应运而生。桃花会期间，最有特色的项目是花农们开办的家庭接待站，游人在花农家中饮茶赏景，娱乐消闲，更有可口的农村家常风味餐，吃的是真正的绿色食品，别有一番情趣。

三　张新泉与《想龙泉》

张新泉，原名张新莹。四川富顺人。初中肄业，后当工人 20 年。1979 年后历任宜宾地区文工团创作员，《金沙》文学编辑，四川文艺出版社编辑、编辑室主任，《星星》诗刊副主编、常务副主编，编审。四川省第九届人大代表，中国诗歌学会理事，省作协主席团委员。享受政府特殊津贴。1975 年开始发表作品。1991 年加入中国作家协会。著有诗集《野水》《人生在世》《宿命与微笑》《张新泉诗选》等十部，选编《中国新诗选》《台岛现代乡愁诗选》，执编《中国〈星星〉四十年诗选》等。作品三次获四川省文学奖，《鸟落民间》获首届鲁迅文学奖。

想龙泉

桃花才骨朵，
人心已乱开。

这首诗歌是诗人张新泉于春天的一次桃花诗会上创作的，小诗只有寥寥两句，然而却被引用无数。成都东边的龙泉山以桃花著名，这句诗被光荣地题在龙泉山的山门上。诗人正是在龙泉驿的桃花林中才能够触景生情写下如此动情的句子，桃花既可象征美女又可象征美好的爱情。"人心已乱开"的"乱"和"红杏枝头春意闹"的"闹"有着异曲同工之妙。一个"乱"字恰到好处地写出年轻人心里的悸动，对美好爱情的渴望。

桃花，作为传统文化美好事物的典型喻体，自商周以来就已经进入了诗歌，为人们留下众多的经典名篇。四川作为诗歌大省，在桃花盛开之际，桃花诗会自然是必不可缺的文化盛宴。成都人盼望龙泉桃花开放，就和盼望过年一样，早早地就有人进山打探，不等桃花盛开，桃树下已聚满了一群群红男绿女。当柔软的春光洒向桃树，羞答答的骨朵急匆匆地敞开了她粉红色的怀抱，于是龙泉山漫山遍野的桃花盛开了。诗人触景生情，也就有了"桃花才骨朵，人心已乱开"这样传神的诗句。

四　宋大忠与《龙泉山桃花》

宋大忠（笔名忠诚），四川成都人。毕业于西华师范大学，研究生，诗歌爱好者。先后在《中国建设报》《国防时报》《四川日报》《城市论坛》等十多种报刊发表数十篇论文、散文及诗歌。十多篇论文被"国家行政学院""中国管理科学院""中国区域发展研究院"等颁奖、收录、出版并发行。

龙泉山桃花

十里桃花醉暖风，三生三世彩霞融。

峰峦碧翠春似海，孤槛掩妆万绿丛。

> 百里飘香吹不断，落花如笛把觞浓。
>
> 晓报樱桃春携酒，风暖仙源落霞红。
>
> 流莺晓露栖碧山，桃花流水舞楼空。
>
> 红雪伴枝鲜鲜翠，三千深潭夜梦中。

春风送暖，龙泉山上桃花盛放，诗人写"十里桃花"可见龙泉山上桃花盛放的场景之壮观。"三生三世彩霞融"则运用夸张的写作手法，极尽夸耀龙泉桃花的美艳，就像是将三生三世的彩霞融汇进去那般美丽。"峰峦碧翠春似海，孤槛掩妆万绿丛"则写出了桃花的繁茂，桃树之间枝枝相连，形成了一片桃花海。"百里飘香吹不断，落花如笛把觞浓"写出了一阵风徐徐吹来，桃花散发出淡淡的清香，香气不断的画面。花开无声似有声，落花如笛。"流莺晓露栖碧山，桃花流水舞楼空"一句是写自在的莺和早晨的露被桃花美景所吸引来到这碧绿的龙泉山中，看着桃花随流水纷纷扬扬地飘飞，一朵连着一朵。"三千深潭夜梦中"则直接表达了诗人对龙泉桃花的痴迷，那观赏桃花的人似乎也变成了其中的一朵桃花。

五 闫小杰与《山寺桃花》

闫小杰，笔名原野，中国诗歌学会会员，甘肃省作家协会会员，平凉市作协副主席，《崇信文艺》主编。至今有一千多首（篇）诗歌、散文发表，收录于《星星诗刊》《飞天》《当代作家》《时代文学》《长江诗歌》《满族文学》《齐鲁诗歌》《当代中青年诗歌选粹》《中国新诗选》《中国诗歌大观》《青年诗人诗歌精选》《汉诗三百首鉴赏》《甘肃日报》《中国当代诗人代表作名录》等书籍报刊，诗歌曾获全国千人千首诗歌大赛一等奖，乐山杯全国诗歌二等奖，中华诗词创作奖、黄河文学奖、崆峒文艺奖等。出版诗集《岁月无痕》《远山有梦》《诗韵龙

泉》《守望炊烟》《汭河时光》《山河岁月》等，主编《风雅颂崇信》
等。现任甘肃省崇信县文学艺术界联合会主席。

山寺桃花

春风超度了一朵花的来世

而山寺的一丛丛桃花

替佛说出了

世间的许多真相

这每一朵桃花

各自吹出了一曲佛号

每一株发芽的树

重新站立成了

光阴里的信仰

仰望山寺之时

漫山的桃花

可嗅到宋词里的冷艳

不宜虚度的禅意春风

更适宜陪一株小草诵经

我听到了花开的声音

与袅袅的梵音

共同说出了春天的隐喻

　　这是一首富有禅意的桃花诗，诗人在写作上采用了"超度""佛
号""禅意"与"梵音"等措辞，自然而然由桃花生出一丝禅意。"春
风超度了一朵花的来世"一句将春风拟人化，将桃花赋予神话色彩，
"而山寺的一丛丛桃花，替佛说出了，世间的许多真相"一句又将桃花
拟人化，被赋予特殊地位。"这每一朵桃花，各自吹出了一曲佛号"这

句中，桃花承担起传递禅意的职责。经过禅意洗礼的桃花是与众不同的，诗人是这样表现不同的："漫山的桃花，可嗅到宋词里的冷艳，不宜虚度的禅意春风，更适宜陪一株小草诵经"，感受过禅意的桃花是冷艳的桃花，这与世俗意义中桃花给人的印象是大相径庭的。诗人笔下被赋予禅意的桃花更具神秘色彩。

附录：其他历代龙泉驿诗文目录（25 首）

　　龙泉驿诗文历史悠久，主题丰富，如抒情写景、咏物言志、叙事等。龙泉驿诗文数目繁多，上文相关研究中无法一一道尽。鉴于此，笔者按年代顺序，特摘录部分未在正文中论及的龙泉诗文作为附录，以窥龙泉驿历代丰富诗文之一斑。

一　宋代

1. 贻长松寺慈禅师

李流谦

一年山色好相看，欲去仍来倍黯然。

大士初无留客意，幽人更结住山缘。

梨花村落清明后，梅子园林五月前。

我已到家春亦老，酒杯犹足趁流年。

2. 灵泉山中

杨甲

何处长松寺，雨花云外台。

山从百曲转，路入九关回。

老桧成龙尽，残柯借鹤来。

人间斤斧乱，风壑夜声哀。

3. 游长松寺，宿石门僧舍，以“石门霜露白”为韵，得韵字。

杨甲

疾风吹轻衣，驾我云脊路。人间一回首，惊觉不敢顾。鸟投虚无底，渺渺不知处。蜂窠蚯蚁垤，与世同所骛。试看一苍茫，谁有不平虑。

尚怜野僧屋，佛面荒苔蠹。断崖划牙吻，汹汹奔石怒。我来得奇观，拄杖叩岩树。青山有骄色，欺客不能句。平生二三子，慰我一相遇。

娟娟松间月，幽夕亦可度。夜阑更小语，风逼遣乡去。酌君无多酒，继以木兰路。

4. 登安福浮屠，以"高标跨苍天"为韵，得"跨"字

杨甲

谁能于虚空，千仞擢修架。层梯高寥寥，可历不可跨。疑从地上涌，幻手聊一化。飞龙送千柱，雷雨天一借。巍巍大胜秒，突兀此其亚。

道人岂澄观，佛事了闲暇。指挥三百尺，斤斧随叱咤。当时奋赤手，意阔已遭骂。后来见奇特，世眼一惊诧。堑山作平底，海阔梁可驾。

哀哉耳目陋，未信犹疑吓。凌高更回首，落日在云罅。苍苍野浮树，漠漠水分汊。悲凉豪杰窟，野冢埋王伯。百年眼前是，俯仰阅荣谢。惟当快饮酒，醉听风铃夜。

5. 朱真人祠

杨甲

一濯岩下溪，再拜岩中庭。清风萧然来，吹我衣上腥。
仙人芙蓉冠，乘月下云轩。山空杂佩响，静夜朝百灵。
似闻客欲去，小语犹丁宁。肃肃上松柏，急以两耳听。
寂寥古坛外，但挂斗与星。天明恐是梦，恍惚遣心形。
去饮石上水，再读幽人铭。青山无形迹，雾雨松冥冥。

6. 朱真人赞

曹勋

灵泉真人，两蜀钟秀。马溪道成，《茅茨赋》就。

历正救物，不迹不有。为师之师，再拜稽首。

7. 朱真人石洞记

邹敦仁

灵池之东山，岩峦叠循。左右而促者参差，若惊风翔翅；又其中斩高，势如龙骧。自分嵊而下，不知其几千百仞也，若骤若弛，迤逦赴神涧。曰朱真人祠者，正枕此山足。境物清旷，出尘世。惜乎旧洞骞圮，或堙塞为过路，于今四月矣，未有究其所以然者。宝鼎蒲叔豹来宰是邑，与滞补发，百事修举。因暇日，按碑记访寻遗址，而心默诚焉。于是鸠工开茸，惟二月既往经始，越十有五日告成。观其依岩凿洞，洞深而邃，瓷石引泉，泉洌而甘。接洞为亭，狭以明窗；架石为桥，次以横磴。修竹环列，风光掩映，风籁披拂，与洞溜有应，如听琴筑，何所谓蓬壶方丈之景者，一朝而复矣。

敦仁时权邑尉，每乐真游，超览物外，辄涤虑而献言曰：夫道无古今，物有成坏。方世与道交与，则是洞之托于数者昔坏而今成，岂无所待而然邪？《易》曰："苟非其人，道不虚行。"呜呼，尽之矣。宣和元年三月日记。

8. 灵泉县圣母堂记

苏悭

灵泉邑北，直向驰道，俯仅一舍地，聚洛带镇市。去市经行，越距半里，拔秀众山，环列崇阜，遭迥岩岭，瞰若百雉城隅，峦岑缭汇，崛竦天外，绵亘固护，高揭云表。由其峰半，挺设平冈，健盘壮垣，方秩千步，中构佛宫，领僧刹迨百室；有古褚氏圣母祠堂在焉。

谨按隋开皇中，褚氏名信相，自江都来，本唐安郡青城县黑水溪人也。黄冠草带，幼悟佛心，葛帔练裙，凤参法要。先游方外，首卜此山。端择胜址，芟薙芒栟，科树枯柏，尘初地之位，创安居之渐，偃息禅梵，韬秘声味。勤事大雄氏教，本为空寂师表，日递月进，精一无怠。当时所闻见者，亦未甚悉而奉之。适值岁歉田稼，民伤饥馑，则持龙头小铴散粥而饲之，救拯生聚，众给千万，活病充疲，咸告丰饫。厥后以圆明相空，俗身委化，奉之者指其故地置祠塔以归其灵，俗议习传，号曰"米母院"。

俄属唐武皇会昌岁，削废天下寺宇，斯院与塔亦例除毁。时革宣皇，大中九载，白丞相敏中按节右蜀，首谋兴建。寻得法润禅师主之，仍访遗基，再葳能事，揭崇构，堂殿廊庑、牙阁宦室之备，咸与维新。就刻旧塔石，绘其遗像，遂设祠焉。逮咸通中，悟达国师知无由长安来观两蜀名地，寓此侨隐，亦继住持，因题为"圣母院"，其山亦从而名之。唐室下衰，荐经王、孟两世，胙土僭朔，斯地灵异之应愈新于人。救旱乘时，灼示为霖之兆；拯民布惠，尤司及物之仁。神变屡闻，曾无旷岁。

炎宋大中祥符二岁，府主密直任公中正聆其显迹，拜章闻上，愿锡名额。未几诏下，院新"瑞应"之号。至宝元、庆历、皇祐之初，亢旻时泽，蜀土遘厉，府主密直张公逸、杨公日严、相国文公彦博、端明杨公察，毕谕将校，就堂祭请，置府佛庙，设钟梵焚献以祈之。匪夕而应，甘澍浃于百里之内，农稼稔字，蕃固秋成，享大年之望。泊三殿省丞潘公洞、徐公汾、刘公永咸出宰是邑，轸民告雨，来拜祠下，皆获祥应，著文赋诗，大志其异。尔后动越两蜀，走巴邛，由绵、汉、梓、遂，列郡县镇，凡属旱，奔来千里，请祷于前，动皆协恳，章章然以愿从人。其神化之若是，与夫包山奠宅，庸列"圣姑"之名，崧岳升高，亦著启母之祀，可并驾而议其明效。

祠前旧刊李唐大中时朱道异撰记，辞旨巽懦，颇肆诬诞，尤不可详究，观其统载创院时禩、祷雨应祈之状，咸阙如也。院僧惟膺惧其故事湮废，因集其本末，请序而申之。贵乎圣母之遗烈，斯院之所以兴，尽传于时不泯，余故执笔，为录其实。

9. 灵泉县瑞应院祈雨记

候溥

府之邑曰灵泉，而邑之聚曰洛带者，有佛庙，其名瑞应。庙之所以名此，以祥符中枢直任公中正奏之；名之所以得此，以开皇中信相菩萨致之。信相，菩萨名也。菩萨，隋蜀郡青城县黑水溪褚氏女也。其传曰：麻衣竹笄，善说法要，会岁饥，以龙头小鼎为粥以饲人，日饮千万，不竭不盈，人始异之。死之日，用竺昌法火化，异香弥山，舍利晶莹。会摈佛，其塔亦圮。大中中，白丞相敏中节度剑南，始命法润禅师访其塔之旧石而刻其象。自尔迄今，其验益神，凡时之旱旴必祷焉。

今年春二月，雨膏弗时，甲者弗牙，苞者弗菢，民吁以嗟。知府事、大资政谏议南阳公曰："久矣，吾闻褚菩萨之为灵也，盍请祷焉？"乃命试主将作薄樊靖款瑞应，具香供，以菩萨之象归于府。盖十有三日辛巳发自洛带，条风随车，自东而西，距府十里，密雨遽作，通夕霈洒，润可一尺。公前期戒属吏斋谨，越翼日，帅蜀吏以笙歌鼓乐逆于门外，而设供于大慈佛庙，炬蜜烟乳，蔬麦方丈，且告之曰："民旱久矣，是以有今日之请，愿留七日，以祈甘泽。"是夕又大雨。越三日乙酉，通夕大雨，非特一尺之润而已。原隰鳞发，今合以濡；草木焦秃，今荣以疏。既七日，复命靖奉之以归于瑞应，公送之如始逆焉。

盖尝思之，道无所不在，而佛无所不是。翠竹黄花，同归妙用，故虽塔石之象，亦足以为泽于一方。夫诚者在我，则应者在彼。苟我之不诚，而求彼之应，其亦难矣乎！今夫石象之应，岂菩萨眷眷于其间哉？南阳公之纯诚所召耳。溥目是灵感，辄书其事，使人知菩萨之验与公之诚为表里，不以不诚而专恃于乞灵云。熙宁七年五月日记。

二　明代

10. 朱桃椎

高启

祭酒绝俗者，曳索复披裘。自匿林莽间，不入成都游。

织屦易米茗，于人又何求。偲偲高长史，延见礼甚修。

瞠视虽不言，默教意已周。欲使如曹参，无事治一州。

忽去返山谷，避寝安可留。

11. 次中峰和尚山居韵（之五）

楚山祖师

青山当户拥如屏，景趣悠然惬野情。

旋拾枯柴烧瓦灶，时挑苦菜煮沙铛。

雨晴谷口云拖练，日暖花间鸟哢声。

几度凭栏闲极目，劫前风月难画成。

三　清代

12. 登长松山

曾溥泉

长松奇拔甚，乘兴一跻攀。

万嶂云都活，三生石岂顽？

高僧无俗态，倦鸟有余闲。

恰好秋情爽，容吾饱看山。

13. 游石佛寺诗

张问陶

石窦疏钟冷，廊腰曲磴偏。

寺荒山自拥，僧蠢佛能怜。

谷鸟通樵语，松风和涧泉。

一湾云栈小，丹赭积天然。

14. 黎明过石盘驿诗

张问陶

霜重羊裘薄，山繁鸟语纷。

残星避初日，古树宿荒云。

问舍蜗难寄，沽名砚未焚。

平生悲道长，辜负小窗芸。

15. 石经寺

徐绍斗

晴山晖不极，幽径抱川回。

老衲当门坐，孤云过树来。

规模帝子画，衣钵楚山开。

坐久迟归骑，香风送落梅。

16. 山泉道中口占诗

徐嗣昌

蛰龙嘘气万山烟，岩壑阴森别有天。

为看奇峰冲雨上，春风吹到白云巅。

17. 山泉道中诗（其一）

戢澍铭

一路乱峰迎，萧萧班马鸣。烟云忽起灭，林壑变阴晴。黄叶点秋色，白杨吹雨声。遥知小儿女，终日计归程。

18. 山泉道中诗（其二）

落日万峰青，羊肠径曲折。花落断岩边，满地胭脂雪。何人跨牛行，宛转穿林樾。松杉苍翠间，笠影时出没。遥闻短笛声，吹出峰头月。即此净尘心，劳劳叹行役。

19. 石盘驿次船山韵

宫思晋

古驿石盘岭，行行意渐纷。断崖吞赤水，宿霜卷青云。

苗秀情如渴，林枯望若焚。祈年更祈雨，手艺寸香芸。

20. 夜宿石桥

钟祖芬

一夕昭关已白毛，松风无雨亦潇潇。

茶芽蘸水甘同浊，蔗叶煎糖苦自熬。

戴月奔来犹睡晚，闲云栖处也心劳。

是非莫怪人多口，子燕雏莺亦善嘲。

21. 过西河场

李伟生

芳郊三十里，花外拥乡场。

谷口望瓴脊，街头闻布香。

土音操闽粤，春事话蚕桑。

感此西河义，风诗教泽长。

22. 过山下人家

李伟生

一簇土墙屋，行惊犬吠哗。

萎藤生戏叶，衰树着羞花。

石径缘溪转，柴门逐水斜。

萧疏秋意思，多在野人家。

23. 至石经寺

骆成骧

雷溪三百曲，直到寺无尘。

院木风霜老，田苗雨露新。

易遭经五厄，难化佛千身。

不落人间世，深山万古春。

24. 赠僧演明石径山云歌

骆成骧

松根纳凉槐根读，蝉声未断鸢声续，安得从师老空谷。

三宿已惊桑树稀，再来复恐桃源非，怅望孤云何处归。

四 现当代

25. 来来往往甑子场

李永才

从阳安驿到锦官驿，从五凤溪到迎晖门

一条东大路，顺着自己的逻辑

走进枝繁叶茂的成都府

多少茶马，从信仰的边缘走过

让习以为常的饥渴与梦想

在一场又一场，泱泱风雨中散落

不管是官道，还是私路

一旦打开，所有的关山，都无法阻挡

那些风尘仆仆的快马

南北两道，走下去的理由

是天高云淡，还是连绵阴雨

都无关乎，盛世的桃花

在春天的路口，引发的一场叛乱

马匹和阳光，从这里出发

一个人，将野花、流水和天空的宁静

种进蔚蓝的湖面

种进一个老码头，无边无际的想象

多少苦乐，流逝于喑哑的光阴

与崎岖无关，与纵横无关

或许，只与夕阳拍遍栏杆有关

谁也无法忘记，那些白马的挣扎

在一纸文书上的呻吟

多少故事里的马镫、酒壶

不明就里的碎瓷片

集合在沿途守望的杂货铺

这些有用或无用之物

像一个又一个旧梦，成为一条古道

坎坷不平的组成部分

在驿使的记忆里，洛带的春天

是一个鲜艳的女人

穿过三月的影子，溜达在一街九巷

只为所有的花朵

都能以一种快意的抒情

走进市井与风俗。那些古铜色的肌肤

浸入桃红柳绿的长河

春天的脸上，泛起了粉红的潮汐

我的客家兄弟，到了甑子场

你的世界，除了儿女情长

只剩下山高月小

不如就此歇脚。找一把安静的椅子

坐下来，让一杯锦江之水

喝去旅途的劳顿

我的客家兄弟，你的明天

越来越近。前方就是梦中的成都府

这里的街巷，越旧越优雅

不管晴天或雨天

每一种气候，都有似是而非的表情

像一个虔诚的信徒

在稀疏的灯火里

将喧哗的市声，诵读成大地的经书

躺在这样的经书上，不需要演绎

不需要更多的怀旧

也无须与眼前的事物，发生太多的关系

你可以在人间的隐喻中

领略鸟鸣的神性

让自由的思想，阳光一样地放纵

　　由龙泉驿著名诗人凸凹主编的《龙泉山》杂志 2019 年第一、第二期合刊"古今中外诗人笔下的龙泉驿"特大专号，荟萃从古至今与龙泉驿有关的诗词一千五百余篇，展示了"龙泉驿诗"的全貌，虽偶有失收、误收，然一编在握，便于观览，颇有功于龙泉诗词作品的保存与流传。

第十章　古驿道文化的创造性
转化与创新性发展

　　前文已对龙泉驿悠久丰富、特色鲜明、精彩纷呈的历史文化进行了系统梳理介绍，对古驿道文化创造性转化与创新性发展的历史遗存、当代资源有了较为清晰的认识。那么，龙泉古驿道在其千年的发展演变中，在创造了丰富灿烂的物质文明，留下了后人引以为傲的历史文化遗迹的同时，人们不禁要问：是一种什么样的精神使古驿道的文明传承不绝？是一种什么样的力量使古驿道的血脉古今相续？是一种什么样的魅力使后人对古驿道昔日的繁盛魂牵梦绕？在古驿道的经济、交通、军事等诸多功能逐渐被新的现代的交通、物流等形式所取代的今天，是否能从龙泉古驿道的历史发展及变迁中总结提炼升华出一种能够在今天仍对龙泉驿的建设发展起作用的所谓古驿道精神呢？以下，我们就不揣浅陋，对此问题略陈管见，以就正于方家。

第一节　龙泉古驿道精神

　　驿道通千载，精神一脉传。古驿道对人类文明史的进程发挥过重要的推进作用。如中国古代从秦始皇开始的"车同轨"、古波斯"御道"、丝绸之路、古罗马大道等加强了各自国内和东西方文明的交流与对话。随着现代交通系统的发展，传统驿道已经退出历史舞台。曾经繁忙动态的驿道演化为如今安详静态的物质文化遗存，承载着人类厚重的历史文化记忆。古驿道作为历史文化的物化形态在几千年劳动人民勤劳智慧的实践中逐渐积淀成一种抽象的深层次的人类精神文化，即驿道精神。龙泉驿区古驿道源远流长，历史文化积淀丰厚，文化形态多姿多彩，同时蕴含饱满、振奋、厚重的驿道精神，我们特称之为龙泉古驿道精神。经过细致深入地研究与探讨，我们提炼出能够代表龙泉驿区古驿道独特面貌气质的三大驿道精神：包容开放、吃苦耐劳、诗意栖居。三大驿道精神分别代表龙泉驿区长期积累沉淀而形成的济世精神、创业精神、诗性精神。它们将在龙泉驿区未来的发展过程中继续发挥其重要的价值与作用。

一 古驿道济世精神：包容开放

龙泉古驿道在其长期的历史发展演进中逐步凝聚荟萃成一种包容开放的济世精神。

"驿"，形声字，"从马，睪声"（《说文解字·马部》）。"罒"意为"罗网"，"幸"表声（《说文解字》说读"羊益切"）。"马"与"睪"联合起来表示"以马为交通工具的一个四通八达的交通网"。驿站则是四通八达的交通网的交接点，是驿道交通网络系统中的重要枢纽，具有连接南北东西、互通有无之义。明朝初年，朱元璋整顿全国道路系统，严格按照"十里一铺，六十里一驿"的规格建设全国道路交通网。从成都锦官驿到龙泉山脉附近刚好六十里，因此明朝初年于此设置成都出东门后的第一个大驿站，始称"龙泉驿"。龙泉驿作为成渝古道交通网上的一个重要枢纽，是沟通成渝两地政治、经济、文化信息的中转站。从物质层面来看，驿站是一个由此达彼、互通有无的空间或场所，供公干的往来官差、信使、民间行旅、商队、车马休息的物理空间。因此，驿站本身就是不同民族、身份、阶级、职业的人聚集、交易、交流的话语空间。在这个空间里，各色人物表达、交换不同的思想、观念，必然形成一个平等互助、多元和谐的精神空间。这一空间的核心精神可用"包容开放"一词来概括。"包容"即尊重差异，"开放"即接受差异，内含平等与尊重的人文精神。如此一来，驿站就从一个物理空间上升为一个包容开放的精神空间。随着时间的推移，这一空间包容开放的精神遂成为当地民众特有的一种印记、一种精神、一种具有高辨识度的气质。龙泉驿区作为成渝古道上一个重要的驿站，自然孕育、赋予了这种包容开放的精神。润物细无声，龙泉驿区的人民耳濡目染，同样习得尊重与拥抱差异的包容开放精神。包容开放的精神始终贯穿于龙泉驿区历史发展的历程之中。以龙泉驿区的客家文化为例。据调查，四川自古以来经历过八次移民潮。现今四川已成为中国五大客家人聚居省之一，客家人的数量超过 200 万，仅成都就有客家人四十余万。各种文献资料均显示明清两朝的大移民以湖广籍移民最多，而粤、闽、赣籍移民位居第二，成为四川移民的重要组成部分。在龙泉驿区范围内，一大批移民时代遗留下来的客家住宅、祠堂、公共建筑至今保存完好，一些反映客家人聚族而居的遗迹，如以客家姓氏命名的"某某沟""某某湾""某某院子"等地名清晰可循。在公共建筑中，又以洛带古镇的古街道和会馆建筑群最为突出。此外，洛带镇的巫氏"大夫第"、柏合镇的钟家大瓦房、洪河镇的冯家老屋、十陵镇的朱家祠、黄土镇的张家祠堂以及反映客家乞子祭礼习俗的大兴镇的"生殖图腾柱"等，都是客家人生产、生活方式的物质见证。洛带古镇被誉为西部客家第一镇，总人口 29408 人（2018年），常住客家人口达 95% 以上。聚集于龙泉驿区的客家移民来自全国各地，以东南省份为主，如广东人、江西人、湖南人、福建人等。他们虽然有不同的方言、习俗、饮食习惯，但能够在这里落叶归根、世代繁衍，回溯性地看，最关键的可能并非交通便利，而是驿站空间所蕴含的多元、平等、互助、包容开放的精神。这种精神源于驿道又发扬丰富于驿道，促进了地区的发展。当代龙泉驿区迎来了千载难逢的发展契机，如龙泉山森林公园的建设、打造龙泉国际汽车城、2021年世界大运会的举办、天府新区与东部新区的建设等一系列项目将使龙泉驿区拥抱更多的国际友人。因此，当代龙泉驿区的发展更离不开包容开放的驿道精神。可以说，当今龙泉驿的辉煌成就就是包容开放的驿道精神的创造与赠予。

二 古驿道创业精神：吃苦耐劳

龙泉古驿道在其长期的历史发展演进中逐步凝聚荟萃成一种吃苦耐劳的创业精神。

成渝古道全程1080公里，设置锦官驿、龙泉驿、阳安驿、南津驿、珠江驿、安仁驿、隆桥驿、峰高驿、东皋驿、来凤驿、白市驿十一个驿站，有"四镇、三街、七十二场"之说。在古代，交通工具、食宿条件都十分简陋。驿道沿途的自然环境也十分凶险，有些路段常有野兽出没，有的路段穿行于悬崖峭壁，有的路段狭窄崎岖，这些不利条件使得在驿道上长途跋涉的行人备受煎熬。同时，这种艰苦的环境和条件培养了劳动人民吃苦耐劳的驿道精神。古代劳动人民凭着这股精神不仅克服了重重困难，而且通过驿道四通八达创造了华夏文明更多元的文化、更繁荣的经济、更稳定的政治。龙泉驿古驿道作为蜀道，乃至中国传统驿道的重要组成部分，同样流动着这种吃苦耐劳的驿道精神。这种精神从起源来看是一种创业精神。驿道上往来的公差、商队、民间行旅、信使每一次的长途跋涉都可以看作一次创业，从驿站起点出发到驿站终点，可以说是一个驿道驿客创业的成功。因此，吃苦耐劳的驿道精神也是一种勤劳敬业的精神或建功立业的精神。这种精神作为一种隐形的力量一直支撑着龙泉驿区的繁荣发展。如客家人长途跋涉聚居龙泉驿，他们对东山的开发，就是一次成功的创业活动。明清时期，在"湖广填四川"的移民政策下，东南地区的很多客家人移居于此，洛带也成了中国西部主要的客家人聚居地。文献显示，洛带镇上的 2 万多居民中，有 90% 以上的居民为客家人，主要来自闽、粤、赣诸省的客家聚居地，是我国西部客家人最为集中的小镇。全镇辖区面积 20 平方公里，以洛带镇为中心，周围十几个乡镇还聚居着约 40 万客家人，占当地人口总数的八成以上。落户于此的客家人利用自己擅长精细农业的优势，发扬吃苦耐劳的驿道精神，对龙泉驿进行了大力开发，最终把龙泉驿建设成繁荣富庶的金山银山，形成了龙泉驿及其周边五个著名的客家场镇，分别为甑子场、廖家场、西河场、龙潭寺、石板滩，其中尤以甑子场（洛带镇）最为繁荣。很多川东的物资经此运往成都，东大路北支线商道逐渐发展起来，而作为东大路北支线上的洛带镇则成为成都东门最大的商品中转站。因此，民间谚语有"运不完的五凤溪，搬不空的镇子场（洛带），装不满的成都府"之说。客家人用他们吃苦耐劳的驿道精神实现了迁居成都后一次重大的创业。进入新时代，客家人继续发扬吃苦耐劳的创业精神，把洛带打造成国家历史文化名镇，也被誉为"西蜀客家第一镇"，实现了经济发展模式现代化转型。2016 年，洛带镇地区生产总值实现 26.6 亿元，景区接待游客 528.3 万人次，旅游综合收入 10.56 亿元。吃苦耐劳的驿道精神激励着龙泉驿人民，也激励着成都人民。龙泉驿区是成都（国家）经济技术开发区所在地，在天府新区总体规划中，又被列入"一带两翼、一城六区"空间布局中的高端制造产业功能带和高端制造产业功能区，其核心是以汽车研发制造为重点，发展航空航天、工程机械以及节能环保设备等高端制造产业。龙泉国际汽车城由众多大型汽车工业项目组成，包括吉利·沃尔沃成都生产基地、一汽大众第三工厂成都分公司、中国一汽集团·四川专用汽车有限公司、一汽丰田（四川）公司、博世中国汽车底盘控制系统成都生产基地项目、成都瑞华特新能源汽车项目等。龙泉驿区人民靠着千年传承的吃苦耐劳的驿道精神又完成了一次现代汽车制造产业的创业。

三 古驿道诗性精神：诗意栖居

龙泉古驿道在其长期的历史发展演进中逐步凝聚荟萃成一种诗意栖居的诗性精神。

龙泉古驿道诗意栖居的诗性精神象征着一种闲适、淡泊的生活态度，一种娱于景、乐于山（水）、"游于艺"（《论语》）的生活美学和艺术化的人生高境。这种浪漫的诗意栖居是龙泉驿古驿道的独特风韵，它是龙泉古驿道、中国古典诗文传统、龙泉山钟灵毓秀的自然山水的奇妙结合。首先，成渝古道为文人墨客提供了四通八达的交通路线，为出门远游奠定了道路基础，增加了龙泉驿地区的可通达性和客流量。龙泉驿站为传统文人墨客提供了游山玩水的寄宿之所，为五湖四海的行人驿客提供了汇聚与驻留的空间。尤其是龙泉山与龙泉驿紧密相连的地理优势，使文人墨客行经或客居龙泉驿时，把目光和游兴首先投向龙泉山的自然风光。其次，龙泉山蕴藏丰富的人文景观和自然景观，如人文景观有石经寺、长松寺、北魏文王碑、摩崖石刻等，自然景观有龙泉山天然幽静的森林、长松山、蜿蜒的小道等。这些景观为文人墨客提供了感物起兴、独抒性灵的物质基础，提供了逃离尘世羁绊之世外桃源的理想的自然空间。最后，在中国古典诗文传统中，哪里有驿道、驿站、青山绿水，哪里就有文人墨客的吟风弄月、对酒当歌，就有香浓馥郁的诗歌文化。古驿道是沟通巴文化和蜀文化的重要节点。在成渝古驿道上行走过，进而在龙泉驿停歇、游玩过龙泉山而留下诗文的文人墨客数不胜数。而中国古代文人有饱览名山大川、畅游名胜古迹，思有所得、兴之所至，便题诗作画，以作纪念的传统。纵观龙泉驿历史，李德裕、吴融、郑谷等人皆为龙泉驿写过诗，其中多有与龙泉山脉主峰长松山之长松寺有关的诗作。时任西川节度使、后升为宰相的河北赞皇人李德裕是首个为龙泉驿写过诗并有诗留存下来的人。在整个龙泉驿驿道历史发展过程中，众多著名诗人在龙泉古驿道都留下了足迹，如隐士朱桃椎，名臣李德裕，大文豪苏轼，名臣王刚中、胡元质以及文人魏了翁、文同、李流谦、潘洞等[①]。由文人墨客构建的此种书香馥郁的文化传统给龙泉驿古驿道及其周边的龙泉山增添了一种独特的诗性精神——诗意栖居，即龙泉古驿道的文人墨客们游山玩水的闲适悠然的生活态度，其诗文传达的旷达清逸的品格以及由山水精神熏染形成的浪漫主义情怀。它同样是一种生活美学，倡导生活和人生的艺术化。如唐代朱桃椎创作的《茅茨赋》表达了对隐居龙泉山脉"以闲居为乐"的生活理想；宋代苏轼夜宿长松寺创作了《以屏山赠欧阳叔弼》，借"梦中化为鹤，飞入长松寺"表达自己淡泊的人生态度；明代楚山绍琦禅师的《山居写怀》通过明月、竹林、蔬菜、猿声、日暖、蝶影、青山等自然意象，向读者描述了诗人暮年隐居龙泉山脉、远离市井喧嚣、清贫而闲淡的山居生活。

　　总而言之，龙泉驿作为成渝古道上的一个重要节点，它满足了种种条件，使龙泉驿古驿道在千年发展历程之中沉淀出独特的诗意栖居的浪漫主义精神。这种精神对当代龙泉驿区的城市建设、人民的生活态度、生活方式、精神文明建设具有重要价值。作为重要的驿道精神之一，诗意栖居尤其需要转化为龙泉驿区当代建设的时代精神，如成都龙泉山城市森林公园的建设就需要这样一种生态优先、花果飘香、

---

　　① 中共成都市龙泉驿区委党史研究室：《今古龙泉驿》，成都时代出版社 2016 年版，第63 页。

天人合一、诗化人生的精神。成都龙泉山城市森林公园位于四川省成都市龙泉山脉成都段，南北向绵延 90 公里，东西向跨度 10—12 公里，规划面积 1275 平方公里，包括以龙泉山为主体，以三岔湖、龙泉湖、翠屏湖为代表的龙泉山生态区域，涉及金堂县、青白江区、龙泉驿区、简阳市、高新区东区、天府新区直管区等 6 个区。其中龙泉驿区是龙泉山城市森林公园的重要组成部分。龙泉山城市森林公园总体定位为"世界级品质城市绿心"和"国际化城市会客厅"，形象定位为"多彩山水""锦绣画卷"，主要有生态保育、休闲旅游、体育健身、文化展示等六大功能。从龙泉山城市森林公园的核心主旨来看，其建设理念不仅是诗意栖居的驿道精神的直接表现，甚至其构想策划都直接受惠于龙泉驿古驿道诗性精神的启迪，而且其未来的建设与发展更离不开诗意栖居的驿道精神。更重要的是，龙泉山城市森林公园的建设将践行龙泉驿诗意栖居的驿道精神，把审美的生活态度浸润到每一个龙泉驿区人民的心中，提升龙泉驿区人民的生活质量和幸福感。如今龙泉山腰上有众多静雅舒适的民宿酒店，它们为广大城市市民提供了一个繁忙之余的心灵栖居之所。它们是诗意栖居的古驿道精神的当代形态之一，引领人们走向更优质、更具品位的现代生活。

　　龙泉驿三大古驿道精神包容开放、吃苦耐劳、诗意栖居是从龙泉驿古驿道物质文化当中提炼出来的精神文化。这种提炼不仅是对古驿道历史文化的创造性转化的直接体现，而且也是人类真、善、美最高价值的体现。"包容开放"是尊重差异、接受差异，表现出对不同文化的吸纳与学习，是求真；"吃苦耐劳"是创业精神、工作精神，是生产实践活动，提供人民生活资料，满足人民的生存需要，是善；诗意栖居是审美化的生活态度与方式，是美。就此而言，笔者认为，龙泉驿作为一个千年驿站，当它退出人类历史舞台之后，它最重要的价值不在于其物质形态文化遗存，而在于这种物质形态文化中积淀的厚重的精神文明，即驿道劳动人民在生产生活过程中凝结而成的真、善、美的普世价值。因此，作为龙泉驿古驿道特有的驿道精神，它不仅是一个地区化的精神，同时也是成都精神、天府文化精神，甚至是中国精神、人类精神。

在龙泉驿区未来的发展建设中，需要大力传承和发扬龙泉古驿道精神，进一步研究如何利用优秀传统文化资源，在成都建设"三城""三都"及世界文化名城的宏大战略中，持续推动龙泉驿当前的文化建设，并在此机遇中寻求适应区情的有效发展。历史文化资源的传承发展、活化利用的根本目的是推动当前文化事业和产业加快发展，即打造"老成都、蜀都味、国际范"文化景观、文创街区和文创小镇，做强文创产业发展核心载体，提高公共文化服务水平，推动文体旅融合发展，让传统文化与现代文明交相辉映，使天府文化在新时代重焕异彩。

第二节　写好"天府文化"的"龙泉篇"

文化是以价值观和生活方式为代表的精神活动，"是一座城市的精神与灵魂"，[①] 是城市生存的根基，也是城市发展的一大动力。相应的，城市则是文化呈现的载体。随着知识经济的兴起和信息技术的发展，物质生产和精神文明的联系更加密切，文化和经济出现了加快融合的趋势；在经济领域和经济活动中，"文化软实力"的作用日益凸显，并且在城市化进程中变得更加重要。文化发展的关键在于以培养担当民族复兴大任的时代新人为着眼点，强化教育引导、实践养成、制度保障，发挥社会主义核心价值观对国民教育、精神文明创建、精神文化

---

① 刘江华、张强、陈来卿：《国际视野下的城市发展转型》，中国经济出版社 2015 年版，第 12 页。

产品创作生产传播的引领作用，使社会主义核心价值观在融入社会发展各方面的同时，转化为人们的情感认同和行为习惯。成都市十三次党代会报告中明确提出，要深度发掘地域文化特质，推动天府文化的创造性转化、创新性发展，彰显继往开来、革故鼎新的时代风尚，发展"创新创造、优雅时尚、乐观包容、友善公益"的天府文化，让天府文化成为彰显成都魅力的一面旗帜；要共建精神家园，铸城市之魂，坚持以社会主义核心价值观为引领，大力弘扬民族精神和时代精神，深化群众性精神文明创建活动，凝聚团结奋进的共同价值追求；要牢牢把握意识形态工作主动权，用新发展理念凝聚城市精神，引领文化建设方向，以文化人、以德润城，让人文成都闪耀真理光辉！成都作为体现新发展理念的国家中心城市，离不开天府文化的引领导航、凝心聚力、创新创造作用。可以说，天府文化已成为决定成都城市品质、塑造成都精神、支撑成都发展的重要力量，从精神层面凝结了成都的人文共识、城市理想和价值追求。作为在天府文化滋养下的龙泉驿，同样需要努力践行社会主义核心价值观，紧紧把握天府文化的精神内核，找准龙泉文化在天府文化宏大体系中的定位，在传承巴蜀文明、发展天府文化的时代任务中提炼龙泉驿本土的文化特质、特色，为龙泉驿文化勾勒出认可度高、辨识度高、显示度高的独特"画像"。要找准龙泉驿历史文化与天府文化接榫的关键所在，在城市发展中融入天府文化的十六字特质，凸显天府之国中的龙泉文化基因，使其在天府文化的现代转化中融变出新，进而依托本地的文化因子和优秀的旅游资源，从场景打造、路线设计、文创产品、风土民情等多方面、多角度提升龙泉驿文化在成都城市发展中的显示度和影响力，实现与天府成都的全面协调发展，写好天府文化的龙泉篇章。要以人文营造提升城市形象，着力提高龙泉驿在成都区市县和天府文化中的识别度、显示度、美誉度，以新思想新理念为指引，加快建设特色客家文化与传统天府文化交相辉映、历史文脉与现代文明相得益彰的世界文化名城示范区。

龙泉驿区已确定了文体旅融合发展的总体思路。那就是重点挖掘"古驿""客家"文化名片，发展有龙泉特色的天府文化；围绕东安湖体育公园、锦绣天府、龙泉山城市森林公园建设，引进华润、华侨城、江苏一德、梵木创艺区等一批重大文体旅产业项目，实施以洛带古镇为核心的改造提升工程，奋力争创天府旅游名县。我们的历史文化资源梳理和文旅产业发展研究，就是为实现发展目标出谋划策、提供智力支持。

第三节　加强对区域内自然、历史文化资源的清理

写好天府文化的龙泉篇，推动龙泉文化的创造性转化与创新性发展，需要不断加强对区域内历史文化资源的清理，持续地、有条理地挖掘、整理、保护、开发既有文化遗产、文化资源，即通过更加深入、细致的理论研究，加强对龙泉域内文化资源历史价值、审美价值、社会价值、思想价值、文物价值、科学价值、民俗价值的认识。通过积极申报文化遗产项目，加大文化资源开发力度，不断提升龙泉域内历史文化资源的品位。

一　对自然文化资源的理清整合

我们对龙泉物质化、风景化的自然资源遗存已有相对清楚的了解，对龙泉自然文化资源的梳理，目前已经有了一些成果，甚至有一定的前期开发。前文对相关代表性遗存、景点、要素也做了详细的介绍。但是，这些资源相对来说还是比较分散的。尽管龙泉驿已经有意识地梳理了一些线索对其进行系统整合，但不管是作为文化遗产而进行保

护，还是作为旅游资源而加以开发，"资源一流欠整合"的问题还是没有得到根本性的解决。目前，在龙泉驿所拥有的 3 个国家 AAAA 级风景区中，有 2 个均是风光秀丽、山川如画的自然名胜。除此之外，龙泉驿还有众多的现代乡村旅游资源。这些风景名胜中比较有特色的有以下几个。

一是龙泉山。"植得东山一片绿，风清水润养成都"。龙泉山是成都的东部生态屏障，也是龙泉驿的"母亲山"，在龙泉驿区的建设发展中具有全局性、本源性、首要性的地位和作用。因此，在建设龙泉山国家森林公园的过程中，要首重生态保育。按照规划要求，生态用地面积为 1162 平方公里，占总面积的 91%，其中森林面积占 70.5%，保育用地内除必要的维护与生态工程之外，禁止开发建设，已建项目逐步迁出。要充分利用市上把龙泉山打造为国家森林公园的有利契机，按照"一园"（龙泉山城市森林公园）、"两区"（山地森林景观区、山前郊野游憩区）、"三段"（三段特色景观，包括深丘峡谷、花海林麓、湖光山色）、"三环"（环山景观大道、环山轨道、半山游道）、"十单元"（十个游憩单元，作为主要游憩区和主要入口，包含特色小镇及郊野游憩园）的总体规划布局，大力发展文旅产业。要在景观设计、绿道建设、生态旅游开发等方面保护修复现有文化遗存，因地制宜注入天府文化元素和龙泉驿地方文化特色，将龙泉山由生态屏障提升为"景观化、景区化、可进入、可参与"的城市中央绿心。要使龙泉山国家森林公园承载起生态保育、休闲旅游、体育健身、文化展示、高端服务以及对外交往的功能，使之成为公园城市建设的样板。

二是五湖。湖堰众多、水体丰富是龙泉驿自然景观的又一显著特色，其中大有文章可做，值得深入研究利用。特别是龙泉湖的开发利用，完全可以打破行政区划，纳入"两湖一山"整体规划进行打造。

三是青龙湖等湿地。成都绕城高速两侧共规划了一百三十多平方公里的生态绿化用地来建设"六湖八区"（生态湿地）。在已建成的项目中，青龙湖湿地最大且最有特色。虽然也种了许多树木花草、添了很多旅游设施，但因秉持了因形就势、因地制宜的师法自然的理念，故显得野趣十足，诗意盎然。如再适度增添一些品位高雅的美术馆、音乐厅、书吧等文化设施，则更能提高整体品质。

四是龙泉桃花。桃花和汽车是龙泉驿的两大标志。前者代表着自然、生态、田园风光和一次产业，后者代表着现代科技和工业文明，二者结合，则代表着龙泉文化传统与现代、自然与科技、一产与二产的完美融合、相映生辉。从目前来看，桃花旅游与桃花产品的深度开发都还有较大空间，关键在于要有系统谋划与融合发展的理念。

五是各种生态观光园、度假村。近年来，龙泉驿也像全市其他地区一样，深入实施乡村振兴战略，大力发展乡村旅游，打造特色 IP，大力发展农事体验、观光旅游、精品民宿等业态，开发打造了一批以生态观光、休闲度假、农事体验、乡风民俗展示为主要功能的观光园、度假村和乡村酒店（如锦绣天府、梦里桃乡、漫香庄园、蔚然花海、好秾人等），促进农商文旅体融合发展，加快呈现公园城市的乡村表达。但特色风格不彰、同质化现象严重、不注重文化内涵的挖掘扩充仍是普遍存在且亟待解决的问题。

从以上五类已形成一定开发规模、较有地方特色的旅游观光景区来看，龙泉驿的自然文化资源突出表现为两个方面。一是依托山水、园林而形成的养生休闲景区；二是以农业、林业种植采摘而形成的田园体验景区。那么，将二者结合起来，以回归自然的生态栖居、康养休闲为重点，就可以有效整合龙泉驿目前已有的自然文化资源，形成一条主题突出，内容充实的游览体验主线。可以通过强化景观营造构筑生态宜人的绿色家园。深入实施大地景观再造工程，以航空走廊、交通沿线、水系流域、旅游景区为重点，推进高标准农田建设、景观农业发展、城乡风貌改造、特色镇建设、川西林盘保护和复建，重现"岷江水润、茂林修竹、美田弥望、蜀风雅韵"的锦绣画卷。下一步，要围绕天府旅游名县创建工作，从政策规划、发展思路、工作目标、项目促建和工作措施五个方面开展工作。

二　对历史文化遗存的保护开发

与自然文化资源相应，龙泉的人文遗存也十分丰富。但这些历史文化资源也存在着开发投入不够，文化品牌在全省、全国，乃至全球范围内的影响力、辐射力、认可度不足等问题。具体来看，龙泉在依托文物古迹开发建设以下人文景观时，在发展思路上要做这样一些考虑。

第一，洛带古镇。要以客家文化为核心，以会馆群为样板性建筑，各种公私博物馆为文化单元，打造多元文化融合发展示范镇。

第二，石经寺。（具体打造建议详后）

第三，明蜀王陵。要整合蜀王陵资源，提炼挖掘与蜀王陵有关的堪舆（风水）文化、建筑文化、丧葬文化、碑刻金石文化以及蜀王府丰富的历史文化，通过旅游路线的串联设计和蜀王府文化的移植、重现、荟萃，集中展示呈现明代成都的历史文化风貌。

第四，北周文王碑。此为龙泉驿区为数不多的国家文物保护单位，理应很好保护、宣传及利用。惜宣传不够，知者不多，影响不广。应纳入龙泉驿区历史文化资源活化利用总体布局中，依靠专业团队进行设计打造。

第五，朱熹宗祠。朱熹作为中国封建社会后半段最杰出的思想家、大儒和著作等身的大学者，对中国历史文化影响深远，对成都历史文化亦有多方面影响。深入梳理朱熹及其家族与成都的关系，展示朱熹思想的价值与意义，积极融入国际朱子学研究潮流，对于成都建设世界文化名城具有重要意义。亦可把朱熹宗祠打造为大中小学国学研学基地。

第六，摩崖石刻、造像群。加强保护，增添设施。深入研究，加大宣传。精心设计，串点成线。专人讲解，扩大影响。

第七，茶店古镇。整体规划，分部建设。活化历史，还原传奇。再现"龙门客栈"魅力，重塑昔日繁盛风采。

第八，长松寺。借助历史记载和传说，政府规划，信众捐资建设恢复，重现"龙泉最高峰，东山第一寺"盛景。

以上八大名胜，共同构成了龙泉人文资源的主体框架。但从人文地理的角度看，这些资源的分布还是相对比较零散的；当代话语体系关于这些名胜的起源、发展有各种说法，混淆视听，亟须深入研究，确立权威性说法；文化开发项目对其中的古迹保护、恢复力度还不够，对相关文化品牌还缺乏足够的认可。北周文王碑、明蜀王陵等在全国范围内的知名度还不够高，在文化旅游市场上的品牌权威性有待树立。总而言之，龙泉的历史人文资源还需要做好品牌论证、建设、营销工作。只有在此基础上，才能更好地推进地方文化资源的创造性转化与创新性发展。

附 整体开发石经寺景区的价值及意义

石经寺作为历史悠久、文化底蕴丰厚、生态环境优良、知名度美誉度较高的千年古刹，在传承发展天府文化、创造创新龙泉文化、助力成都"三城""三都"建设中，具有重要的地位和得天独厚的开发利用价值，理应保护好、规划好、利用好。现就我们的一些调研和思考，对整体开发石经寺景区提出几点不成熟的思考和建议，供龙泉驿区有关部门参考。

一 整体开发石经寺景区的价值及意义

首先，有利于龙泉驿区统筹城乡发展和根本性地改变山区落后面貌。龙泉驿区属于成都近郊区，平坝、丘陵和山区都有。地区发展差异比较明显，城乡二元结构矛盾比较突出，统筹城乡发展的任务非常艰巨。石经寺景区周边的山区农村，主要是坡地，基本上没有水田，其经济来源主要靠水果、农家乐等生态旅游，而由于交通及旅游设施等方面的原因，游客不多，收入不高。而石经寺景区的整体开发建设能够吸引大量的人流、物流、资金流、信息流，优化城乡二元结构，建立以旅促农、以城带乡的机制，培育山区农村经济新的增长点；能够开阔山区群众视野、更新山区群众观念、提高山区群众素质、扩大山区群众就业，改善山区群众生产生活条件，促进山区群众集中居住和增收致富，从根本上改变山区贫困落后的面貌。"成简（阳）快速通道"建成后，大大改善了石经寺景区及周边的交通条件，为山区农民的生产生活提供了极大便利，同时也为石经寺的开发建设提供了良好机遇。

其次，有利于打造国际性的佛文化旅游品牌，提升龙泉驿区和成都市旅游的档次和水平。龙泉驿区的旅游经过多年的发展，已具备了一定的基础。"龙泉国际桃花节""洛带古镇客家文化节"等节庆旅游的开展，更是为龙泉的旅游增添了不少亮色。目前，以赏花、观景、品果为主要内容的乡村生态游和以领略洛带古镇、客家文化、会馆古典建筑群落为主要内容的历史文化旅游已成为龙泉旅游的主要特色。但是也要看到，无论是生态旅游还是历史文化旅游，都还是粗放型的、附加值不高的。整体开发建设石经寺景区，打造宗教文化旅游品牌，可以改善龙泉的旅游功能和布局，与区内其他旅游景区（点）整体联动，形成全区一体的大旅游格局，发挥全区旅游资源的整体效能，形成生态旅游、民族风情旅游和宗教文化旅游三足鼎立的旅游格局。同时，通过对石经寺景区的高起点规划、大手笔勾勒、高标准建设，可以为成都增添又一高档次的旅游景点，并与市内的文殊院、大慈寺、昭觉寺以及新都的宝光寺等著名寺院整体联动，开辟新的旅游线路，形成国际性的佛文化旅游品牌，优化全市的旅游功能和布局。由于石经寺景区处于成都市旅游业发展"两带"中"龙泉山带"的核心位置，因此，可以把石经寺的整体开发建设作为"龙泉山带"旅游业发展的突破口和抓手。通过主要景点、重点项目、重大活动和精品旅游线路建设，大大提升成都市和龙泉驿区旅游的档次和水平，促进全市和龙泉驿区旅游业的发展。

最后，有利于自然生态资源和历史宗教文化遗产的保护。从国际普遍经验看，旅游资源的大规模开发，一方面能促进经济社会发展，另一方面如果出现规划失误或忽视环境的情况，也容易造成资源浪费、环境污染和生态失衡。石经寺景区的开发建设不是分散的、盲目的，而是系统的、整体的，是从龙泉驿区，乃至成都市旅游产业发展的全局出发，统一规划、统一开发、统一保护，这必然有利于龙泉山自然生态资源与历史宗教文化遗产等合理开发和有效保护，促进龙泉山旅游的可持续发展。

二　整体开发建设石经寺景区的几点建议

第一，充分利用石经寺深厚的历史文化内涵和巨大影响，打造国际著名的佛文化旅游品牌。一是利用石经寺在佛教史上的重要影响，吸引更多专家学者的目光，形成佛教文化研究中的"石经寺热"。石经寺在我国佛教史上具有重要地位，特别是对楚山祖师、能海上师等高僧大德的生平事迹、思想、承传、修行方法以及著作的研究，已经聚集了一批高水平的学者。早在 20 世纪初叶，日本学者忽滑谷快天和望月信亨就曾对楚山祖师进行过深入研究。特别是在楚山祖师的《楚山绍琦语录》（详见附录一）重新发现后，更是引起佛学研究界的高度重视。北京大学教授、博士生导师、著名学者楼宇烈先生说："《楚山绍琦语录》的发现，是当前学术界的一件喜事，更是佛教界的一件幸事"，"对当前佛学的研究将会起到一个重要的促进作用，并产生深远影响"。可见其评价之高。《纪念楚山祖师诞辰600周年能海上师诞辰120周年学术研讨会论文集》（宗教文化出版社2007年3月版。以下简称《论文集》）收录了大量论文，从中可见研究方面之广和研究者的强大阵容。二是利用石经寺在当前佛教界的影响力，增强寺院间的横向交流，突出石经寺的重要地位，形成宗教交流与实践活动层面上的"石经寺热"。石经寺建寺一千七百余年，是佛教初入中国的为数不多的早期寺院之一。历代高僧大德培养了大量高徒，这些高徒又到全国各地弘法，形成了以石经寺为中心的诸多派别法系。如楚山祖师，其弟子有名号可考的就多达二百余人，其中"16大弟子"皆有事迹可考，亦产生过较大影响。从分布上看，这些弟子遍布汴梁、京兆、山西、云南、贵州、河南、西安、古榆、登州、洛阳、山东、江苏、江西、浙江、南京、广州、四川等，几乎涵盖了全国各地。从承传关系看，楚山祖师本人就是南禅宗祖师慧能的22代传人。认真清理研究楚山祖师法嗣系统，可以彰显石经寺在当今全国各地寺院中的本源性、宗主性地位；通过各寺院之间的交流，又可以加强对这种本源性、宗主性的认同感，从而进一步巩固地位、扩大影响。三是以美国罗斯福总统邀请能海上师赴美讲学弘法和100年前日本学者就曾深入研究楚山祖师等事件为契机，加强与国际宗教文化组织的联络与交流，吸引国际目光，形成国际佛教界的"石经寺热"。总之，要通过多种渠道，进行宣传策划和营销；通过寺院内部资料整理、撰写寺史、联络交流及加强管理和寺院外部的整体规划、恢复植被生态、建构有关设施等工作，扩大石经寺的影响力和知名度，并以此为依托，把石经寺及其周边打造为传统文化与现代文明交相辉映、宗教境界与世俗情怀相得益彰、古雅建筑与青山绿水水乳交融的国际著名宗教文化旅游品牌。

从灵山圣景等佛文化旅游景区开发的成功经验来看，只要思路对，措施有力，完全能够实现这一目标。

第二，大手笔勾勒，整体规划景区。建议由区旅游、民宗、交通、文化、规划及茶店镇政府等领导组成石经寺景区开发建设领导小组，聘请有关专家和专业人士对石经寺景区的资源状况、特色优势及开发建设进行专题调研和充分论证；在此基础上，确定景区定位及功能划分，并制定科学可行的开发建设规划，然后引进知名旅游机构和开发商进行开发。

第三，抢抓机遇，争取支持。石经寺景区是四川省旅游规划中"两湖一山"的核心区域，也是成都市"一区两带"旅游发展战略中"龙泉山带"的中心景点之一。要抓住省、市把包括石经寺在内的龙泉山（湖）列入旅游开发规划的有利契机，积极争取上级的政策、项目、资金支持；在制定石经寺景区旅游开发规划时，要注意与省、市的旅游规划相衔接；在谋划石经寺景区整体开发建设时，还应当与打造建设茶店特色风情小镇相结合。已经启动的龙门山成都段旅游资源整体开发工程，可为我们提供有益的经验和借鉴。

第四，种树栽花，提高景区的自然生态质量。生态旅游是当今国际旅游业发展的基本趋势，因此，生态基础、优势、特色、品位等生态环境问题成为开发建设各类旅游景区首先考虑的问题。石经寺的开发，如果用旅游诸要素来衡量，最薄弱的就是自然生态质量。寺外周围既无高山密林，亦无小桥流水，总体来看植被较差。因此，不论采取何种开发模式，首先应当在规划区范围内做恢复植被、提高自然生态水平的工作。当然，亦可根据现有条件，在局部地区进行人工的绿化美化。

第五，扩大寺院规模，建佛文化公园。鉴于目前寺院规模较小、项目单一，尽管每年有近50万香客到此烧香拜佛，但鉴于没有相应的配套设施和服务项目，致使客人难以留住的实际情况，建议适当扩大寺庙规模；同时，以寺院为中心，将周边的石经村 6 平方公里范围作为佛文化森林旅游景区进行整体打造。石经寺背面的荒山可先纳入整体规划范围，用于开发建设与藏传佛教和汉传佛教文化相关的游览设施和项目，如建设一个佛文化公园等。同时，在石经寺对面的韦驼山上，可树立韦驼塑像，开发登山健身旅游活动项目。

第六，兴建佛文化广场，尽显庄严宏伟气派。根据石经寺的实际情况，借鉴外地宗教文化景区开发的成功经验，建议在石经寺大门前修建佛文化广场，利用地形，将 318 国道改为下穿，并建设地下停车场。同时，在广场 318 国道的两端各修建一个有宗教文化特色的牌坊（山门），广场中央可建一个标志性的巨型藏传佛教转经筒或其他突出标志建筑，以尽显庄严宏伟。

第七，规划建设风情小镇，与寺院风格相映成趣。建议将景区规划区范围内的现有农户整体搬迁，按照茶店镇作为成都市 60 个新市镇规划建设之一的要求，结合新农村建设，请知名专家规划设计，将其统一建成与寺院风格相协调的风情小镇。修建酒店、购物等配套设施，以满足游客游乐、购物和居留的需要。同时，大力开发与佛教文化相关的旅游产品，增加宗教文化旅游的附加值。

第四节　制定区域文化中长期发展规划

在梳理龙泉文化与天府文化的血脉联系，提炼龙泉驿丰富文化元素的基础上，可以制定出区域文化的中长期发展规划，明确地方文化的脉络与基本走向，由此总结出龙泉驿文化未来发展的要点。特别要加强对"十三五"文旅规划的督查落实和"十四五"规划的前期研究，明确目标、认准方向，有针对性地制定符合区情需求的中长期文旅发展战略，"一锤接着一锤敲，一茬接着一茬干"，坚持不懈，久久为功。其具体实施可以从以下几个方面展开。

一　加强资源梳理

对文化资源的调查梳理是一项持续性的工作，需要在未来发展中不断加强基础性研究，摸清家底，继续理清脉络，丰富完善框架。目前，龙泉驿区对域内文化遗产资源已做了前期摸查，包括前文涉及的各项代表性资源在内，共有不可移动文物 311 处，其中全国重点文物保护单位 3 处，省级文物保护单位 3 处，市级文物保护单位 5 处，区级文物保护单位 13 处。总的来说，不可移动文物保存现状一般，容易受自然因素（如地震、水灾、生物破坏、腐蚀等）和人为因素（如生产生活活动、盗掘盗窃、不合理利用、年久失修）而损毁。拥有国有可移动文物 3328 件（套），其中一级文物 1 件（套），二级文物 8 件（套），三级文物 278 件（套），一般文物 3041 件（套）（不含保存于市考古研究院的龙泉驿区出土文物 1200 余件、本年尚未登记入账的出土文物），全区共有可移动文物近 5000 件（套）（非国有博物馆收藏的文物尚未统计在内），分别藏于龙泉驿区文管所等地。由于区博物馆使用湖广会馆作为馆藏、办公地点，馆藏文物保护设施健全，保存现状较好。现有博物馆 23 家，其中国有博物馆 9 家，民办博物馆 14 家，展示场馆达 23 个。现存文物的价值和规模、拥有博物馆的数量，在全国同类区县中排名中等偏上，2003 年获得"全国文物工作先进县"的称号。

二　加强遗址保护

在摸清家底后，接下来就要做好重要遗址文物的保护工作。应该认真按照《中华人民共和国文物保护法》《文物保护法实施条例》

《国务院办公厅关于进一步加强文物工作的实施意见》要求，充分结合本县的实际情况，切实有效地加大文物的保护、修复、重建工作力度。

首先，要坚持"保护为主、抢救第一、加强管理、合理利用"的工作原则。加强组织领导，对遗址、文物所在地的安保管理人员进行培训，广泛开展宣传工作，增强人民群众的文物保护意识。对全县所有的不可移动文物进行登记造册，定期进行巡查防范。加大巡查打击力度，严厉打击各类针对文物的违法犯罪行为。加强对遗址、文物的预防性保护，及时控制、有效避免各类危及文物安全的事件发生。

其次，要合理增加财政预算安排。文物保护属于社会公益性事业，区财政要按照《文物保护法》的有关规定，将文物保护、修复所需经费纳入财政预算中。每年安排的文物专项经费，应随财政收入的增长而同比例增加，为文物修复工作提供有力的经费支撑。还要积极争取上级的支持。在成都市全面建设世界文化名城的时代背景下，加强与上级文物主管部门的对接，积极争取资金、政策等多方面的支持。

再次，要广泛招引各类专业人才。要组建科学高效的遗址、文物修复队伍（具体实施方案详见下文），及时发现文物保护工作中的安全隐患，完善对重点文物保护单位的保护、修复规划方案编制，对文物本体有残损或存在重大安全隐患的不可移动文物，及时汇报并进行抢救性保护、修复工作。

最后，修复一批重要的文物古迹。对于一些因为历史原因、人为原因已经不幸损毁的遗址、文物，或者残损较为严重，无法进行局部修复的文物，可以在不影响文物及其历史环境原状的前提下，遵循最少干预原则、适度展示原则而予以重建。当然，对遗址、文物的重建应该特别慎重，尊重基于不同民族、社区、家乡身份的情感认同，听取各方面意见，充分论证，在可信的学术研究基础上，掌握比较广泛的历史依据，作出符合遗址、文物原本形式、材料、结构、工艺、色彩、体量的科学方案，进行重建。

三　加强教育宣传

要在国民教育和干部培训中增加龙泉驿历史文化的内容。具有地方特色的历史文化资源，是值得深入挖掘和开发的优质资源。利用龙泉驿优质、丰富的地方文化资源内容，针对爱国主义教育、思想道德教育、人文知识增长、综合素质提升等方面而加以开发，就可以为国民教育和干部培训提供独具特色的鲜活材料。

就国民教育而言，文化是一个民族的血脉，是人民的精神家园。近年来，保护、创新、发展中华优秀传统文化已成为热门话题。国家层面出台的政策、各地的创新做法，正逐步将传统文化纳入国民教育课程体系之中——中共中央办公厅、国务院办公厅印发了《关于实施中华优秀传统文化传承发展工程的意见》；中小学幼儿园教师国家级培训计划，将培养优秀传统文化教育骨干作为主要项目；新编义务教育语文教材增加了从《三字经》《百家姓》等经典作品中选取的篇章；高考考试大纲重新修订，重中之重就是增加了中华优秀传统文化的考核内容，都是为了留住文化之根。将中华优秀传统文化落实到地方层面，就是对地方历史文化的高度认同。就龙泉驿来说，当然是要在本区、本地的国民教育中加入介绍、宣传龙泉驿文化的相关内容。这样的文化教育，不仅可以得到本地民众发自内心的拥护，还能成为龙泉驿的城市名片，营造出的温暖的人文环境，无形地影响和改变本地居民的行为方式和价值取向，让龙泉人更加了解龙泉、热爱龙泉，从而激发建设龙泉、发展龙泉的巨大热情和创造力。

就干部培训而言，地方特色历史文化资源也是干部教育培训的本源性优质资源。它不仅仅是构成干部教育培训中国情教育、党性教育、人文教育、知识教育的鲜活素材与本土教材，还有利于增强干部培训的针对性和实效性，可以彰显地方党校的办学特色，进而形成富有开放性、活力性的区域特色干部教育培训体系，提高干部教育培训的科学化水平。因此，通过整合和优化龙泉地方历史文化资源，打造具有地方特色的干部培训基地，能够夯实干部教育培训的工作基础、提升干部培训的现场教学效果，增强干部培训的实效性与针对性，使地方党校干部培训发挥人才队伍建设主渠道、主阵地的作用。

四　加强科学研究

需要对龙泉驿文化继续展开深入研究，组织专家学者推出一批高质量的龙泉驿历史文化研究成果，从多方面科学考察、研究、认识龙泉文化，系统阐述大邑文化的学术价值、实践价值和精神价值。

就学术价值而言，放眼全球，以文化为重心的城市建设正成为未来城市和区域经济发展追求的新理念、新方向。天府文化是巴蜀文明开出的花、结出的果，是巴蜀文明的浓缩和精彩呈现，是在巴蜀文明与中国其他地域文化、和世界上的其他文明发生碰撞、交流、融汇时的主要代表。依托天府文化而加强对龙泉文化的研究，可以为建设文博、文创、文旅产业融合发展的新龙泉注入源源不断的理论动力。

就实践价值而言，以文化为推动力的城市建设，可以让域内所有居民拥有相同或相似的价值观与行为规范，使当地人民产生对家乡文化的强烈认同感。这样的精神特质有着强大的活力。加强对本土文化的研究，可以让龙泉文化的精神融入城市、乡村发展和建设的方方面面，形成巨大的生产力和源源不断的可持续发展的动力。

就精神价值而言，在城市生活中，最能打动人心的就是文化。文化可以让所有的创造者、建设者、传承者更加清晰地认识、更加详尽地了解我们所在的这座城市，与之同呼吸、共命运。加强对龙泉文化的系统研究，以之引领政府的政策制定、措施落实、权力管理和资源分配，可以让居住在这里和准备来这里定居的每一个人全方位感受到地方文化带来的创新而有活力的工作环境，宽松而多元化的就业环境，友善而人性化的居住环境，时尚而有底蕴的城市环境。在民众层面，可以让人参与社会构建、文化互动，为城市的标志标识、广告形象、规划建筑等建言献策，将文化融入当地人的精神气质之中。

五　加强队伍建设

持续深入推动龙泉文化的转化发展，还需要建设一支专职的龙泉驿历史文化传承、创新、转化队伍。文化是由人创造的，人才队伍的建设是文化传承和发展的重中之重。结合龙泉的实际情况来看，加强地方文化队伍建设可以从以下几方面着手。

首先，要营造良好的人才成长环境。一是要加强对本土人才的教育培养；二是支持文化研究者、非遗传承人开展研究、教学、交流、展示、出版等活动；三是对本土文化研究工作给予一定的资金补贴；四是组织各类交流培训活动，以期培养出本地的文化名家、学问大家、技艺专家。

其次，要规范人才队伍的管理。一是要健全机制，使文化人才培养工作步入日常化、规范化的轨道。二是要建立机构，定期组织开展文化人才队伍培训和理论研究工作，提升本地文化人才队伍的整体素质。三是配套支持。对文化研究、传承活动给予场地和资金扶持。在文化人才集中的区域设立研究基地、传习中心，等等。

最后，也要加强文化人才的引进，建好人才智库。要借智借力，充分发挥专家学者的作用，为龙泉驿区的文化建设与发展提供强劲的智力支撑。可以由区委组织、宣传部门牵头，区文化行政部门具体负责实施，启动文化人才引进计划，并根据全区文化建设的实际需要进行科学分类、建档管理，为引进域外文化人才打下坚实的基础。

结　语

从武则天久视元年（700 年）在今龙泉驿区境建制东阳县开始，龙泉驿已有一千三百多年的建城史。历史悠久，山川秀美，文物璀璨，素有"成都东大门"的美誉。在历史上，龙泉驿作为连接巴蜀主城大通道的重要节点，长期保持在四川盆地、中国西南地区的政治、经济、文化影响力。作为古巴蜀连接荆楚、江南，进而通达全国的交通要道，龙泉驿还在特定的历史时期产生过全国性（如"王浚楼船下益州"）甚至国际性的影响（如抗日战争时期，成都作为大后方，担负着整体后勤保障之任务，关系全国抗战大局，乃至国际反法西斯战争大局）。近代以来，龙泉驿更是成为成都、重庆"双城"主通道和中西文化交汇融合的一个窗口。近年来，龙泉驿区委区政府坚持"文旅兴区"的发展思路，先后引进成都文旅集团、兴城集团等企业，以重要旅游项目建设为载体，大力开发并丰富旅游产品，提升旅游景观、服务质量，配套完善旅游基础设施，促进了全区旅游业的快速健康发展。先后获得了"全国文物工作先进县"等荣誉称号，全区的旅游文化文创产业和公共文化事业正呈现方兴未艾之势。

综合来看，龙泉驿位处成都东部丘陵与平原的交界地带，离成都又较近，得山水之宜，占地理之便；在文化上，龙泉文化又是天府文化的重要组成部分和客家文化的主要聚集区，可谓文化丰富多彩、交融发展。天府文化"创新创造、优雅时尚、乐观包容、友善公益"的特质都在龙泉驿完美呈现，有非常精彩的表达，并且在千百年的历史发展中形成了包容开放的济世精神、吃苦耐劳的创业精神、诗意栖居的诗性精神三大古驿道精神，成为龙泉驿继往开来、守正创新的宝贵精神财富。近代以来，龙泉驿更是开文化风气之先，为天府文化跨出封闭的长江上游地区，接触世界、认识世界、走向世界、融入世界创造了条件。立足龙泉今日的建设成就与成都的总体发展，对标"三城三都"及世界文化名城建设，龙泉驿区文化建设大有可为。

2021年以来，党中央把推动成都、重庆"双城经济圈"建设确定为国家战略，明确支持成都建设践行新发展理念的公园城市示范区，推进成都东进、重庆西拓，这是以习近平同志为核心的党中央审时度势、高瞻远瞩作出的重大决策部署。龙泉驿区作为蓉城门户、川渝要津、成都东进"桥头堡"，正处于城市发展的战略机遇期和快速上升期，理应在成渝地区双城经济圈建设、成都建设践行新发展理念的公园城市示范区中主动作为、奋发有为。走好"东进路"、建好"桥头堡"，是服务国家战略全局和省市发展大局的内在要求，是打造高质量发展增长极和动力源的必然选择，是整体提升城市功能、动能、势能、效能的现实路径，有利于发挥国家级平台优势，借势融入国内大循环、国际国内双循环，更大范围整合资源要素，汇聚区域发展的动力和活力；有利于发挥千亿级产业优势，借势升级传统产业、发展新兴产业，更快速度地形成多元共兴产业发展格局，增强区域发展的支撑和后劲；有利于发挥世界级赛事优势，借势提升城市品质、塑造城市特质，更高标准建设公园城市，提高区域发展的位势和能级。因此，龙泉驿区要把握这一难得的重大发展机遇，把龙泉历史文化资源的创造性转化与创新性发展与建设"一带一路"

"长江经济带""双城经济圈"以及"践行新发展理念的公园城市示范区""三城三都""世界文化名城"等国家、省、市重大战略结合起来，传承龙泉古驿道精神、彰显龙泉特色、塑造龙泉形象、传播龙泉声音，谱写好天府文化的龙泉乐章，凝练出天府文化的龙泉表达，扮演好天府文化的龙泉角色，用大胆的探索、扎实的工作、持续的奋斗，创造辉煌的文化成就，为早日把成都建成世界文化名城作出新的更大的贡献。

参考文献

一 著作类

（晋）常璩：《华阳国志校补图注》，任乃强校注，上海世纪出版股份有限公司·上海古籍出版社 2009 年版。

（唐）薛涛：《薛涛诗笺》，张蓬舟笺注，四川人民出版社 1981 年版。

（后蜀）花蕊夫人：《花蕊宫词笺注》，徐式文笺注，巴蜀书社 1992 年版。

（宋）袁说友等编，赵晓兰整理：《成都文类》上、下册，中华书局 2011 年版。

（明）曹学佺撰，杨世文校点：《蜀中广记》，上海古籍出版社 2020 年版。

（明）熊相：正德《四川志》卷四《封藩·蜀府》，1961 年传钞明正德十三年刻嘉靖增补本。

（明）曹学佺：《蜀中名胜记》，刘知渐点校，重庆出版社 1984 年版。

（明）杨慎编：《全蜀艺文志》，刘琳、王晓波点校，线装书局 2003 年版。

（清）夏燮：《明通鉴（卷三）·纪三·太祖高皇帝》，中华书局 1959 年点校本。

（清）仇兆鳌：《杜诗详注》全五册，中华书局 1979 年版。

（清）张邦伸：《锦里新编》，巴蜀书社 1984 年版。

（清）孙桐生辑：《国朝全蜀诗钞》，巴蜀书社 1985 年版。

（清）王培荀：《听雨楼随笔》，魏尧西点校，巴蜀书社 1987 年版。

（清）傅崇矩编：《成都通览》，成都时代出版社 2006 年版。

（清）浦起龙：《读杜心解》上、下册，中华书局 2010 年版。

费密：《弘道书》，载《怡兰堂》，成都校刻怡兰堂本 1920 年版。

冯铨、李建泰等：《明史·卷二·太祖本纪二》，中华书局 1974 年点
　　校本。

冯铨、李建泰等：《明史·卷六十八·舆服志四》，中华书局 1974 年点
　　校本。

童恩正：《古代的巴蜀》，四川人民出版社 1979 年版。

徐中舒：《巴蜀文化》，四川人民出版社 1981 年版。

蒙文通：《巴蜀古史论述》，四川人民出版社 1981 年版。

王文才纂：《青城山志》，四川人民出版社 1982 年版。

叶圣陶：《我与四川》，四川人民出版社 1984 年版。

文闻子主编：《四川风物志》，四川人民出版社 1985 年版。

袁庭栋、张志烈：《历代文化名人在四川》，四川人民出版社 1985 年版。

杨伟立：《前蜀后蜀史》，四川省社会科学院出版社 1986 年版。

许肇鼎：《宋代蜀人著作存佚录》，巴蜀书社 1986 年版。

四川文史馆：《成都城坊古迹考》，四川人民出版社 1987 年版。

傅增湘：《藏园群书题记》，上海古籍出版社 1989 年版。

王毅：《巴蜀历史民族考古文化》，巴蜀书社 1991 年版。

杨慎：《升庵集》，上海古籍出版社 1993 年版。

张贵真、刘栋梁等：《龙泉驿区文化志》，成都市区文化局出版 1993
　　年版。

成都市对外文化交流协会编：《成都之最》，成都出版社 1994 年版。

崔荣昌：《四川方言与巴蜀文化》，四川大学出版社 1996 年版。

李朝正、李义清：《巴蜀历代名媛著作考要》，巴蜀书社 1997 年版。

刘正刚：《闽粤客家人在四川》，广西教育出版社 1997 年版。

郑玄注，贾公彦疏：《周礼注疏》卷十二，载阮元编纂《十三经注疏》，上海古籍出版社 1997 年版。

宋治民：《蜀文化与巴文化》，四川大学出版社 1998 年版。

成都市文联、成都市诗词学会编：《历代诗人咏成都》上、下册，四川文艺出版社 1999 年版。

孙晓芳：《四川的客家人与客家文化》，四川大学出版社 2000 年版。

王笛：《跨出封闭的世界：长江上游区域社会研究（1644—1911）》，中华书局 2001 年版。

邹同庆、王宗堂：《苏轼词编年校注》上、中、下册，中华书局 2002 年版。

杨世明：《巴蜀文学史》，巴蜀书社 2003 年版。

中国西部开发信息百科四川卷编委会：《中国西部开发信息百科 四川卷》，四川科学技术出版社 2003 年版。

祝尚书：《巴蜀宋代文学通论》，巴蜀书社 2005 年版。

陈世松：《四川客家》，广西师范大学出版社 2005 年版。

李谊辑校：《历代蜀词全辑》，重庆出版集团·重庆出版社 2007 年版。

李谊辑校：《历代蜀词全辑续编》，重庆出版集团·重庆出版社 2007 年版。

涂文涛：《四川教育史》，四川出版集团 2007 年版。

冯广宏、肖炬主编：《成都诗览》，华夏出版社 2008 年版。

四川省成都市锦江区地方志编纂委员会办公室编：《锦江记忆》，新华出版社 2008 年版。

袁庭栋：《巴蜀文化志》修订本，巴蜀书社 2009 年版。

贾大泉、陈世松主编：《四川通史》七卷，四川人民出版社 2010 年版。

《成都通史》编纂委员会：《成都通史》七卷，四川人民出版社 2011
年版。

张绍诚：《巴蜀竹枝琐议》，巴蜀书社 2011 年版。

成都市锦江区地方志编纂委员会办公室编：《锦江街巷》上、中、下
卷，新华出版社 2012 年版。

缪文远、缪伟、罗永莲：《战国策》，中华书局 2012 年版。

倪宗新：《杨升庵年谱》，中央文献出版社 2013 年版。

成都市龙泉驿区地方志编纂委员会编：《成都市龙泉驿区志 1989—
2005》，方志出版社 2013 年版。

白郎主编：《锦官城掌故》，成都时代出版社 2014 年版。

梁思成：《西南建筑图说》，人民文学出版社 2014 年版。

张彦编：《四川抗战史》，四川人民出版社 2014 年版。

谭良啸、吴刚主编：《文物为成都作证》，成都时代出版社 2015 年版。

吴刚、谭良啸主编：《楹联上的成都记忆》，成都时代出版社 2015
年版。

马长林：《社会变迁与百年转折丛书·1949 年·百年瞬间》，东方出版
中心 2015 年版。

流沙河：《老成都·芙蓉秋梦》，重庆大学出版社 2016 年版。

林文询主编：《诗意成都》，中国旅游出版社 2016 年版。

肖平：《成都物语》，成都时代出版社 2016 年版。

竺可桢著，施艾东编：《天道与人文》，北京出版集团公司·北京出版
社 2016 年版。

中共成都市龙泉驿区委党史研究室：《今古龙泉驿》，成都时代出版社
2016 年版。

中国社会科学院语言研究所编：《现代汉语词典》，商务印书馆 2016
　　年版。

袁庭栋：《成都街巷志》上、下册，四川文艺出版社 2017 年版。

蒋蓝：《蜀地笔记》，四川人民出版社 2017 年版。

郑光路：《成都旧事》，四川人民出版社 2018 年版。

谭平、冯和一、唐婷、周翔宇编：《天府文化与成都的现代化追求》，
　　巴蜀书社 2018 年版。

天府文化研究院主编：《天府文化研究·创新创造卷》，巴蜀书社 2018
　　年版。

天府文化研究院主编：《天府文化研究·优雅时尚卷》，四川大学出版
　　社 2018 年版。

天府文化研究院主编：《天府文化研究·乐观包容卷》，四川大学出版
　　社 2018 年版。

天府文化研究院主编：《天府文化研究·友善公益卷》，四川大学出版
　　社 2018 年版。

张承荣、浦向明：《陇蜀青泥古道与丝绸茶马贸易研究》，四川大学出
　　版社 2018 年版。

周啸天编：《历代名人咏四川》，四川人民出版社 2019 年版。

［英］柯律格著，黄晓鹃译：《藩屏·明代中国的皇家艺术与权力》，
　　河南大学出版社 2016 年版。

杨玉华：《成都最美古诗词 100 首详注精评》，成都时代出版社 2020
　　年版。

二　期刊类

孙华：《鳖灵名义考：兼论鳖灵与蜀开明氏的关系》，《四川文物》1989
　　年第 5 期。

汪正章：《方孝孺文学思想初探》，《渤海学刊》1989 年第 3 期。

文史成：《长松寺·高僧·诗人》，《文史杂志》2001 年第 2 期。

杨国良、胡开全：《成都东山旅游资源评价及开发构想》，《四川师范大学学报》（自然科学版）2001 年第 5 期。

李映发：《明代水井街酒坊与锦官驿》，《中华文化论坛》2002 年第 3 期。

中共成都市龙泉区委宣传部：《挖掘客家文化丰富资源，促进社会经济全面发展——龙泉驿区开发利用客家文化资源的实践和思考》，《中共成都市委党校学报》（哲学社会科学）2003 年第 2 期。

谭志蓉、王丽：《立足客家文化发展休闲旅游——洛带古镇旅游调查报告》，《成都大学学报》（社会科学版）2007 年第 2 期。

张海燕：《洛带水龙节——传统与现代的成功嫁接》，《消费导刊》2008 年第 16 期。

杨明华：《人类学视野下的洛带古镇旅游》，《成都大学学报》（社会科学版）2008 年第 4 期。

蔡燕歆：《洛带古镇的客家会馆建筑》，《同济大学学报》2008 年第 1 期。

刘清清：《东邑西聚，洛带迤逦——洛带古镇建筑景观概述》，《艺术探索》2011 年第 1 期。

王定璋：《试论郑谷的蜀中诗歌》，《西华大学学报》（哲学社会科学版）2011 年第 30 期。

王鹏、周哲、蒋玉川、张霁：《天府古镇的特色景观研究——以洛带古镇为例》，《安徽农业科学》2011 年第 20 期。

刘晓慧：《大学古代文学（唐宋阶段）诗歌作品探索和研究——唐宋诗作的文学特点及其成因剖析》，《大学教育》2013 年第 21 期。

胡开全：《石经寺及其禅茶文化》，《文史杂志》2014 年第 2 期。

胡传淮：《宋代遂宁人物研究综述》，《四川职业技术学院学报》2015年第 6 期。

刘和富：《客从何处来？——客家文化的起源与魅力》，《社会观察》2015 年第 3 期。

向学春：《客家入川史与四川客家话的形成》，《兰台世界》2015 年第 22 期。

彭俊：《成都传统茶馆文化及麻将文化》，《商场现代化》2016 年第 9 期。

蒋蓝：《千年古驿的辉煌文脉》，《书屋》2016 年第 8 期。

李天义、张学梅：《一条石板路千年洛带城——成都洛带古镇客家文化考》，《文史杂志》2016 年第 1 期。

张跃华：《基于传统古镇建筑特色的研究——以成都市黄龙溪与洛带两古镇传统建筑比较为例》，《美术大观》2016 年第 12 期。

胡开全、李思成：《明蜀王文集考——兼论从日本新发现的四部蜀王文集与国内仅存的一部》，《文史杂志》2017 年第 3 期。

郭一丹：《四川客家文化历史与现状探寻》，《岭南文史》2018 年第 2 期。

董娅：《醉美洛带，古镇焕新》，《产城》2018 年第 1 期。

胡开全：《壮丽以示威仪——明蜀王府建筑群的文化内涵》，《文史杂志》2018 年第 2 期。

潘殊闲：《巴蜀文化的互动与交融》，《地方文化研究辑刊》2019 年第 1 期。

李玲、李俊：《从建筑选址看中国传统文化的"相地堪舆"》，《人文天下》2019 年第 2 期。

三　网络文献及其他

《名士方孝孺与成都：探秘方正街和明朝蜀王府的渊源》，http：//

www. 360doc. com/content/19/0318/16/33350451_ 822457273. shtml。

《尘封的乡档（45）丨契约中的望族：成都东大路上，有个著名的冯氏家

族》，http：//www. thecover. cn/news/1285655。

《200 名朱熹后人因宗祠搬迁最后一次祭祖》，http：//news. sina. com. cn/

c/2007 - 10 - 26/100814169229. shtml。

《成都周边与众不同的古镇——柏合镇：磨盘街旧事》，https：//

www. sohu. com/a/300197043_ 100023122。

龙泉驿区桃花故里景区主页，http：//110. 188. 70. 253：8000/syssou-

rce/mainpage/web/main. aspx。

成都市政府网，http：//www. chengdu. gov. cn/chengdu/public/logo. shtml。

雷康编："晋希天" 词条，http：//www. phoer. net/people/j/jinxitian. htm。

四川舒雨湖的博客，http：//blog. sina. com. cn/bzsyh。

《成都国际诗歌周》，app. cdsb. com/cdsb_ app/post/25402。

《东大路上的诗书文化》，https：//www. jy0832. com/detail - 265323 - 1 - 1。

《古今中外笔下的龙泉驿》，http：//blog. sina. com. cn/u/1221786850。

《桃花才骨朵 人心已乱开》，http：//e. chengdu. cn/html/2017 - 03/05/

content_ 589110. htm。

凸凹：《晋家希天》，《华西都市报》2017 年 3 月 25 日。

井水：《刘伯承与柳沟铺》，《龙泉开发》2019 年 2 月 18 日第 A03 版。

后　记

　　成都市第十三次党代会报告中明确提出"传承巴蜀文明，发展天府文化"，且将"天府文化"的基本特点概括为"创新创造、优雅时尚、乐观包容、友善公益"后，"天府文化"在成都及四川媒体上出现的频率极高，并赢得广泛回应与拥赞。政府民间、线上线下，"天府文化"耳熟能详，人们竞相谈论，热闹非凡。除市级有关部门积极行动外，成都市所辖各区（市）县也深知这是发展地方文化的大好契机，或立课题，或请专家，纷纷借智借脑，竞相提炼凝聚"天府文化"的地方表达，谱写"天府文化"的地方篇章，并力求在摸清"家底"、盘点"存货"、理清源流、探索规律的基础上，实现传统优秀文化的创造性转化和创新性发展，以此来推动地方文化事业和文化产业的振兴发展。

　　从成都到重庆的成渝古驿道俗称"东大路"，它由成都锦官驿出发，经得胜场、沙河堡、簧门铺、大面铺、界牌铺、龙泉驿、山泉铺、柳沟铺、南山铺、石盘铺、赤水铺、九曲铺等至阳安驿（今简阳），然后到资阳、内江、荣昌、永川，最后到达重庆，而龙泉驿是成渝古驿道上一个非常重要的驿站。成渝古驿道相当于如今的成渝高速（高铁），作为信息、物资、官方文牒传播等重要渠道，具有重要的政治、经济、社会、军事、文化功能。这一功能在当代中国并未消失，并将在"一带一路"、长江经济带及成渝"双城经济圈"建设中继续发挥其重要作用。

龙泉驿区作为一个区（副地厅级）的行政区建制虽然仅半个多世纪，但在其辖区内，却早已存在着悠久而丰富的历史文化，留下了许多非常珍贵的文化遗存和一系列对天府文化有较大影响的史事人物、文学作品及珍贵史料，成为我们研究了解龙泉驿古驿道历史文化的宝贵资源。其分布在古驿道沿线的摩崖石刻、北周文王碑、长松寺、朱熹宗祠、明王陵、代表客家文化的"东山五场"以及来往于古驿道的袁天罡、段文昌、苏轼、潘洞以及近代的吴芳吉、郭沫若、陈毅，乃至晋希天、王叔岷等历代名人作家，都是龙泉古驿道文化史诗中的重要篇章。在漫长的历史进程中，龙泉驿行政建制屡经变革，历经风雨沧桑，终于从一个小小的驿站发展为一个繁荣富庶的成都市辖区。可见，龙泉驿区有着悠久的历史人文、源远流长的文化基因、积淀丰厚的文化成果，在千年的历史演进中，为天府文化的发展做出了诸多贡献，谱写了浓墨重彩的篇章。

我们以龙泉驿古驿道文化为中心，对龙泉驿区的历史文化进行了全面梳理，对内容丰富、特色鲜明的龙泉古驿道历史文化资源进行梳理、提炼、组合、优化、重构，在"摸清家底"的基础上，重塑龙泉驿区文化地理版图，从中确定适合龙泉文化事业和文化产业发展的若干方面，以此作为龙泉驿区谱写"天府文化"龙泉篇章的着力点，同时也是龙泉驿区谋划文旅发展的重大课题。而我们今天要传承并发展"创新创造、优雅时尚、乐观包容、友善公益"的天府文化，龙泉驿区理应发挥独特的优势，通过对历史文化的系统梳理挖掘，凝练龙泉驿的历史文化表达、精神内涵与发展理念，坚定地域文化自信，熔铸天府文化的"龙泉驿篇章"。

所有这些使我萌生了撰写一部龙泉历史文化著作的想法。事有凑巧，2019年年初，我从市委宣传部调任成都大学，而龙泉驿区也正欲借智借力来研究编撰"天府文化"的龙泉驿版本或"龙泉驿表达"，于是，便把此项任务交给以我为负责人的团队。经过课题组全体成员的不懈努力，终于在2020年经过专家评审结题。其间之甘苦曲折，非数语能尽。一是因龙泉驿区建制沿革较为复杂，现在的辖区在历史上或属简州、或属华阳县、或属双流县，由于建区较晚，没有旧志可以依傍，所以对史事人物的归属就须格外小心，稍有不慎，就可能张冠李戴，"说他家故事"。此外，对龙泉古驿道历史文化进行全面系统的梳理总结在历史上还是第一次，缺乏相关研究资料和可以依傍取法的相关研究成果，需筚路蓝缕，"自家凿破此片田地"（严羽语），因而增加了研究的难度；二是对于龙泉驿区历史文化的概念界说、时空界限、基本内涵、主要内容、特色特征等学界都少有研讨，只能大胆探索，"自铸伟词"，所言所论是否准确公允，还要经受同行和广大读者的检验；三是书稿成于众人之手，水平参差不齐，行文风格各异，虽数易其稿，我作为课题负责人也做大量统一体例、增删修订、润饰加工等工作，但仍有不少需要优化完善之处。

此书由我谋划统筹，包括拟定全书框架结构及具体章节提纲、各章写作要点及参考资料以及交叉重复内容的归并去取、章节之间的弥缝衔接等都做了详尽的布置安排。通过大家两年多的共同努力，一部20余万字的书稿终于完成。全书对龙泉古道历史文化内涵及其历史嬗变进行了深入梳理，从文化横向切面对龙泉驿建制历史沿革、古驿道宗教文化、古驿道客家移民文化、古驿道诗文文化、古驿道历史遗迹、古驿道名人望族、古驿道生态以及民俗文化等诸多专题进行系统研究，同时对古驿道文化的创造性转化和创新性发展以及历史文化资源的转化利用提出了建设性、前瞻性、可操作性的意见和建议，可视为学界的第一部"龙泉驿区历史文化概论"，或"龙泉驿区文化简史"。各章节写作分工如下。

我除了拟定全书章节写作提纲及统稿外，还撰写了第四章第一节及第十章；李天鹏（成都大学文新学院讲师）撰写第一至第三章；杨森（成都大学文新学院硕士研究生）撰写第四章、第九章；吴新雅（成都大学文新学院硕士研究生）撰写第五章、第六章。罗宇（成都大学文新学院硕士研究生）撰写第七章、第八章；李天鹏、黄毓芸还协助我做了一些协调及统稿工作。

本课题之所以能如期完成，与各有关方面的支持帮助密不可分。在此，我要表达对他们的由衷感谢！要感谢龙泉驿区委宣传部的信任，能把此课题交给我及我的团队。通过合力攻关，大胆探索，终于完成这一颇具基础性、原创性、前瞻性和运用性的课题；要感谢课题组全体成员，我们经常就有关问题进行研讨，对于我有时过于严苛的要求也总能给予一种"理解之同情"，因为高质量完成课题是大家一致的追求；还要感谢曹顺庆、田蓉、刘强、王清远、连华、彭钚铀、曾明、杨晓阳、胡开全等众多师友和同事，他们一直关心、支持着我的研究著述事业，当此书稿即将出版之际，也要向他们及所有关心支持帮助过我的恩人表达诚挚的谢意。行文至此，司马迁"究天人之际，通古今之变，成一家之言"的名言突然涌上心头，漫成一诗，以见心情。

> 耳顺道宽欲何求？种树著书自悠悠。
> 长养栋梁千嶂秀，陶铸诗骚百代猷。
> 思入风云觅佳句，笔师造化动高秋。
> 才见夕阳无限好，又看明月正当头。

杨玉华

2021 年国庆节于成都濯锦江畔澡雪斋

成都大学文明互鉴与"一带一路"研究中心学术丛书

书目（第一辑共七卷）

一、《天府文化概论》，杨玉华 等著

二、《唐诗疑难详解》，张起、张天健 著

三、《阿恩海姆早期美学思想研究》，李天鹏 著

四、《雪山下的公园城市——大邑历史文化研究》，杨玉华 主编

五、《中国广播电视国际传播能力建设研究》，车南林 著

六、《龙泉驿古驿道历史文化研究》，杨玉华 主编

七、《日据时期韩国汉语会话书词类研究》，张程 著